CHONGQING FINANCE

重庆金融

2023

中共重庆市委金融委员会办公室 编

西南大学出版社

图书在版编目(CIP)数据

重庆金融.2023/中共重庆市委金融委员会办公室编.--重庆：西南大学出版社,2024.2
ISBN 978-7-5697-2219-2

Ⅰ.①重… Ⅱ.①中… Ⅲ.①地方金融事业-经济发展-研究-重庆-2023 Ⅳ.①F832.771.9

中国国家版本馆CIP数据核字(2024)第027595号

重庆金融2023
CHONGQING JINRONG 2023
中共重庆市委金融委员会办公室　编

责任编辑：	李　炎
责任校对：	扶　瑶
封面设计：	杨　涵
排　　版：	张　祥
出版发行：	西南大学出版社(原西南师范大学出版社)
	地址：重庆市北碚区天生路2号
	邮编：400715
	市场营销部电话：023-68868624
印　　刷：	重庆市国丰印务有限责任公司
成品尺寸：	170mm×240mm
印　　张：	22.25
字　　数：	400千字
版　　次：	2024年2月　第1版
印　　次：	2024年2月　第1次印刷
书　　号：	ISBN 978-7-5697-2219-2
定　　价：	86.00元

《重庆金融2023》编委会

主　任：阮　路　马天禄　蒋　平　邹新京
副主任：金勇杰　吴　恒　张志锋　陈　璐
　　　　裴胜春　李　铀　何　涛　唐　宪

《重庆金融2023》编辑部

主　任：阮　路
成　员：陈　智　汪　川　龚荣洁　付南翔　李杭篷
　　　　肖　娟　谭高明　谌　果　黄严锋　陈　曦
　　　　刘　丽　张洪铭　胡资骏　刘　洋　陈　欣

《重庆金融2023》编撰人员

刘世华	何安培	彭　刚	高妮妮	方蜀燕	葛　亮
李琦珂	杨　鹏	鄢志辉	李行能	刘渝川	曹扬波
罗　屹	马瑞丰	吕　军	向大庆	廖志高	唐　玲
周　龙	白程文	赵涛涛	张亚南	宋雨航	曹　婷
牛保忠	郝海滨	单宇阳	向宇华	王子龙	曾钦果
康　楠	彭　松	王　超	胡　瑶	夏珩洋	郭　超
高　帅	秦祝杰	汤子腾	杨　腾	赵　晶	李威霖
郭柱江	李　英	关皓天	冉　洋	李　松	王茂琴
李　冬	陈　渝	曲　聪	王春莲	贺文晋	周明浩

序

2022年，重庆金融业贯彻落实中央和市委、市政府的决策部署，全面助力稳经济大盘、新冠肺炎疫情防控、复工复产，统筹推进服务实体经济、防控金融风险、深化金融改革三项任务，聚焦金融业高质量发展主题，深入推进成渝地区双城经济圈建设等重大发展战略，加快打造西部金融中心，全市金融发展态势持续向好。2022年，全市金融业增加值达2491亿元，占GDP比重8.6%，金融资产规模7.8万亿元，增长5.4%，行业规模迈上新台阶；全市共有各类金融机构和地方金融组织1927家、新增注册资本金677.6亿元，外资机构数量持续领跑西部，金融业态不断丰富。新增上市企业10家，创历史新高。截至2022年12月末，银行业不良率、小额贷款不良率、融资担保代偿率分别为1.42%、9.02%、3.11%，均优于全国水平，全市金融风险总体可控。

《重庆金融2023》是重庆金融业发展的权威书籍。全书分综合篇、运行篇、创新篇、环境篇、机构篇、重要事件篇以及附录七个部分，包含重庆市金融业发展总体情况、深化改革、市场运行等内容，系统记录了2022年重庆金融业的各类重要数据、重要工作和重大事项，展示了重庆金融发展成果。

2022年，面对复杂多变的国内外形势，重庆金融业将深入贯彻落实党的二十大精神，坚持党对金融工作的坚强领导，坚持金融工作的政治性、人民性，紧紧围绕产业金融中心、贸易金融中心、绿色金融中心、科创金融中心、普惠金融中心、数字金融中心"六个中心"战略重点,持续健全金融机构体系,丰富金融产品体系,完善金融市场体系,构建金融创新体系,建设金融开放体系,优化金融生态体系,加快西部金融中心建设,助推全市金融业高质量发展。

希望《重庆金融2023》能够为重庆金融业发展贡献绵薄之力,衷心祝愿重庆金融业发展得更好。

《重庆金融2023》编辑部

2023年11月14日

目录

第一篇 综合篇

第一章 重庆市金融业发展概况 ·····3
第二章 重庆市深化金融改革情况 ·····10
    一、重庆市深化金融改革概况 ·····10
    二、银行业深化金融改革情况 ·····12
    三、证券业深化金融改革情况 ·····14
    四、保险业深化金融改革情况 ·····16

第二篇 运行篇

第三章 重庆市银行业发展情况 ·····21
    一、总体情况 ·····21
    二、银行类金融机构发展情况 ·····22
    三、非银行类金融机构发展情况 ·····25
第四章 重庆市证券业发展情况 ·····27
    一、机构情况 ·····27
    二、资产情况 ·····27
    三、业务情况 ·····27
    四、盈利情况 ·····28
    五、风险情况 ·····28

第五章　重庆市保险业发展情况 ··29
　　一、机构情况 ··29
　　二、资产情况 ··29
　　三、业务情况 ··29
　　四、保险赔付 ··29
　　五、风险情况 ··29

第六章　重庆市融资担保行业发展情况 ······································30
　　一、机构概况 ··30
　　二、规模情况 ··30
　　三、担保结构 ··30
　　四、盈利情况 ··30

第七章　重庆市商业保理行业发展情况 ······································31
　　一、机构概况 ··31
　　二、规模情况 ··31
　　三、业务特色 ··31
　　四、盈利情况 ··32

第八章　重庆市金融要素市场发展情况 ······································33
　　一、机构概况 ··33
　　二、规模情况 ··33
　　三、业务特色 ··33
　　四、市场风险 ··34

第九章　重庆市私募股权基金发展情况 ······································35
　　一、行业概况 ··35
　　二、投资情况 ··35
　　三、行业发展亮点 ···35

第十章　重庆市小额贷款行业发展情况 ·······37
  一、机构概况 ·······37
  二、规模情况 ·······37
  三、盈利情况 ·······37

第十一章　重庆市典当行业发展情况 ·······38
  一、机构概况 ·······38
  二、业务情况 ·······38
  三、盈利情况 ·······38

第十二章　重庆市其他金融机构发展情况 ·······39
  一、新型农村金融机构 ·······39
  二、信托行业 ·······40
  三、财务公司 ·······40
  四、汽车金融公司 ·······41
  五、消费金融公司 ·······41
  六、金融租赁 ·······41

第三篇　创新篇

第十三章　重庆市农村金融服务创新 ·······45
  一、农村金融服务政策 ·······45
  二、农村金融服务创新实践 ·······46
  三、农村金融服务创新成效 ·······48

第十四章　重庆市小微金融服务创新 ·······50
  一、小微金融服务政策 ·······50
  二、小微金融服务创新实践 ·······51
  三、小微金融服务创新成效 ·······52

第十五章　重庆市互联网金融发展 ··54
　　一、银行机构互联网金融创新 ··54
　　二、互联网保险创新 ··56

第十六章　重庆市跨境结算及投融资便利化发展 ····························57
　　一、深化外汇管理改革试点 ··57
　　二、优化外汇相关服务 ··58
　　三、加强外汇领域科技创新 ··59

第四篇　环境篇

第十七章　重庆货币市场运行情况 ··63
　　一、票据贴现市场运行情况 ··63
　　二、外汇交易市场运行情况 ··63

第十八章　重庆市金融行业风险及监管情况 ································64
　　一、银行业风险及监管情况 ··64
　　二、证券业风险及监管情况 ··66
　　三、保险业风险及监管情况 ··67
　　四、其他金融行业风险及监管情况 ····································67

第十九章　重庆市信用体系建设情况 ······································73
　　一、重庆征信平台建设 ··73
　　二、开展"征信修复"乱象治理 ······································74

第五篇　机构篇

第二十章　本地法人银行机构 ··79
　　一、重庆银行 ··79

二、重庆农村商业银行 ·· 85
　　三、重庆三峡银行 ·· 90
　　四、重庆富民银行 ·· 96

第二十一章　本地法人证券公司 ·· 102
　　西南证券 ·· 102

第二十二章　本地法人保险公司 ·· 107
　　一、三峡人寿保险股份有限公司 ·· 107
　　二、安诚财产保险股份有限公司 ·· 114
　　三、利宝保险有限公司 ·· 120
　　四、阳光信用保证保险股份有限公司 ······································ 125

第二十三章　融资担保公司 ·· 132
　　一、重庆市农业融资担保集团有限公司 ···································· 132
　　二、重庆进出口融资担保有限公司 ·· 137
　　三、重庆市融资再担保有限责任公司 ······································ 141

第二十四章　金融要素市场 ·· 147
　　一、重庆联合产权交易所集团股份有限公司 ································ 147
　　二、重庆石油天然气交易中心有限公司 ···································· 153
　　三、重庆药品交易所股份有限公司 ·· 158
　　四、重庆农村土地交易所有限责任公司 ···································· 163

第二十五章　私募股权基金公司 ·· 168
　　一、重庆产业引导股权投资基金有限责任公司 ······························ 168
　　二、重庆天使投资引导基金有限公司 ······································ 177
　　三、重庆两江股权投资基金管理有限公司 ·································· 182
　　四、重庆渝富资本股权投资基金管理有限公司 ······························ 188

第二十六章　小额贷款公司 ·· 191
　　一、重庆度小满小额贷款有限公司 ·· 191

二、重庆小雨点小额贷款有限公司 ……………………………………… 195

三、重庆美团三快小额贷款有限公司 …………………………………… 198

四、重庆两江新区长江三峡小额贷款有限公司 ………………………… 200

第二十七章　商业保理公司 …………………………………………………… 203

一、重高铁发(重庆)商业保理有限公司 ………………………………… 203

二、重庆宗申商业保理有限公司 ………………………………………… 208

第二十八章　融资租赁公司 …………………………………………………… 211

一、重庆市交通设备融资租赁有限公司 ………………………………… 211

二、中垦融资租赁股份有限公司 ………………………………………… 215

三、华科融资租赁有限公司 ……………………………………………… 220

四、重庆银海融资租赁有限公司 ………………………………………… 224

五、重庆明德融资租赁有限公司 ………………………………………… 230

第二十九章　典当公司 ………………………………………………………… 236

一、重庆鑫业典当有限公司 ……………………………………………… 236

二、重庆市涪陵区国融典当有限责任公司 ……………………………… 237

第六篇　重要事件篇

第三十章　2022年重庆市金融业重要事件 …………………………………… 245

第三十一章　2022年重庆市金融业重要文件汇总 …………………………… 254

附　录

附录一　重庆市人民政府关于印发重庆市营商环境创新试点实施方案
　　　　的通知 ……………………………………………………………… 259

附录二	重庆市人民政府办公厅关于印发重庆市推进"专精特新"企业高质量发展专项行动计划(2022—2025年)的通知 …………266
附录三	中国银行保险监督管理委员会重庆监管局、中国银行保险监督管理委员会四川监管局关于进一步优化银行业金融机构分支机构变更营业场所事项的通知 ……………………………271
附录四	中国银行保险监督管理委员会重庆监管局、中国人民银行重庆营业管理部、重庆市地方金融监督管理局关于印发《金融支持新市民安居乐业实施细则》的通知 …………………………274
附录五	中国银行保险监督管理委员会重庆监管局关于印发《重庆银保监局"稳企业 保就业"金融直达若干工作措施》的通知 ………281
附录六	中国人民银行重庆营业管理部、国家外汇管理局重庆外汇管理部关于印发《重庆市金融服务疫情防控和经济社会发展工作方案》的通知 ………………………………………………………286
附录七	重庆市知识产权局、重庆市财政局、中国人民银行重庆营业管理部、中国银行保险监督管理委员会重庆监管局印发关于金融支持知识产权质押融资若干措施的通知 ………………………294
附录八	重庆市地方金融监督管理局、重庆市财政局关于印发《重庆市政府性融资担保机构融资担保业务尽职免责工作指引》的通知 …297
附录九	中国人民银行重庆营业管理部、中国银行保险监督管理委员会重庆监管局、中国证券监督管理委员会重庆监管局、重庆市地方金融监督管理局、重庆市财政局关于印发《重庆市金融支持稳住经济大盘若干措施》的通知 ………………………………303
附录十	重庆市地方金融监督管理局关于进一步发挥小额贷款公司和典当行作用 支持实体经济稳定运行的通知 …………………311
附录十一	重庆市地方金融监督管理局关于印发重庆市拟上市企业后备库管理办法的通知 ……………………………………………314

附录十二 重庆市地方金融监督管理局、重庆市财政局、重庆市农业农村委员会、重庆市乡村振兴局、中国农业发展银行重庆市分行关于印发《重庆市政策性金融服务乡村振兴实验示范区建设工作方案》的通知 ……………………………317

附录十三 重庆市地方金融监督管理局、重庆市发展和改革委员会、重庆市财政局、重庆市高级人民法院、中国人民银行重庆营业管理部、中国银行保险监督管理委员会重庆监管局、中国证券监督管理委员会重庆监管局印发《关于加快优化金融信贷营商环境的意见》的通知 ……………………………324

附录十四 中国银行保险监督管理委员会重庆监管局关于做好银行业保险业支持复工复产工作的通知 ……………………………330

附录十五 重庆市地方金融监督管理局关于印发《重庆市商业保理公司监管评级暂行办法》的通知 ……………………………334

第一篇 综合篇

第一章　重庆市金融业发展概况

2022年,重庆金融系统在市委、市政府坚强领导下,牢记习近平总书记殷殷嘱托,深入学习贯彻党的二十大精神,持续深化金融供给侧结构性改革,全面助力稳经济大盘、新冠肺炎疫情防控、复工复产,统筹推进服务实体经济、防控金融风险、深化金融改革三项任务,统筹发展和安全,有力推动全市金融行业各项工作保持稳健发展态势。全市金融业实现增加值2491亿元,同比增长2.4%,占GDP比重达8.6%;全市金融机构资产规模达7.8万亿元,同比增长5.4%,贡献税收372亿元,占比15.1%。

(一)党建引领,政治机关建设呈现新气象

坚持以党的政治建设为统领,纵深推进政治机关建设,印发实施《学习宣传贯彻党的二十大精神工作方案》,切实以党的二十大精神统一思想、统一意志、统一行动,更加自觉地做"两个确立"的坚定拥护者、"两个维护"的忠实践行者。深学笃用习近平新时代中国特色社会主义思想和习近平总书记系列重要讲话精神,贯彻落实习近平总书记对重庆提出的营造良好政治生态重要指示要求,引导教育党员干部切实做到"五个必须"、坚决防止"七个有之",全面彻底肃清孙政才恶劣影响和薄熙来、王立军流毒,坚决肃清邓恢林流毒影响。坚决落实"总书记有号令、党中央有部署、重庆见行动、金融有作为"要求,不断提高"政治三力",定期研究推动西部金融中心建设、稳住经济大盘、重大风险防范化解、企业上市等重点工作。积极支持配合派驻纪检监察组履行监督执纪职责。

(二)贯彻战略,西部金融中心建设打开新局面

1. 顶层设计不断优化

牵头完善成渝共建西部金融中心工作机制,与四川共同形成《成渝共建西部金融中心工作领导小组工作机制》,成立两省市政府主要领导共同担任组长的领导小组。会同四川方面共同印发实施《成渝共建西部金融中心规划联合实施细则》。推动川渝两省市全国政协委员在2022年全国"两会"联名提出《关于支持成渝共建西部金融中心的提案》，由中国人民银行牵头办理。上交所、深交所、北交所以及多家全国性金融机构围绕落实《成渝地区双城经济圈建设规划纲要》和《成渝共建西部金融中心规划》，出台支持政策、工作方案和具体举措，有效释放政策红利。

2. 机构体系不断壮大

推动中西部首个金融法院——成渝金融法院成功落地。成立北京证券交易所、全国股转系统重庆服务基地。推动南洋商业银行、瑞华保险、英大泰和保险、信达证券、德邦证券、国信期货等在渝设立分支机构。全市共有各类金融机构和地方金融组织1927家、新增注册资本金677.6亿元，外资机构数量持续领跑西部，金融业态不断丰富。消费金融公司数量和规模、网络小额贷款规模全国第一，外资银行、保险法人、非银金融机构、"A+H"股上市银行数量西部领先，金融机构体系竞争力进一步提高。

3. 改革创新有序推进

一体推动中新金融、自贸区金融、服务业扩大开放改革创新，全国首个全省域绿色金融改革试验区落地，累计带动中西部省区市赴新融资逾65亿美元。积极推进"陆海新通道贷"等产品和服务创新试点，累计实现跨境融资192亿美元。发行西部地区首单基础设施REITs融资48亿元。首单定向债务融资科创票据成功融资10.7亿元。推动重庆农商行设立高竹新区支行。开展与国家融资担保基金160亿元业务合作。

4. 金融生态持续向好

参与发布《第14期中国金融中心指数(CFCI)》，重庆市金融中心综合竞争力排名全国第7。对标世界银行环境考核指标，与北京、上海等金融中心等高对接。指导建设金融博物馆，设立"打击非法集资"专题展区。推动拨付兑现金融机构落户奖励资金855万元。

(三)深化合作,中新(重庆)金融互联互通建设把握新机遇

1.在金融改革创新上提质增效

支持建设中新金融科技合作示范区,推动银行保险机构来渝设立金融科技机构和项目,争取金融科技创新政策先行先试。共同谋划中新项下制度性开放举措,深入研判RCEP规则制度、承诺事项、各国经济金融的合作机遇,形成涵盖跨境交付、金融机构互设等多种服务贸易模式的具体金融举措。加强中新绿色金融在碳资产交易等领域合作,鼓励更多西部企业利用新加坡可持续债券和贷款发放计划来补贴发行成本,推动中新金融机构做大跨境绿色贷款,创新跨境绿色债券等产品和服务。通过探索简化境外绿色债券发行审批程序、争取中新绿色外债额度等举措,放宽绿色金融跨境渠道准入。

2.在金融双向开放上深化合作

以市场主体需求为导向,推动在渝新均设有分支机构的银行通过资金账户闭环汇划和封闭管理,率先探索跨境理财、基金等产品的双向购买和交易。支持中新(重庆)金融合作产业园建设,推动引入新加坡债券市场、股票市场、衍生品市场等特定功能窗口,深度服务重庆企业"走出去"。落实高水平金融对外开放政策,支持符合条件的外资银行来渝设立机构,批准设立南洋商业银行(中国)有限公司重庆分行,助力外向型经济和内陆开放高地建设。截至2022年末,在渝外资银行已开业16家,母行来自欧美、亚太等地区,分行数量位于中西部前列。

3.在跨境金融服务上扩面增量

支持搭建中新金融服务联盟,开展新加坡企业区县行等活动,帮助外资外贸企业稳订单拓市场。推动金融机构持续加大中新互联互通重点项目的融资支持力度。截至2022年12月末,中新项目相关融资余额达114.42亿元,保持稳定增长。积极支持西部陆海新通道建设,争取中国银保监会将重庆纳入首批铁路运输单证金融服务创新试点区域,指导10家银行机构开办铁路运输单据结算融资业务,累计开展融资业务47笔,金额1.4亿元。

(四)服务全局,助力稳住经济大盘展现新作为

1.金融政策落地见效

实施《金融支持稳住经济大盘工作方案》,市级多家部门联合出台金融支持稳住经济大盘14条、财政金融联动支持实体经济27条。截至2022年12月末,小微、企业贷款利率分别为4.57%、4.22%,处于历史低位。出台《政府性融资担保机构融资担保业务尽职免责工作指引》、融资担保助企纾困12条、小额贷款典当支持实体经济10条。政府性融资担保费率降至0.94%、低于行业平均0.75个百分点,国有典当综合息费率下降0.5个百分点。

2.运行调度平稳有序

深入行业主管部门、金融机构、重点企业精准开展存贷款调度工作,建立机构、企业"两张清单",全年推动企业贷款同比多增898亿元。"保险暨银行理财资金入渝"推介全市重大建设项目74个,总融资逾6000亿元。联动出台实施房企白名单、房地产市场16条等一揽子政策文件。推动8家银行机构与17家重点企业达成意向授信751亿元,"保交楼"首批专项借款86亿元投放108个项目。推动大渡口"保交楼"项目融资,实现房屋交付4702套,形成具有示范推广价值的"一盘一策"融资模式。推进金科债券兑付6亿元、债券展期近100亿元,稳住财信集团存量融资174亿元。截至2022年12月末,全市贷款余额5.01万亿元,增长6.7%,存款余额4.96万亿元,增长8.0%,存贷比为101%。

3.助企纾困精准有力

印发《重庆市政策性金融服务乡村振兴实验示范区建设工作方案》。开展重庆金融助力乡村致富带头人行动计划,推动12家金融机构首批意向授信183亿元。协调煤电企业新增购煤贷款18.23亿元。引导地方金融组织支持小微、"三农"等薄弱领域,小额贷款行业投放小微、"三农"贷款2610.11亿元,惠及市场主体3100余万户。融资担保行业小微、涉农在保余额1608.47亿元,同比增长13.55%,商业保理中小微企业融资余额311.1亿元。

(五)赋能实体,资本市场体系构建再上新台阶

1.企业上市工作提档加速

印发推动企业上市17条、《企业上市财政奖补办法》(3.0版),开展企业上市

育苗专项行动,组建涵盖500家企业拟上市企业后备库。2022年,新增上市(过会)企业18家、申报IPO13家、辅导备案16家,均创历史新高。西部科学城重庆高新区、开州区、石柱县上市公司成功破"零"。全市境内外上市企业达到90家,全年IPO及再融资316亿元,增长79%。

2. 区域性股权市场创新试点开局良好

推动中西部首个区域性股权市场改革创新试点成功获批,实施重点创新工作25项。完善乡村振兴板制度建设,协助有关部门筛选首批挂牌企业,加快推进板块上线。出台基金孵化板建设方案,上线全市科技型企业综合金融服务平台"科创资本通"。

3. 私募股权基金良性发展

改革重组政府产业基金。联合建立私募基金综合研判会商机制,推动西部科学城重庆高新区与清科集团共同打造创投平台。持续推进合格境内有限合伙人对外投资试点(QDLP),建立国内外资本双向流通渠道,新增试点企业2家、核准投资额度3亿元。新增备案股权投资类企业70家,全市共有该类企业848家,累计对外投资2191.03亿元,新增153.56亿元。

(六)聚焦主业,强化地方金融监管取得新成效

1. 监管制度持续完善

出台小额贷款减资业务指引,修订小额贷款公司设立变更终止工作指引,制定小额贷款行业消费者权益保护工作指引,优化典当监管工作手册。出台《商业保理公司监管评级和分类监管暂行办法》。出台助企纾困、尽职免责、创新试验区评选等文件5个。制定融资租赁公司设立变更工作指引、非正常经营融资租赁公司退出制度。

2. 日常监管不断强化

开展行业"质量提升年"活动,融资担保、商业保理行业规模、资产质量保持全国前列。完成全市融资担保机构监管评级101家,首次向社会公开评级结果。狠抓"2+8"重点网络小额贷款公司整改,信贷规模、融资杠杆率等关键指标明显优化,全年增资90.5亿元,全市有注册资本金50亿元以上的小额贷款公司7家,占全国的58%。年度现场检查地方金融组织230家,占比41.5%。

3.处置力度逐步加大

启动"僵尸"、失联和问题机构"清零行动",出清地方金融组织109家。建立小额贷款行业融资杠杆ABS监测模型,推动度小满、携程等5家机构与持牌AMC合作,转让不良资产本息合计10.51亿元。开展"伪金交所"专项整治,全覆盖清理交易场所非标债务融资业务。

(七)守住底线,防范化解金融风险探出新路子

1.防控机制不断完善

成立市金融风险化解委员会,印发实施《持续推进防范化解重大金融风险重点任务责任清单》《开展"伪金交所"专项整治实施方案》,制定《重庆市中小银行机构流动性风险事件应急预案》。建立非法集资突出问题专项行动工作机制、村镇银行风险跨部门协调处置机制、财信集团债委会机制。制定防范化解重大金融风险10项重点任务27项责任清单,打表推进金融风险处置。完成网络小额贷款整改年度目标。截至2022年12月末,银行业不良率、小额贷款不良率、融资担保代偿率分别为1.42%、9.02%、3.11%,均优于全国水平。

2.重点领域风险稳控有序

"一企一策"稳慎化解重点企业债务风险,强化一致行动做好稳债续贷工作,成功推动能源集团、隆鑫集团重组,重粮集团改革基本完成。加快推进地方法人机构引战重组、改革化险。稳妥开展新华信托破产清算,推动三峡银行完善公司治理结构,指导富民银行强化公司治理、引战增资,配合完善恒大人寿重整化险方案。协调联动推进村镇银行改革化险工作,持续化解大渡口融兴、江北恒丰等村镇银行信贷风险,督导严防力帆财务破产重整后续新增风险,实现高风险金融机构动态"清零"。组织召开全市不良资产处置联席会议,落实落细《关于支持金融机构加快不良资产处置的实施意见》,全年累计新增收购不良资产投资额88.3亿元,同比增长36.9%。

3.重点群体风险持续关注

密切关注重点群体和重点人员,稳控群体规模27万人,未发生大规模集访、进京非访和极端事件。集中开展养老领域非法集资专项治理,P2P网贷机构全部出清、第三方财富管理公司清理规范、虚拟货币风险化解进展顺利、私募基

金风险专项整治年度任务圆满完成,有序推进权行普惠央批案件处置工作。全市70起挂牌督办案件成功清退55起、正在审理执行15起。处置非法集资工作考评连续6年全国第一等次。

第二章　重庆市深化金融改革情况

一、重庆市深化金融改革概况

(一)深化地方金融改革方面

1. 地方金融组织监管持续加强

督促重点网络小额贷款整改规范,积极配合落实中央金融监管部门工作要求,盯严兑付资金准备,看紧自营贷款、联合贷款、ABS、融资杠杆、在贷客户数等关键指标,用好用活网络小额贷款风险防控联络会议制度,持续强化监管合力。公布两批政府性融资担保机构名单并实施动态管理,形成《重庆市交易场所监督管理办法》。启动地方金融监管信息综合平台二期建设,推动非现场监管体系建设。建立融资担保董监高人员履职能力线上测试系统,引入市场化专业评级机构完成全市101家融资担保机构监管评级,并首次向社会公开评级结果。

2. 积极开展区域性股权市场创新试点

2022年2月,重庆区域性股权市场制度和业务创新试点获中国证监会批复,重庆市成为中西部地区唯一试点城市。5月,上线全市性科技金融综合服务平台——"科创资本通",导入300余家拟上市后备企业及部分私募股权机构,促进基企对接。同月,推动北交所、全国股转系统重庆服务基地落地。

3. 要素市场化配置改革持续深化

积极配合市发展改革委制定《重庆市要素市场化配置综合改革试点实施方案》,在金融领域提出支持全国性商业银行在渝布局区域性总部、大力发展区域性股权市场、开展私募投资基金管理改革试点等11项改革事项。同时,积极与国家有关部委对接沟通,着力争取改革事项获准实施。

4. 产业投资基金制度不断完善

制定《重庆市产业投资基金管理办法》。2022年5月,完成重庆市产业投资基金管理有限责任公司备案工作,并于6月1日完成工商注册登记,12月完成汽车行业二级母基金的备案工作。

(二)完善金融风险防范处置机制方面

1. 统筹部署不断强化

推动出台《重庆市持续推进防范化解重大金融风险工作方案》,统筹部署"十四五"期间全市金融风险防控重点任务。推动成立市金融风险化解委员会,建立健全地方政府主要领导负责的金融风险处置机制。广泛征求社会公众意见,形成《重庆市防范和处置非法集资条例实施细则》。

2. 重点任务分解细化

印发《持续推进防范化解重大金融风险重点任务责任清单》,对10项重点任务逐一进行细化分解,形成了责任清单27项,明确了具体责任单位和责任人员。

3. 风险排查不断加强

持续推进线上监测预警、线下集中排查和有奖举报相结合,提前识别发现涉非风险线索,通过行政手段及时化解苗头性风险并移送处置。

4. 责任清单狠抓落实

将防范化解重大金融风险工作纳入市级党政机关目标管理绩效考核、区县经济社会发展业绩考核考核,加强责任清单落实情况跟踪督办,层层传导工作压力。

(三)持续优化金融营商环境方面

1. 动产担保统一登记试点不断优化

2022年7月,重庆实现机动车、船舶、知识产权担保登记信息统一查询,成为全国第2个成功推动营商环境创新试点有关动产和权利担保融资改革的省市。截至2022年12月末,统一登记系统累计发生机动车、船舶、知识产权担保登记信息查询22.90万笔,其中,机动车、船舶和知识产权担保登记信息查询量分别为4.53万笔、13.83万笔和4.54万笔,进一步提升了企业动产和权利融资便利度,为全国推广提供经验。

2.数字人民币试点落地见效

人民银行重庆营管部高度重视数字人民币试点,推动市政府成立了数字人民币试点工作领导小组,形成政府推动、部门支持、区县联合、机构主责的工作格局,切实加强对试点工作的组织领导。牵头制定《数字人民币重庆市试点工作实施方案》,经市政府审核后上报人民银行总行,并正式印发领导小组各成员单位、各区县政府、各银行业金融机构。

二、银行业深化金融改革情况

(一)深化银行业改革,坚持高水平建设西部金融中心

一是强穿透,深化中小机构改革。多方联动、稳妥推进重点机构引入优质战略投资者,积极争取地方政府专项债支持,支持地方法人机构内源、外源相结合,加大利润留存,综合运用发行二级资本债、永续债等市场化、法治化手段,多渠道补充资本金,优化股权结构,提升风险抵御能力。对于法人机构新设、股权变更、注册资本变更等事项,提高审查标准,加强对投资人资质、关联关系、一级出资能力和入股资金来源真实性的穿透审查,严禁主业不突出、有不良投资记录、杠杆率高、公司治理不健全的企业投资入股金融机构。

二是强定位,做实金融主责主业。督促政策性银行落实两类业务分类分账管理,引导改善业务结构,聚焦政策性业务主业提高服务精准度。以信托业务分类调整为抓手,督促辖内信托公司加快创新、调整结构、回归本源,积极发展标品业务和创新业务,实现转型发展。做好金融资产管理公司体制改革落实落地,指导加强上下联动做好巡视整改,积极发挥不良资产处置主力军作用,参与地方企业债务风险化解和房地产"保交楼"工作,加快存量业务风险处置,改善风险状况,为回归本源和转型发展争取空间。

三是强引领,加快西部金融中心建设。围绕成渝地区双城经济圈等重大战略,协同研究起草《成渝共建西部金融中心规划联合实施细则》,深化川渝监管合作,开展金融服务重大战略"树标对标"活动,引领银行业深化金融改革创新。截至2022年末,已促成21家次银行机构总部出台专项政策支持或与重庆签署

战略合作协议,农发行、国开行、工行、农行、中行、建行、华夏银行等通过银政合作分别给予1万亿元、5000亿元不等的投融资支持,推动打造具有辐射带动能力和综合服务能力的西部金融中心。

(二)深化金融供给侧结构性改革,坚持高质量服务实体经济和社会民生

引导银行业调结构、优服务、补短板,加快数字化转型,以科技赋能金融服务提质增效,聚焦科技创新、绿色发展、普惠小微、乡村振兴、养老保障、新市民等重点领域和薄弱环节加大金融供给,为区域经济社会发展提供高质量的金融保障。

一是以科技金融增添创新发展原动力。持续完善建强"价值系列"金融服务品牌,在全国率先探索"文旅价值贷款""科创价值信用贷款"等创新试点,商业价值信用贷款、知识价值信用贷款持续面向全国推广。截至2022年末,银行业累计发放知识价值信用贷款、商业价值信用贷款169.23亿元、93.65亿元,分别同比增长32.84%和37.7%;支持战略性新兴行业融资余额4060.56亿元,同比增长29.74%,不断提升精准服务科创、智能制造的能力。

二是以绿色金融推动绿色发展促转型。协同创建全国首个全域覆盖的绿色金融改革创新试验区,靠前制定地方绿色金融标准,加快构建广覆盖、多元化、高质量的绿色金融制度体系、组织机构体系和产品服务体系。支持重庆银行、重庆三峡银行、重庆农商行3家主要地方法人银行采用绿色金融国际标准,引导银行机构积极引入国际绿色金融标准和实践。引导40余家银行机构先后创新推出排污权抵押贷、知识产权质押贷、新能源汽车补贴贷等270余个绿色金融产品。截至2022年末,全市绿色信贷余额5525亿元,同比增长30.4%。

三是以服务"三农"推进乡村振兴补短板。以创建"金融服务乡村振兴创新示范区""金融支持生猪产业示范区"为契机,全面实施县域金融服务达标升级专项行动,以金融深度下乡带动农村经济走出来、活起来。率先出台金融支持种业振兴13条举措,制定2022年乡村振兴达标提升计划,完善金融支持乡村振兴考核评估机制,推动"三农"金融服务加力提效。截至2022年末,全市银行业涉农贷款余额7673.55亿元,较年初增长11.03%,连续5年实现了同口径涉农贷款余额持续增长的目标。

四是以创新试点强化普惠民生添福祉。出台《金融支持稳住经济大盘若干政策措施》《"稳企业 保就业"金融直达若干工作举措》等政策,开展"政银企对接稳大盘""个体工商户服务月"等活动,推动贷款延期申请"容缺办理",为超12.7万户小微企业延本息超1200亿元,为超1000家企业免费延保,推动纾困政策应享尽享。2022年末,普惠小微企业贷款余额较年初增长18.85%,新发放普惠型小微企业贷款加权平均利率较年初下降0.59个百分点。制定《金融支持新市民安居乐业实施细则》,构建"三网融合+N个场景+1站通达"的新市民特色金融服务体系,更好满足新市民"安居乐业"金融服务需求。2022年末,新市民专属信贷余额达250余亿元。

三、证券业深化金融改革情况

(一)重庆资本市场发展情况

1.市场规模逐步扩大

2022年重庆新增7家境内上市公司,总数达到70家。2022年境内上市公司总市值9347.16亿元,同比下降17.78%。10家企业申报IPO,在审企业16家,处于辅导备案阶段企业23家。新三板挂牌公司79家。证券公司1家(西南证券),证券分支机构253家;证券投资咨询公司1家,分公司2家;期货公司4家,期货分支机构35家;公募基金管理公司1家;私募基金管理人181家。全市投资者股票账户数1113.40万户,客户资产8356.87亿元,同比分别下降5.39%、6.02%。期货投资者账户数32.13万户,期货交易保证金余额370.85亿元,同比分别增长13.82%、34.39%;公募基金管理规模575.98亿元,同比下降19.71%,私募基金管理规模1660.52亿元,同比增长23.91%。

2.股债融资功能持续发挥

2022年,全市企业实现股债直接融资1853.63亿元,全国排名10位。其中6家企业通过发行上市融资41.56亿元,2家上市公司股票再融资131.11亿元,12家挂牌企业融资4.57亿元;52家企业通过发行公司债融资787.87亿元,7家企业利用ABS融资694.70亿元,5家企业发行可转债、可交换债融资193.82亿元。发行绿色债、乡村振兴债、科创债、"一带一路"债等专项债券共13只,发行金额合计80.98亿元。西部首单铁建渝遂高速公募REITs成功融资47.93亿元。

3.市场主体服务能力不断增强

2022年,全市上市公司实现营业总收入7288.09亿元,利润总额288.54亿元,缴纳各类税费453.12亿元。西南证券为企业筹资166.72亿元,其中为重庆企业筹资51.63亿元。期货公司开展"保险+期货"项目124个,保障金额13.12亿元,赔偿金额8244.95万元;风险管理子公司直接服务实体企业144家次,金额16.83亿元。重庆区域性股权市场为中小微企业提供各类融资46.23亿元。私募股权、创投基金投资重庆项目407个,在投本金690.1亿元。

4.重点领域风险总体可控

2022年,推动防范化解公司债券风险,协调民营房企多支债券(含ABS)展期,避免发生公开市场违约。推动3家上市公司风险化解,1家公司由高风险调整为次高风险。私募基金风险产品累计压降规模119.12亿元,已注销和未备案私募机构处置进度超四分之三。重庆金融资产交易所停止新增业务,存量定向债务融资规模消减93.09%;重庆股份转让中心可转债规模压降比率100%。

(二)监管工作开展情况

1.主动服务新重庆经济高质量发展

优化辅导监管机制,加大市场培育力度,推动6家企业IPO上市。首家科创板企业发行上市,实现"零的突破";2家公司在创业板上市。西部地区首单公募REITs成功发行上市,有效盘活存量资产。推动市政府优化企业上市奖补政策,出台《市属国有控股上市公司发展质量提升专项行动方案(2022—2025年)》、生猪"保险+期货"财政支持政策、支持企业运用期货工具促工业经济平稳增长政策等系列措施。

2.凝聚合力推动西部金融中心建设

助力上海、深圳证券交易所支持成渝地区双城经济圈建设和成渝共建西部金融中心行动方案出台实施。推动"北京证券交易所 全国股转系统重庆服务基地"揭牌成立。指导重庆区域性股权市场创新试点稳妥起步,联合重庆股份转让中心开展辅导验收工作试点,"科创资本通"、基金创新服务基地投入运营,全国首单境外合格投资者投资区域性股权市场挂牌企业成功落地,私募基金综合研判会商系统建设及与中国结算的账户对接取得实质性进展。

3.聚焦主责主业优化行业生态

开展现场检查126家次,采取行政监管措施39项。办理涉嫌证券违法案件12起,做出行政处罚2起。与重庆市高级人民法院建立证券代表人诉讼制度协作配合机制,联合重庆市三家证券期货犯罪办案基地印发《关于构建重庆市证券期货犯罪办案基地"3+1"联席会议机制的意见》,与重庆市人民检察院等单位建立涉案企业合规第三方监督评估机制,与重庆市公安局签署反诈合作备忘录,联合11家单位印发《打击治理洗钱违法犯罪三年行动重庆实施方案(2022—2024年)》。

4.持续提升中小投资者保护质效

建立持股行权定点联络机制,推动上市公司高质量召开业绩说明会。44家上市公司现金分红达143.41亿元。推动重庆市首单"总对总"在线诉调对接和"示范判决+专业调解"双落地。牵头8省市证监局开展"股东来了"2022重庆片区活动,并获全国决赛第二名。与市高级人民法院签署《关于加强中小投资者权益保护的合作备忘录》,推动调解组织在成渝金融法院单设调解室。协同开展涉非信息监测及"清网"行动,净化市场环境,投资者获得感和满意度不断提升。

四、保险业深化金融改革情况

引导保险业调结构、优服务、补短板,加大对重大战略、重点领域、重要项目和薄弱环节的供给,为全市经济社会发展提供高质量的保险保障。

一是强化重大战略保险保障。围绕成渝地区双城经济圈等重大战略,开展金融服务重大战略"树标对标"活动,督促保险业加大金融支持力度。截至2022年末,3家次全国性保险总部机构与重庆签署战略合作协议,人保、国寿、平安、泰康在渝投资规模分别达211.1亿元、676.89亿元、1662.2亿元、216亿元,全力服务成渝地区互联互通、共建共享。

二是增强保险体系普惠性。聚焦"三农"领域,加大保险保障力度。截至2022年末,农业保险为189.84万户次农户提供风险保障608.08亿元,向112.46万户次农户支付赔款9.67亿元。

三是推进绿色保险改革试点。联合印发《关于加快推进绿色保险高质量发展的指导意见》,推动辖内绿色保险不断迈上新台阶。截至2022年末,全辖绿色保险提供风险保障达到7364亿元,同比增长230%;支付赔款6.73亿元,同比增长490%。其中,环境污染责任保险提供风险保障4.13亿元,同比增长68%;森林保险提供风险保障364亿元,同比增长13.6%;新能源汽车保险提供风险保障5826.5亿元,同比增长690%。

四是推进科技保险创新发展。创新"产业科技保险",深化首台(套)重大技术装备保险补偿机制试点,推动知识产权侵权责任险、海外侵权责任险、知识产权交易保险等新型险种服务常态化。截至2022年末,科技保险、知识产权保险提供风险保障超30亿元,为关键核心技术攻关、科技成果转化应用保驾护航。

五是推进车险综合改革。推动车险不断"降费、增保、提质",2022年,全市实现车险保费收入167.03亿元,同比增长4.84%;车均保费3192.11元,同比微增1.35%,较综合改革前降低802元。"快处易赔"新机制从中心城区试点扩展到全市范围,线上化理赔服务得到普及,"警保联动"工作持续深化,警保"路面联勤"联动力度加大,在"警快办"上线车险理赔功能,车险理赔效率进一步提升。

六是健全多层次社会保障体系。规范发展第三支柱养老保险,持续推广专属商业养老保险、长期护理保险、巨灾保险等一揽子创新试点。其中,全国首单专属商业养老保险在重庆签发,灵活就业人群参保占比全国第一,长期护理保险试点拓展至全市,巨灾保险覆盖34个区县、超2900万人口,覆盖率超90%,累计提供风险保障464.43亿元。创新探索城市型定制医疗保险"重庆模式","重庆渝快保"推出"个账支付、家庭共济""出院免垫资一站式结算""院外特药直赔直送"等创新惠民举措,投保参保总人数超过520万人,实现保费标准全国最低,理赔水平全国第一。

第二篇 运行篇

第三章　重庆市银行业发展情况

一、总体情况

（一）机构情况

截至2022年末，辖内共有银行业法人及省级以上分支机构106家，其中政策性银行3家、大型银行6家、股份制银行12家、地方法人银行4家、异地城商行7家、外资银行16家、中德住房储蓄银行1家、新型农村金融机构38家、信托公司2家、金融租赁公司4家、企业集团财务公司4家、消费金融公司3家、汽车金融公司1家、理财子公司1家、资产管理公司4家。

（二）资产情况

银行业总资产迈上7万亿元新台阶，2022年末，辖内银行业金融机构总资产达70023.7亿元，同比增长6.1%，比年初增加4010.5亿元。

（三）业务情况

2022年末，本外币各项存款余额4.96万亿元，同比增长8.0%，增速同比提升0.8个百分点；较年初增加3729.2亿元，同比多增675.4亿元。本外币各项贷款余额5.01万亿元，同比增长6.7%，较年初增加3124.3亿元，同比少增1894.4亿元，其中，房地产贷款余额1.57万亿元，同比下降0.9%。

（四）盈利情况

2022年，全市银行业实现净利润553.3亿元，同比增长4.9%；其中，商业银行净利润468.0亿元，同比下降4.6%。

(五)风险情况

不良贷款率有所上升,但整体保持在合理区间。2022年末,全市银行机构不良贷款余额735.1亿元,同比增加220.1亿元;不良率1.42%,同比上升0.36个百分点,但仍低于全国平均0.29个百分点,不良率水平保持在合理区间。

二、银行类金融机构发展情况

(一)开发性、政策性银行及邮政储蓄银行

辖内开发性、政策性银行共三家,分别为国家开发银行、中国进出口银行和中国农业发展银行。2022年,各开发性、政策性银行坚持稳中求进,努力发挥逆周期调节作用,全力服务国家战略和地方经济转型升级,积极防控重点领域风险,经营发展总体稳健。年末贷款余额6430.27亿元,较年初增加589.27亿元,同比增长10.09%。存款余额583.86亿元,较年初增加30.01亿元,同比增长5.42%。税后净利润19.1亿元,同比增加12.7亿元。同时,辖内三家开发性、政策性银行持续开展"内控合规管理提升年"活动,深化内控合规长效机制建设,强化风险防控内生动力,厚植稳健审慎经营文化,提升内部管理水平,服务经济高质量发展。

(二)大型商业银行

截至2022年末,辖内大型商业银行重庆市分行共6家,机构网点1547个(不含邮储代理网点),从业人员30999人(不含邮储代理金融人员)。全年整体运行平稳,未发生重大风险。年末辖内大型银行总资产24841.95亿元,较年初增长8.02%。其中,各项贷款余额20542.81亿元,较年初增长1331.08亿元,增速6.93%。新增贷款主要集中在制造业、批发和零售业、交通运输、仓储和邮政业、高技术产业、知识产权密集型产业,上述行业合计占大型商业银行新增贷款总量的92.11%。其中制造业中长期贷款余额414.12亿元,较年初增长35.58%;绿色信贷余额2266.87亿元,较年初增长19.94%;普惠型小微企业贷款余额1560.03亿元,较年初增长26.41%。总负债24574.09亿元,较年初增长8.10%。其中,各项存款余额22262.85亿元,较年初增长1744.42亿元,增速8.50%。辖内大型银行全年处置不良贷款125.6亿元,不良率1.24%。

（三）股份制商业银行

截至2022年末,在渝全国性股份制商业银行共有12家,机构网点315个,正式员工10315人,全年总体运行平稳,规模稳步增长。总资产9474.72亿元,同比增长0.95%;总负债9374.52亿元,同比增长1.43%。各项贷款8854.99亿元,同比增长0.80%;各项存款7700.48亿元,同比增长7.59%。贷款投向结构逐步优化,普惠型小微企业贷款余额901.28亿元,同比增长20.2%;制造业中长期贷款349.03亿元,同比增长35.9%;绿色信贷余额525.7亿元,同比增长51.2%。年末不良贷款率1.59%,较年初增长0.34个百分点。股份制银行重庆分行认真开展"内控合规管理建设年"相关工作,合规意识进一步提升,管理机制、制度流程等合规管理基础进一步夯实。

（四）城市商业银行和民营银行

截至2022年末,重庆辖内城市商业银行(以下简称"城商行")和民营银行共计10家,其中法人机构3家(城商行2家,民营银行1家),非法人机构7家(城商行重庆分行),下设支行335个,员工9695名。资产、负债总额分别为11132.31亿元、10376.46亿元(法人口径,下同),较年初增长8.50%、8.76%。其中,各项贷款余额6023.91亿元,较年初增加466.28亿元,增长8.39%。各项存款余额6802.75亿元,较年初增加735.12亿元,增长12.12%。实现净利润66.07亿元,较去年同期增长0.28亿元。2022年重庆辖内城商行民营银行经营发展总体平稳,进一步回归本源,持续规范跨区域经营业务,创新运用科技手段强化风险管控。积极作为服务实体经济,加大普惠小微、乡村振兴、绿色金融、制造业等产品创新和信贷投放力度,普惠型小微贷款余额768.24亿元,较年初增长9.69%,全年为超过14万户普惠型小微企业提供信贷支持。创新新市民金融产品,积极做好新市民金融服务。加快支持国家重大战略落地实施,主动对接重庆当地及国家重大项目。重庆银行积极服务地方经济扩量提质,成立重庆银行自贸区分行,向成渝双城区域信贷投放超1200亿元,积极支持成渝两地双城经济圈建设和重庆西部金融中心建设;重庆三峡银行持续推进股权优化调整,平稳完成全行核心业务系统改造;重庆富民银行进一步调整业务结构,加快互联网贷款业务整改;7家异地城商行持续加大不良贷款处置力度,风险总体可控。

(五)农村商业银行

截至2022年末,重庆农商行下辖7家分行、35家一级支行,共1755个营业机构,从业人员1.5万人。总资产和总负债分别为12893.76亿元和11790.46亿元,较年初分别增长5.22%和4.99%,各项存款8082.59亿元、增幅8.45%,各项贷款5749.86亿元、增幅8.02%,当年净利润98.33亿元,同比增长13.49%。2022年,重庆农商行坚持以习近平新时代中国特色社会主义思想为指导,深入学习贯彻党的二十大精神,认真贯彻落实党中央、国务院决策部署和重庆市委、市政府工作部署,着力践行金融工作的政治性和人民性,有效统筹新冠肺炎疫情防控和经营发展,坚持支农支小定位,积极服务实体经济,"三农"及乡村振兴金融服务持续加强,小微企业金融服务较好实现"增量扩面、提质降本",加大风险防控和不良资产处置力度,有序推进经营管理数字化转型,经营发展总体平稳,监管指标总体稳健。

(六)外资银行

截至2022年末,在渝外资银行共有分行16家、支行6家,代表处1家,从业人员465人。总资产303.57亿元,较年初下降7.53%,其中各项贷款220.10亿元,较年初下降2.24%;总负债246.86亿元,较年初下降11.21%,其中各项存款198.23亿元,较年初下降12.50%。不良贷款余额0.71亿元,与年初持平,不良率0.32%,较年初增加0.01个百分点,资产质量保持良好。全年实现净利润4.71亿元。2022年,辖内外资银行借助母行的国际网络优势和先进的跨境资金系统,为本地企业境外投融资提供专业化的跨境金融服务。截至2022年末,协助中资企业境外贷款、海外发债等跨境协作业务余额235亿元。其中,星展重庆联动母行累计参与中新项目83个,涉及金额76.25亿美元,占中新项目总额的41%。华侨永亨重庆协助母行为重庆某国企发行全国首笔中资城投银行备用信用证转开的欧元债2700万欧元。富邦华一重庆坚守"服务台商"本源定位,累计为台资企业办理外币结算逾92亿美元,开立关税保函7150万元。各外资银行积极响应绿色信贷倡议,强化对绿色经济、低碳经济、循环经济等领域的支持,7家分行发放了绿色贷款,较上一年增加2家,绿色贷款较年初增加1.92亿元,增长31.43%。

（七）住房储蓄银行

截至2022年末，辖内住房储蓄银行1家，为中德住房储蓄银行重庆分行。年末资产总额100.64亿元，较年初增长7.76%。其中各项贷款101.47亿元，较年初增长16.88%。住房储蓄类贷款余额69.42亿元，较年初增长17.58%，占各项贷款的68.41%，较年初提高8.69个百分点。负债总额100.11亿元，较年初增长8.11%，其中各项存款95.66亿元，较年初增长6.17%。

（八）其他（信用卡中心）

截至2022年末，辖内大型银行信用卡持牌机构1家，为交通银行信用卡中心重庆分中心，共有员工327人，累计发卡量144.4万张，活卡率47.01%；信用卡贷款余额90.68亿元，较年初减少2.45亿元，减幅2.64%；不良贷款余额2.07亿元，较年初减少0.3亿元，不良率2.29%，较年初下降0.26个百分点。

截至2022年末，共有6家全国性股份制银行在渝设立信用卡分中心，以及1家平安汽车消费金融重庆分中心，经营指标不断增长，客户服务能力持续提升。2022年末，全辖股份行信用卡总授信额共计2753.55亿元，较年初增加280.59亿元，增幅11.35%；信用卡总透支额1086.08亿元，较年初增加109.49亿元，增幅11.21%；汽融中心相关汽车融资贷款较去年同期增加7.4亿元，增幅7.17%。

三、非银行类金融机构发展情况

（一）机构情况

截至2022年末，重庆辖内已开业非银行类金融机构共计18家，其中法人机构14家，具体为：信托公司2家，金融租赁公司4家，企业集团财务公司4家，汽车金融公司1家，消费金融公司3家，非法人机构4家（金融资产管理公司重庆市分公司）。

（二）资产情况

2022年末，辖内法人非银行类金融机构资产总额（不含信托资产）5028.53亿元，较年初增加980.31亿元，增长24.22%；信托公司受托管理信托资产规模1949.25亿元，较年初下降3.09%。

（三）业务情况

2022年末,辖内法人非银行类金融机构各项贷款(不含信托贷款)余额4311.43亿元,较年初增加654.92亿元,增长17.91%。负债总额4041.28亿元,较年初增加544.1亿元,增长15.56%。

（四）盈利情况

2022年末,辖内法人非银行类金融机构实现净利润63.21亿元,同比增加36.77亿元,增幅139.07%。

（五）风险情况

受新冠肺炎疫情与经济放缓等外部因素扰动,客户还款能力下降,逾期增多,重庆银保监局持续督促各非银机构落实主体责任,强化信用风险、流动性风险、声誉风险和信息科技风险等全面风险管理,守住风险底线。

第四章　重庆市证券业发展情况

一、机构情况

截至2022年末，重庆市共有70家上市公司。其中：A股65家，A+B股1家（长安汽车），A+H股3家（重庆钢铁、渝农商行、重庆银行），B股1家（建车B）。中央国有企业11家、地方国有企业14家、民营企业38家、公众企业2家、外资企业3家、其他企业2家（北大医药、力帆科技）。共有拟上市公司39家，其中已申报证监会（交易所）16家；在全国股转系统挂牌的非上市公众公司79家。证券公司1家，证券公司分公司53家，证券营业部200家，证券投资咨询公司1家。期货公司4家，期货分公司9家，期货营业部26家。基金管理公司1家，在基金业协会登记私募基金管理机构181家。

二、资产情况

截至2022年末，全市上市公司总市值9347.16亿元，前3大市值公司是智飞生物（1405.28亿元）、长安汽车（1073.25亿元）、重庆啤酒（616.48亿元）。西南证券注册资本66.45亿元，总资产775.06亿元，净资产243.83亿元，净资本145.62亿元（母公司口径）。证券分支机构资产总额306.62亿元。4家期货公司总资产400.80亿元，净资本35.73亿元。1家基金管理公司总资产8.83亿元。

三、业务情况

全市上市公司2022年度实现营业总收入7288.09亿元，同比增长2.23%。西南证券拥有证券经纪、证券投资咨询、与证券交易和证券投资活动有关的财务顾问、证券承销与保荐、证券资产管理、证券自营、证券投资基金代销、代销金融产品、股票期权做市、融资融券等45项单项业务资格，2022年度营业总收入

17.59亿元(母公司口径)。新华基金管理公募基金产品51支,基金规模575.98亿元;管理私募资管产品65支,产品规模20.36亿元。全市在基金业协会登记私募基金管理机构181家,实缴规模1660.52亿元。

四、盈利情况

全市上市公司2022年度归母净利润194.51亿元(同比下降58.37%),利润排名前3强是渝农商行(102.76亿元)、长安汽车(77.98亿元)、智飞生物(75.39亿元)。2022年度,西南证券净利润4.54亿元(母公司口径);证券分支机构累计净利润6.15亿元。4家期货公司累计净利润6.17亿元(母公司口径,未经审计);期货分支机构累计净利润-0.07亿元。新华基金累计净利润-0.65亿元(母公司口径,未经审计)。

五、风险情况

2022年,重庆市资本市场平稳运行,上市公司、公司债券、私募基金等关键领域和重点企业风险总体可控。2022年全年,18家上市公司扣非后亏损,36家上市公司扣非后净利润同比下滑。交易所公司债券到期回售金额持续处于高位,涉房民营企业债务风险较为突出,城投债整体承压。

第五章　重庆市保险业发展情况

一、机构情况

截至2022年末,辖内共有保险法人及省级分公司66家,其中法人保险机构4家,其中财产险法人机构3家,人身险法人机构1家;省级分公司62家,其中财产保险机构27家,人身保险机构35家。

二、资产情况

2022年末,辖内保险机构总资产2605.7亿元,同比增长8.6%。

三、业务情况

2022年,全市原保费收入981.1亿元,同比增长1.6%,实现正增长,增速较上年提升3.4个百分点,保费收入位居全国18位,西部第3位。

四、保险赔付

2022年,各保险机构积极发挥"社会稳定器"作用,保险业赔付支出343亿元,同比增长13.5%。保险业为全市经济社会发展积累的各种保险责任准备金同比增长11.9%,较年初新增372.5亿元。

五、风险情况

市场风险外溢性增强,保险法人机构负债久期较长,在预期利率长期处于下行趋势的情况下,需关注再投资的风险。个别法人保险公司偿付能力有所下降。

第六章　重庆市融资担保行业发展情况

一、机构概况

资本实力保持平稳。截至2022年末，全市101家融资担保法人机构，行业注册资本、总资产和净资产规模分别为415.6亿元、674.1亿元和463.5亿元，分别较年初减少2.59%、增长0.61%、0.93%。

二、规模情况

业务规模持续增长。全行业整体在保余额3254.5亿元，业务覆盖2809万户企业和个人。其中，融资担保在保余额2755.2亿元，占比84.66%，同比增长1.04%。担保放大倍数7.22倍，融资担保责任余额放大倍数4.45倍，高于全国平均水平，有力发挥了融资担保的增信作用和杠杆撬动作用。

三、担保结构

服务实体经济持续发力，融资担保行业小微、涉农在保余额1586.6亿元，同比增长13.50%，高于全部担保业务增速8.65个百分点；单户1000万元以下小微、涉农直接融资担保余额513.0亿元，同比增长5.58%。为1456户首贷户提供融资担保8.2亿元。全行业对战略性新兴产业、绿色产业分别提供融资担保42.7亿元、45.9亿元。政府性融资机构注册资本93.1亿元，在保余额350.2亿元，担保户数7.3万户，担保放大倍数3.5倍。其中，支持小微企业295.4亿元、6.8万户，分别占比84.35%、92.96%；支持"三农"134.3亿元、4.4万户，分别占比38.36%、60.11%。

四、盈利情况

全行业担保费收入、净利润、纳税分别为56.3亿元、13.6亿元、9.0亿元，同比分别增长17.72%，减少25.07%、1.45%。

第七章　重庆市商业保理行业发展情况

一、机构概况

资本实力不断增强。截至2022年12月末,全市正常经营类商业保理公司36家,新设1家,实缴注册资本116.9亿元,新增资本9亿元,同比增长8.34%,全部实缴到位。

二、规模情况

资产规模有所减少。行业资产规模403.14亿元,同比下降16.20%;负债总额265.77亿元,同比下降23.66%,其中,融资负债262.43亿元,同比下降20.97%;净资产137.37亿元,同比增长3.34%。三是业务投放总量下降。受经济下行、新冠肺炎疫情冲击、房地产政策调控等多重因素交织叠加影响,企业融资需求疲软、风险加大,保理融资投放明显减少。截至2022年12月末,全市保理融资余额308.24亿元,同比下降24.10%,其中建筑业和房地产业融资余额同比下降35.47%;当年累计发放保理融资581.63亿元,同比下降28.93%。

三、业务特色

一是行业投向分布更加优化。制造业、建筑业和房地产业、批发零售业的保理融资余额分别为138.69亿元、98.77亿元、25.81亿元,占全行业的比重分别为44.99%、32.04%、8.37%,制造业同比提升10.39个百分点,有力保障重点领域融资需求。

二是服务链上企业更加有力。中小微企业融资余额181.38亿元,占比58.84%,同比提升3.76个百分点,有力服务产业链供应链上下游企业。

三是融资期限更趋合理。一年期以内短期融资余额287.99亿元,占比

93.43%，同比提高5.93个百分点，其中6个月以内融资余额114.91亿元，占比37.28%，有效解决企业流动资金需求，加速企业资金周转。

四是融资利率更加普惠。融资利率实现连续四年下降，当年发放保理融资平均利率6.21%，同比下降0.95个百分点，部分机构平均利率低于5%，持续降费让利助企纾困，降低企业融资成本。

四、盈利情况

经营效益有所下降。2022年营业收入、税收等经营指标伴随业务投放总量减少而下降，全行业实现营业收入18.28亿元，同比下降34.27%；剔除非经常性损益净利润6.84亿元，同比下降22.18%；贡献税收2.61亿元，同比下降36.65%。

第八章　重庆市金融要素市场发展情况

一、机构概况

截至2022年末,全市共有12家交易场所,包括重庆联合产权交易所、重庆农村土地交易所、重庆农畜产品交易所、重庆药品交易所、重庆航运交易所、重庆金融资产交易所、重庆涪陵林权交易所、重庆汽摩交易所、重庆土特产品交易中心、重庆石油天然气交易中心、重庆科技要素交易中心、重庆三峡柑橘交易中心。各交易场所围绕"服务实体经济、优化资源配置、促进要素流通"等核心功能开展建设和运营,整体运行平稳。

二、规模情况

截至2022年末,重庆市12家交易场所注册资本达35.07亿元,历年累计交易总额达9.13万亿元,2022年交易总额为4596.26亿元。

三、业务特色

(一)市场体系日趋完备

重庆市金融要素市场逐步形成多层次、互补性体系,着力完善油气交易中心全国性交易市场,推动联交所、土交所、药交所等区域性交易市场稳步发展。地方交易场所服务实体经济、促进价格发现、优化资源配置等功能逐步提升,机构布局日趋完善。

(二)机构功能扩展增强

重庆联合产权交易所现已发展成为全国性产权交易所之一,在助推公共资源交易体制机制改革、促进公共资源有序流转与降费增效、深化国有企业改革、助力区域经济发展等方面均发挥了积极作用。重庆农村土地交易所在保护耕地、保障农民权益、统筹城乡土地利用、促进新型城镇化发展等方面发挥了积极作用。重庆药品交易所在全国首创医药全流程电子交易方式,建成医药交易综合服务、医药科创服务、医药供应链金融服务、三医协同服务等四大应用平台。重庆石油天然气交易中心致力于促进西部地区石油天然气产业活力,油气产品现货交易和全产业链安全运营,为提升重庆市能源供给能力、区域性能源交易辐射能力和全国性产业影响力做出贡献。

四、市场风险

2022年,重庆市始终将风险防控作为交易场所稳健审慎发展的首要任务,严格贯彻《国务院关于清理整顿各类交易场所切实防范金融风险的决定》(国发〔2011〕38号)、《国务院办公厅关于清理整顿各类交易场所的实施意见》(国办发〔2012〕37号)等监管文件的精神以及清整联办"回头看"工作要求,实施全流程严格监管,持续提升监管能力建设。重庆市交易场所运行平稳。

第九章　重庆市私募股权基金发展情况

一、行业概况

打造西部股权投资基金发展高地是建设西部金融中心的重大任务之一,重庆市历来高度重视私募投资基金行业发展,通过打造良好投资生态,充分发挥其在促进科技创新、优化资源配置、助推产业转型升级等方面的作用。截至2022年12月末,全市共有备案股权投资类企业(含私募基金管理人与基金产品)848家,全年新增70家,新增注册资本719亿元,较上一年度分别新增16.7%、84.5%。全年新增投资金额153.56亿元。重庆市私募股权基金在稳经济、保增长,服务实体经济、科技创新方面取得了一定成效。

二、投资情况

持续助力科技创新企业发展。根据中国证券投资基金业协会(以下简称"中基协")数据,截至2023年1月末,全市私募基金在投企业1089家,在投本金1062.91亿元,在投高新技术和初创科技企业440家,在投本金217.85亿元,较上一年增加22.6%。部分科技企业借助私募股权基金力量,集聚技术、渠道和人才等资源要素,加强内部控制,最终成功上市。如洪九果品、山外山、泓禧科技、小康股份等多家企业先后通过私募股权基金投资培育,成功登陆资本市场。

三、行业发展亮点

(一)初步形成支持科技创新体系

全市建立了以市级引导基金为龙头,以市级部门及区县成立的国有资本股权投资类企业为骨架,以中金资本、招商局资本、深创投、松禾资本等大量市场自主发起的私募投资基金为补充的私募投资机构体系。围绕科技创新企业发展阶段,建立起全周期、多元化的股权基金支持体系,投资于各类不同行业、不同阶段的企业。根据中基协数据,2022年末,全市登记私募基金管理人平均管理规模为9.76亿元,较2021年末增加17%。

(二)优化私募投资基金营商环境

2019年,中基协在重庆召开私募基金行业峰会,2020年重庆市举办了首届重庆国际创投大会,邀请IDG、高瓴资本、达晨资本等50余家国内外知名投融资机构来渝进行项目对接。2012年和2020年,重庆相继获得QFLP(合格境外有限合伙人)/RQFLP、QDLP(合格境内有限合伙人)试点资格,为投资机构打通跨境双向投融资通道,吸引国内外创新资本在重庆市集聚。近年来,重庆市先后出台《支持科技创新若干财政金融政策》《关于发展股权投资促进创新创业的实施意见》《关于激励私募投资基金支持科技创新的通知》等政策措施,对私募投资机构给予投资奖励,营造良好创投发展环境。

第十章 重庆市小额贷款行业发展情况

一、机构概况

重庆市小额贷款公司的业务范围包括发放各项贷款、票据贴现、资产转让业务、以注册资本的30%进行股权投资和市金融监管局许可的其他业务。其中重庆市批准开办网络贷款业务的小额贷款公司只能依托核准和备案的网络平台和产品在全国范围内开办自营贷款。

截至2022年末，重庆市小额贷款公司在营数量为245家，小额贷款公司从业人员3252人。按照公司性质划分，国有控股小额贷款公司15家，民营小额贷款公司195家，外资控股小额贷款公司35家。

二、规模情况

（一）资产规模

截至2022年末，重庆市小额贷款公司注册资本总额1187.68亿元，行业总资产2612.99亿元。注册资本5亿元(含)以上的38家，2亿元(含)以上的109家，2亿元以下的小额贷款公司98家。

（二）业务规模

截至2022年末，重庆市小额贷款公司全年累放贷款12378.12亿元；年末贷款余额2376.03亿元。小额贷款行业不良贷款余额214.30亿元，不良贷款率9.02%。

三、盈利情况

截至2022年末，全市小额贷款公司实现净利润25.74亿元，全年应交各项税金23.63亿元。提取贷款拨备余额281.05亿元，拨备覆盖率131.14%。开展网络贷款业务的小额贷款公司提取贷款拨备余额186.09亿元，拨备覆盖率255.45%。

第十一章　重庆市典当行业发展情况

一、机构概况

今年行业持续实现减量增质,截至2022年末,全市典当共有109家法人机构,3家分支机构;较年初减少1家法人机构、1家分支机构;注册资本金25.27亿元,同比增加0.58亿元,增长2.37%;户均注册资本金2318.37万元,同比增加74.26万元,增长3.31%;总资产28.46亿元,同比增加0.85亿元,增长3.08%;净资产27.94亿元,同比增加0.84亿元,增长3.1%。

二、业务情况

截至2022年末,全市典当余额22.81亿元,同比增加0.32亿元,增长1.42%。其中逾期典当余额6.76亿元,同比增加0.12亿元,增长1.84%;逾期占比29.62%,同比增加0.13个百分点。

2022年全年典当总额21.35亿元,同比减少1.27亿元、下降5.6%;其中房地产典当总额11.05亿元,占比51.76%,动产典当总额7.46亿元,占比34.94%,财产权利典当总额2.84亿元,占比13.3%。据上述数据,2022年行业新增业务结构出现调整,房地产业务同比下降12.7个百分点,动产业务同比增长10.37个百分点。

三、盈利情况

2022年全年,全市营业收入16642.62万元,同比增加1735.87万元、增长11.64%;利润总额4946.86万元,同比减少1342.63万元、下降21.35%;净利润4215.73万元,同比减少1319.54万元,下降23.84%;上缴税金1352.39万元,同比增加86万元、增长6.79%。

第十二章　重庆市其他金融机构发展情况

一、新型农村金融机构

（一）机构概况

截至2022年末，重庆辖内共有38家新型农村金融机构，其中村镇银行37家，资金互助社1家。共设立支行88个，营业网点数已经达到131个，从业人员2668人。

（二）规模情况

2022年，重庆辖内新型农村金融机构经营发展整体稳健。2022年末，辖内新型农村金融机构资产负债分别为436.15亿元、385.85亿元，分别较年初增长5.14%、5.33%。各项存款345.21亿元，较年初增长6.21%。各项贷款余额311.78亿元，较年初增长4.75%。

各新型农村金融机构继续坚持支农支小的定位，切实支持县域、支持当地实体经济。农户及小微贷款余额占各项贷款比例86.12%，较年初上升0.53个百分点、连续4年上升；户均贷款余额34.94万元，较年初减少2.04万元，贷款"小而分散"的特征进一步凸显。

（三）盈利情况

2022年辖内新型农村金融机构全年实现净利润3.28亿元。28家机构当年实现盈利，数量占比72%。

（四）风险情况

2022年，重庆辖内新型农村金融机构持续强化风险防控力度，主要风险监管指标总体达标。抓好信用风险防范处置,开展资产质量排查工作,加大处置力度,有效释放风险。常态化开展流动性风险监测工作,有效应对外部事件影响,开展流动性风险应急演练,持续提升风险防范精准性和系统性。同时持续加强公司治理与内控合规建设,做好案件风险、操作风险、声誉风险和信息科技风险等全面风险管理工作,扎实守住风险底线。

二、信托行业

(一)机构概况

截至2022年末,重庆辖内共有信托公司2家,分别是重庆国际信托股份有限公司和新华信托股份有限公司。其中,新华信托已进入破产清算程序。

截至2022年12月31日,重庆信托固有资产总额296.47亿元,较年初下降6.3%;受托管理信托资产规模1949.25亿元,较年初下降3.09%。负债总额29.84亿元,所有者权益266.63亿元;存续信托项目281个,实收信托规模1912.66亿元,较年初减少61.79亿元。

(二)盈利情况

辖内重庆信托全年实现净利润3.18亿元,较去年下降80.95%。根据公司报表数据,重庆信托全年实现营业收入7.37亿元,营业支出1.75亿元。

(三)风险情况

重庆信托受部分房地产企业债务风险影响,部分集合信托项目风险上升,部分项目到期无法兑付;新华信托因资不抵债,2022年7月6日,重庆市五中院裁定受理新华信托破产清算申请,并指定新华信托清算组为管理人,基本实现行政接管向司法处置的平稳过渡。目前,清算组正在依法推进破产清算工作。

三、财务公司

截至2022年末,重庆辖内已开业财务公司4家,分别是重庆化医控股集团财务有限公司、重庆机电控股集团财务有限公司、重庆力帆财务公司、重庆市能源投资集团财务有限公司。4家公司注册资本共计51亿元人民币,资产总额97.19亿元,负债总额70.02亿元,贷款余额67.71亿元,当年实现利息收入3.18亿元。

四、汽车金融公司

截至2022年末,重庆辖内唯一的汽车金融公司为长安汽车金融有限公司,主要以长安汽车整车厂为依托,为长安系列品牌汽车的销售提供金融服务。公司资产总额744.40亿元,负债总额649.13亿元,所有者权益95.27亿元,全年实现净利润11.36亿元,各项贷款余额666.85亿元

五、消费金融公司

截至2022年末,辖内共有3家消费金融公司,即马上消费金融股份有限公司、重庆小米消费金融有限公司、重庆蚂蚁消费金融有限公司,主要业务为发放个人消费贷款。3家消费金融公司资产总额1840.28亿元,各项贷款余额1624.47亿元,负债总额1649.45亿元,所有者权益合计190.84亿元,当年实现净利润26.4亿元。

六、金融租赁

截至2022年末,重庆辖内已开业金融租赁公司共有4家,分别是昆仑金融租赁有限责任公司、渝农商金融租赁有限责任公司、重庆鈊渝金融租赁股份有限公司和中银金融租赁有限公司。4家金融租赁公司资产总额1978.33亿元,负债总额1630.34亿元,所有者权益合计347.99亿元,租赁资产余额1952.41亿元(其中融资租赁资产余额1877.03亿元),全年实现净利润31.21亿元。截至2022年末,4家金融租赁公司不良资产余额12.51亿元,整体不良率0.67%。

第三篇　创新篇

第十三章 重庆市农村金融服务创新

一、农村金融服务政策

2022年,面对新冠肺炎疫情与高温干旱灾情的双重影响,重庆银保监局坚决贯彻落实银保监会决策部署,深刻领会党的二十大报告提出的"要全面推进乡村振兴,坚持农业农村优先发展"精神,健全农村金融服务体系,完善金融支持乡村振兴考核评估机制,扛牢抗旱保收和抗疫保供金融责任,引领全辖银行保险机构将更多资源配置到乡村发展的重点领域和薄弱环节,推动"三农"金融服务加力提效。

(一)明确银行业保险业支持乡村振兴工作要点

严格对照习近平总书记关于乡村振兴的新理念新论述新要求,利用党委会"第一议题"和监督监管联动等机制,始终将乡村振兴作为全局工作的重中之重。第一时间印发辖区银行业、保险业支持乡村振兴工作要点,连续两年制定《普惠金融服务年度达标提升工作方案》,聚焦县域发展、乡村振兴、数字普惠、"老幼学新"等重点方面,对辖内69家主要银行保险机构13项指标实施监管考核,细化金融服务工作举措。

(二)支持重庆打造西部种业高地建设

牵头印发《金融支持种业振兴工作举措》,积极围绕种业金融需求,创新业务模式,丰富产品和服务,加大信贷精准支持和保险保障力度,相关内容获人民日报纸媒点赞肯定。根据两部委《金融机构服务乡村振兴考核评估办法》,出台重庆辖区考核评估办法,定期对金融机构服务乡村振兴进行分类考核、量化评估。制定《重庆市政策性金融服务乡村振兴创新示范区建设工作方案》,赴分局开展督导调研,引导银行保险机构加大资源投入,促进乡村振兴、产业振兴。联合印发《关于进一步做好农业信贷担保工作的通知》,举办全市政府性融资担保体系建设暨银担合作推进会,推动构建三级政府性融资担保体系,进一步提高辖区农担业务覆盖面和普惠性。

(三)强化农村金融政策支持引导

印发《关于金融支持巩固拓展脱贫攻坚成果全面推进乡村振兴的实施意见》《关于金融支持新型农业经营主体发展的实施意见》等系列政策文件,围绕4个国家乡村振兴重点帮扶县出台"一县一策"金融支持方案。出台《关于加强财政金融联动支持实体经济发展的通知》《关于完善政府性融资担保体系 切实支持小微企业和"三农"发展的实施意见》,强化金融政策与财政政策互动。制定脱贫人口小额信贷政策文件,建立再贷款+脱贫人口小额信贷"一比一"全额报账机制。截至2022年6月末,金融机构创新"再贷款+"欣农贷等专属信贷产品68个,涉农贷款余额7450亿元,同比增长14.32%,较全市各项贷款同比增速高5.7个百分点;辖区4个国家乡村振兴重点帮扶县各项贷款余额同比增长11.73%,较全市各项贷款增速高3.11个百分点。

二、农村金融服务创新实践

重庆银保监局聚焦粮食安全领域,狠抓防疫保供见效。引导银行保险机构积极响应国家粮食安全、种业振兴等战略,持续加大对种业、农畜产品领域的支持力度,扛稳筑牢乡村振兴重任。聚焦主责主业,加大金融支持农村配套服务设施建设力度,持续加大中长期信贷投入,助力公共基础设施建设向乡村覆盖,向户延伸。

(一)为"农业芯片"持续供能

出台金融支持种业振兴十二条,联合相关部门梳理全市133户重点种业企业名单,450余户种业企业产业链名单,开展全覆盖对接,创新运用"知识价值信用贷款""科技智慧贷"等弱抵押产品,支持技术成熟、研发能力强的科创型企业加快成长为现代种业龙头企业,推动全国首笔首创植物新品种权质押贷款落地重庆,推动全市首笔油菜制种保险落地潼南。截至2022年12月末,全市种业企业及产业链贷款余额48.22亿元,水稻制种保险覆盖率达到100%。

(二)积极做好稳价保供工作

打造金融支持生猪示范区,"产业+保险+科技"多方联动协同,围绕生猪全生命周期和全产业链进行全方位深度创新;引导设立了生猪产业乡村振兴特色机构,配置专门服务人员、制定专属考核办法、向上级银行获取信贷额度倾斜。荣昌区、垫江县等四区县成为全国首批病死猪无害化处理与保险联动机制建设试点县,推动机构与荣昌生猪大数据中心达成战略合作协议,支持全国首个国家级生猪技术创新中心,推动首笔肉牛"智慧活体贷"落地重庆,推动首单生猪期货价格保险落地荣昌。截至12月末,辖内生猪产业贷款余额77.03亿元,同比上升8.64%。

(三)狠抓县域资源投入

推动县域深化"银政"合作,主要涉农银行机构与各区县政府签署战略备忘录等合作协议,投入百亿元资金支持重点产业发展;探索金融支持农业基础设施建设的融资模式,创新"以砂兴水"综合融资模式,"乡村人居环境贷""乡村振兴快担贷"等产品实现落地,全市农村农业基础设施建设贷款2907.56亿元,同比增长8.58%。围绕"一县一品""一县多品"建立的综合保险保障体系涵盖100余个优势特色农产品保险,创新开设金银花、柚子、柑橘收益保险,桑蚕收益保险,农业设施大棚保险,乡村振兴综合保险,全市首单茶叶保险落地。截至2022年12月末,除主城九区外,其余29个区县县域存贷比达到76.26%。

(四)加强金融科技赋能乡村振兴

将金融科技赋能乡村振兴示范工程纳入全市金融支持乡村振兴总体工作规划,推进"空中柜台"、"方言银行"、生猪活体抵押融资平台等30项示范项目建设,引导金融机构探索运用新一代信息技术、互联网、物联网和传感技术,优化提升乡村振兴金融服务,累计上线运行27个项目。迭代升级"长江渝融通"普惠小微线上融资服务平台功能,为新型农业经营主体等涉农主体提供惠企政策解读、金融产品查询、融资业务办理、融资问题反馈等"一站式"线上综合服务,开设人民银行支小再贷款帮扶贷、支农再贷款乡村振兴贷、新型农业经营主体、乡村振兴青年贷专门线上申贷入口,并引入市农担等政府性融资担保机构提供融资增信服务,累计为3951户新型农业经营主体等各类农村市场主体发放贷款93.3亿元。

(五)创新金融支持农业发展方式

开展"线上+线下"乡村振兴政银企融资对接专项行动,累计为清单内的880余户涉农主体(项目)、发放贷款近200亿元。创建金融支持乡村振兴示范基地和"1+5+N"乡村振兴金融服务港湾,因地制宜创新服务模式和信贷产品,已建成乡村振兴金融服务港湾49个、金融支持乡村振兴示范基地22个。开展农村产业发展供应链金融"一行一品"创新专项行动,推出"乡村振兴贷"等10余款专属产品。探索创新农村集体经营性建设用地、集体资产股权等抵质押融资,探索推进"三社"融合发展。在万州、涪陵、黔江、长寿、开州、梁平、忠县等7个区县创新开展重点农业产业链金融链长制试点工作,明确金融链长银行和协办银行,建立"一企一策"帮扶机制,累计为1806个项目发放贷款9.74亿元。

(六)推进农村金融基础设施建设

引导移动支付便民服务下沉县域农村地区,推广应用"乡村振兴主题卡"等为"三农"量身定制的特色支付产品,探索农村支付服务可持续、精准化发展路径。全面推动农村信用体系建设,制定6大类、13个细项的信用村评定参考标准,持续深化农村信用创建工作。截至2022年6月末,已评定信用村1701个、信用乡镇85个,评定信用户213.4万户;采集544万农户、7万余个农村经济组织的相关信息,为涉农银行办理贷款提供参考。推广"切块+竞售"农村保护性发售国债创新模式,2022年以来乡镇以下农村地区累计发行储蓄国债4.83亿元,占全市发行总量20.56%,为农村地区居民增收6272万元。开展科技赋能国债下乡——POS机销售储蓄国债(凭证式)试点工作,实现远郊区县村社全覆盖。在川渝联合推动国债下乡。

三、农村金融服务创新成效

(一)涉农各项指标稳中向好

在各方力量聚焦协同下,重庆辖区涉农信贷投放和农业保险保持稳中求进、进中向好态势。截至2022年12月末,涉农贷款余额持续较快增长,全市银行业涉农贷款余额7673.55亿元,较年初增长11.03%。除渝中区外的37个区县中,35个区县涉农贷款较年初正增长。普惠型涉农贷款增速显著,截至2022年

12月末,全市银行业普惠型涉农贷款余额1258.11亿元,较年初增长18.47%,超过银行业各项贷款平均增速11.77个百分点。全市保险机构涉农保险保费收入12.34亿元,同比增长34.9%,提供风险保障608.08亿元,同比上升17.11%。

(二)重点地区人群帮扶成效明显

脱贫地区贷款余额持续增长,截至2022年12月末,脱贫区县各项贷款余额4961亿元,较年初增长6.63%。各银行机构向城口、巫溪、酉阳、彭水四个国家乡村振兴重点帮扶县倾斜金融资源,截至2022年12月末,4个国家乡村振兴重点帮扶县各项贷款余额892亿元,较年初增长10.48%,高于全辖各项贷款平均增速3.78个百分点;其中,不高于同期LPR利率发放的贷款余额占比达21.79%。推动脱贫人口小额信贷"应贷尽贷",截至2022年12月末,各银行机构累计向全市30.57万户脱贫人口发放小额信贷114.31亿元,贷款余额28.16亿元、6.75万户,户数占建档立卡脱贫户和边缘易致贫户14.11%,贷款不良率0.98%,保持较低水平。"渝快乡村贷""富民贷"等纯信用产品精准衔接巩固脱贫攻坚与乡村振兴新需求,"重庆渝快保""综合返贫保""特色产业保"等特色保险持续织牢防返贫保障网。

(三)科技赋能提升金融服务质效

各银行保险机构利用自身科技优势,主动切入农村土地产权交易、农村集体经济和村务管理、农村电商和社交等应用场景,利用数字技术提高金融服务质效。建设银行"裕农朋友圈"、农业银行防止返贫监测系统、重庆农商行"乡村振兴金融服务管理平台"、太保财险"太e农""三农"综合服务平台等一批数字化创新示范成果受到广泛欢迎。邮储银行依托"邮e链"涉农产业链金融服务平台,形成"数据层+风控层+产品层+场景层"四维"农业产业链金融"模式,解决涉农产业链长尾客户融资难题。工商银行首创线上涉农贷款产品"农担e贷",直连重庆市农担公司系统,全流程线上交互。重庆银行对接市团委,研发全市首款"乡村振兴青年贷项目"专属信贷产品,为乡村青年创新创业提供金融保障。广发银行积极推出乡村振兴担保贷、订单贷、防贫贷等七个"乡村振兴贷"系列产品,覆盖多层次涉农主体需求。富民银行向涉农企业和地址为农村区域的群体推出全线上纯信用最高300万元"富税贷"产品。

第十四章　重庆市小微金融服务创新

一、小微金融服务政策

(一)深化监管引领服务工作机制

一是开展"稳经济大盘"大督查。市金融监管局主要负责人带队赴银行保险机构传达银保监会系统小微金融工作专题会议精神,督促银行机构抢抓时间窗口,靠前担当作为。二是制定"普惠金融达标升级计划"。实时监测追踪20余项小微金融关键指标,及时开展书面通报、专题座谈、监管约谈等,督导任务计划落到实处,2022年全年普惠小微信贷增量实现728.39亿元。三是做实监管考核评价。开展小微金融服务监管年度考核评价,指导银行对标对表补齐工作短板,并将评价结果与监管评级、现场检查、评先创优等联动,有效强化监管效能。四是完善"敢愿能会"内部机制。印发《关于进一步强化商业银行小微企业授信尽职免责工作的通知》,将尽职免责落实情况纳入小微企业金融服务监管评价,引导银行机构在容忍度范围内,进一步提高免责比例。2022年全年累计免责5621人,涉及不良贷款金额21.32亿元。

(二)打造银政保企综合服务模式

一是搭建联通平台。"信易贷·渝惠融"首批入驻重庆市政务服务平台,打通关键政务数据,破解银企信息不对称,扩大融资覆盖面,截至2022年末,注册企业近13万户,融资金额突破20亿元。二是减少合成谬误。指导银行机构强化与税务部门对接,避免出现优惠政策叠加下企业授信额度减少的合成谬误,截至2022年12月末,辖内小微企业"银税互动"贷款余额305.98亿元,同比增长21.55%。三是扩容"价值"系列。强化"价值贷款"模型应用,"知识价值信用贷款""商业价值信用贷款"累放额分别为177.13亿元、94.73亿元,同比增长

34.28%、16.82%,"文旅价值贷款"于今年落地首单。四是推动风险分担。与重庆经开区签署战略合作协议,推动经开区设立5000万元"风险分担资金池"撬动金融资源服务实体经济,12家金融机构与经开区企业现场签订39.25亿元金融服务协议。

(三)加大金融支持实体经济力度

出台《重庆市人民政府办公厅关于印发支持个体工商户和中小微企业发展十二条措施的通知》(渝府办发〔2022〕122号),推动加大信贷支持力度、加大再贷款再贴现投放、加大转贷应急周转资金支持力度、加大融资担保支持力度、支持出口信保赔付,帮助市内个体工商户和中小微企业加快走出生产经营困境。人民银行重庆营管部印发实施《关于开展小微企业金融服务敢贷愿贷能贷会贷长效机制建设专项行动的通知》,开展银行内部管理优化、首贷拓展、信用贷提升等11个专项行动。重庆银保监局印发关于《推进重庆普惠保险高质量发展指导意见》的通知,强化普惠型小微企业贷款"两增"目标差异化监管要求,制定普惠金融高质量发展工作方案,进行地方法人银行小微企业金融服务监管评价、小微金融服务先进单位评选。

二、小微金融服务创新实践

(一)紧抓重点领域强化企业纾困

一是紧抓个体户纾困。对网络商户、网约车司机、货车司机等比照个体工商户给予金融支持,全力保就业保民生。截至2022年12月末,普惠型个体工商户贷款余额1846.47亿元,同比增长21.35%。二是紧抓困难行业纾困。对零售、餐饮、旅游、公路、民航5大困难行业采取特殊政策,能延尽延,应续尽续,不轻易下调信贷评级。三是紧抓制造领域。印发支持复工复产若干措施,帮助制造企业有序恢复生产秩序,助力产业链供应链的安全稳定,截至2022年12月末,制造业小微企业贷款余额1172.38亿元,同比增长9.92%。四是紧抓科创领域。制定支持科技创新若干举措,助力科创领域小微企业技术创新和产业孵化。截至2022年12月末,普惠型科创小微企业法人贷款65.16亿元,同比增长18.41%。

(二)"四端发力"优化信贷供给结构

一是发力"首贷"。开展"结算户"转"有贷户"专项行动,与园区、专业市场密切对接首贷客户,强化"培植"式融资供给。2022年全年为2.85万户法人小微企业发放"首贷"258.82亿元。二是发力续贷。创新小微企业流动资金贷款服务模式,积极推广"自动续贷""随借随还"等,减轻企业还款压力。截至2022年12月末,普惠型小微企业无还本续贷余额888.38亿元,较1月末有统计以来增长43.17%。三是发力信用贷。开展信用融资"进园区、进村居、进银行"系列活动,加强信用对接。截至2022年末,普惠型小微企业贷款中信用贷款余额802.93亿元,占17.48%,占比较1月末有统计以来上升0.46个百分点。四是发力中长期贷。积极开发3~10年期的信贷产品,创新年度还息、到期还本模式,缓解资金周转压力。截至2022年12月末,普惠型小微企业中长期贷款占比44.32%,较1月末有统计以来上升3.24个百分点。

(三)提升数字金融服务平台服务质效

人民银行重庆营管部按照更高标准建成"1+5+N"金融服务港湾403个和首贷续贷中心36个,升级迭代"长江渝融通"普惠小微线上融资服务平台。重庆银保监局以普惠数字推动普惠金融,打造中西部第一个"数据共享+业务协同"的金融综合服务网"金渝网"。深化银税合作,共享纳税信用信息,以良好的纳税信用支持中小微企业信用贷款。市级部门深化"信用价值贷"试点,推进科技型企业知识价值信用贷款,推进中小企业商业价值信用贷款,依托全市公共数据资源管理平台建成"渝快融—金融专网",拓展中小企业公共服务平台功能"渝企金服"服务,"信易贷·渝惠融"平台获评2022年度"全国中小企业融资综合信用服务示范平台"的称号。

三、小微金融服务创新成效

(一)普惠金融服务成效明显

2022年,重庆银保监局坚决贯彻党中央关于"疫情要防住、经济要稳住、发展要安全"重要要求和国务院稳住经济大盘电视电话会议相关部署,严格按照会党委工作要求,把稳增长放在更加突出位置,统筹调度银行保险资源,着力保市场主体保就业保民生,支持小微企业减负纾困、恢复发展。连续五年达成"两增两控"。普惠型小微企业贷款余额4592.17亿元,较年初增长18.85%,比各项贷款较年初增速高15.66个百分点;有贷款余额的户数65.68万户,较年初增长2.12万户;全年信贷计划完成率116.1%。当年新发放普惠型小微企业贷款加权平均利率5.07%,较年初下降0.59个百分点。普惠型小微企业不良贷款余额76.85亿元,不良率1.67%,较各项贷款不良率高0.18个百分点,控制在"不高于各项贷款不良率3个百分点以内"的目标范围。

2022年末,重庆市普惠小微贷款余额同比增长17.2%。小微企业全年新发贷款加权平均利率4.57%,同比下降0.16个百分点,均处于历史低位。开展"贷动小生意 服务大民生""金融活水润百业"个体工商户金融服务专项行动,持续组织金融助企纾困走访对接,覆盖52万户普惠小微市场主体,为8万户个体工商户实施延期还本付息500亿元。援企稳岗贷专属金融产品累计为6807家企业的422亿元贷款实施减息让利3.1亿元,平均让利73个BP,支持企业稳定就业岗位24万个,吸纳3.8万重点人群就业。2022年,累计投放再贷款再贴现857亿元,同比增长31.2%,惠及市场主体10.1万户。

(二)积极建设融资服务平台

联合市发展改革委打造"信易贷·渝惠融"平台,在多部委联合召开的2022年度全国中小企业融资综合信用服务平台建设总观摩会议中,位列全国51个"信易贷"平台评选第二名,并获得2022年度"全国中小企业融资综合信用服务示范平台"称号。引导银行业、保险业稳大盘有力举措获得国务院政府职能转变和"放管服"改革第187期简报"全力稳住经济大盘"专刊表扬。服务制造业相关做法被国务院营商环境创新试点专刊表扬。

第十五章　重庆市互联网金融发展

一、银行机构互联网金融创新

(一)大型商业银行

辖内大型银行持续推进金融与科技深度融合,从组织架构、业务流程、数字基建、数字技术等多方面加强建设数字生态。以科技赋能业务发展,提供经营管理抓手,破解普惠金融难点,进而发挥好促进竞争、带动行业高质量发展的排头兵作用。一是加强产品创新,提升服务质效。依托金融科技优势,契合区域特色,推出"脐橙贷"等一系列兴农线上普惠产品。通过"社银一体化"网点建设等手段,进一步实现让数据多跑路,群众少跑腿,提升服务质效,提升百姓金融服务获得感。二是打破信息壁垒,强化风险防控。积极参与建设"金渝网"等大数据平台,通过数字化手段建立模型,进一步加强风险防控能力。三是赋能合规经营,助力内部管理。通过流程的线上化和数据化,实现操作环节的人工替代,降低合规管理成本,提升经营效益。按照市场化、法治化原则积极向中小银行输出风控工具和技术。应用智能手段,加强数字化转型,推进县域机构高质量发展。

(二)股份制商业银行

辖内股份制商业银行积极推动数字化转型,持续提升数字化服务水平,为客户提供安全、高效、便捷的综合金融服务。一是升级数字化服务平台。辖内股份制商业银行积极推动科技赋能,健全完善包括移动应用、互联网银行、自助服务终端在内的金融服务体系,满足客户的差异化需求,提升金融服务便捷性、可获得性。二是优化数字化服务体验。以科技、大数据赋能业务流程优化,着力提升客户体验。针对不同类型企业客户,运用数字化综合服务方案提升服务质效。通过多种产品直达,提升小微企业融资服务的便捷性和可获得性,延伸服务半径,提升客户体验和融资服务效率。加强老年金融服务,针对老年客户,提供大字体、易操作的"简约版"操作界面。三是加强消费者权益保护。提升科技助力风险识别水平,加强金融知识宣传普及,对有关风险点进行提示,安全护航智能化体验。

(三)市内法人银行

1. 重庆银行

为加快落实《关于银行业保险业数字化转型的指导意见》要求,围绕"服务当地、服务社区、服务小微"定位,发挥互联网渠道优势,持续推进数字化智能化转型。一是通过改善组织架构、创新机制流程、优化产品设计加大创新力度。重庆银行建立产品研发敏捷团队,组建由业务、风控、合规、评审等部门共同组成的普惠金融场景化批量业务敏捷团队,高效完成场景挖掘、方案设计、系统开发、上线运维产品研发全流程,在20多个工作日完成原来通常需要半年的研发任务,及时推出"纾困扶持贷"等产品助力稳经济、稳大盘。二是通过数字化手段赋能传统业务流程。通过线上量化决策,加强对重点领域数字信贷支持。重庆银行运用"风铃智评—产业慧链"深耕双城建设、绿色经济、先进制造业、临空经济、智能网联、新能源汽车等产业,深度挖掘超过50万户优质企业清单,积极响应国家扶持实体经济和普惠金融导向。三是加强自身科技能力建设。把IT治理、数据治理有机融入公司治理,形成科技对业务、研究、风控、运营的有力支撑。重庆银行"智能化机房管理系统"案例成功入选中国数字新基建年度优秀解决方案。

2. 重庆农商行

重庆农商行深化金融科技在互联网金融服务场景的应用,推动金融服务更加数字化、智能化。一是推动"空中柜面"建设应用。通过重塑业务办理流程,为客户提供轻触屏幕、口头交流、免填单证的便捷服务。目前已在400家营业网点投入应用。二是推动"视频银行"建设应用。采用远程视频技术结合集中运营模式,通过远程双向视频呼叫"云柜员",提供面对面"临柜式"综合服务。视频银行已上线30余个场景,年受理客户服务量超45万笔,单人日均服务客户量可达120笔。三是打造"数字员工"服务。结合语音识别、语义识别、智能知识问答、人脸建模、图像处理等多项人工智能技术,打造专属的虚拟数字人形象,可用于智能客服、信息播报、业务咨询、引导分流等场景。其中机器人流程自动化功能已建设30余个场景,年节约人力约5500人天,效能平均提升约14倍。

二、互联网保险创新

数字化互联助力城市定制型普惠产品"重庆渝快保"服务重庆市民。一是探索建立基本医疗保险与商业健康保险信息共享,助力业务创新与数据资源的高效融合。指导参与保险机构利用大数据准确精算、反复优化保险条款方案,在"商业可持续与保障最大化"间,实现最优匹配。支持医保个账支付、家庭成员共济,重庆市职工医保参保人员可利用个人账户余额为自己及家庭成员购买"重庆渝快保"。二是提升数智化服务质效,打通理赔服务环节"院司"对接不畅的系统瓶颈。借数字化手段实现对传统理赔业务的流程再造,实现免垫资。率先同时实现"一站式结算"和"院外特药直赔直送"等创新便民举措,出院一站式结算支持患者出院时同步结算基本医保、大额大病保险、医疗救助和"重庆渝快保"应承担的费用,2022年"一站式结算"报案使用率超过99.6%。院外特药直付配送服务支持送药上门,参保人仅支付"重庆渝快保"保障责任以外需个人承担的费用。特药配送覆盖全市所有区县,最快20分钟,满足患者及时用药需要。"一站式结算"和"特药直付"改变了传统的健康保险理赔模式,患病参保人不再自垫费用,无需再另行提交资料向保险公司申请理赔,有效解决群众"看病垫资、理赔跑腿"问题。三是充分利用重庆银保监局"金渝网"中心节点的作用,依托数据链接的优势,以可视化系统实现24小时承保、理赔等环节关键信息的数字化监控,"透明"业务全流程监管。

重庆金诚互诺保险经纪有限公司聚焦"服务主业"定位,与保险公司合作围绕美团平台用户、商户、骑手及上下游供应商等诸多参与者和履约者,提供具有小额、高频、场景关联度高的食品安全责任险、外卖延误险、意外伤害险、雇主责任险等保险保障服务。依托母公司资源搭建"理赔服务平台"系统,分岗作业,不断迭代提升在线案件处置及流程精准管理策略,帮助骑手快速理赔。同时通过更多智能外呼、智能审核等线上手段,降低骑手提交材料的复杂度,为骑手提供一站式理赔体验。目前理赔服务团队已实现协助骑手理赔时效的有效压降,5000元以下理赔案件平均时效由理赔团队介入前的20余天缩短至12天。

第十六章　重庆市跨境结算及投融资便利化发展

一、深化外汇管理改革试点

2022年,重庆市跨境人民币实际收付金额首次突破3000亿元,达到3260.2亿元,同比增长67.9%,结算量居中西部第1位,占同期同口径本外币跨境收付的28.5%,较2021年提升了12.3个百分点。其中,跨境货物贸易人民币结算量2482.1亿元,同比增长124.6%,高于同期全市跨境人民币整体增速56.7个百分点,跨境人民币业务助力稳外贸成效明显。

(一)以全流程便利化改革促进跨境融资

拓展深化高新技术和"专精特新"企业跨境融资试点,实现惠及主体、覆盖区域、试点额度"三扩容",成功支持24家企业获得跨境融资,降低融资成本。简政放权,持续推进企业获得一次性外债登记试点额度159亿美元;简化外债账户管理,落地多笔外债共用一个账户政策,外债资金入账时间缩短5个工作日;支持企业直接在银行办理外债、担保注销登记。

(二)以政策优化升级支持双向投资

指导银行外汇市场自律机制出台资本项目收入支付便利化展业自律指引,建立便利化白名单管理制度,实现业务办理标准化,促进资本项目收入便利化支付占比超过7成。积极推进合格境内有限合伙人(QDLP)试点,2家企业获得中基协准入备案。便利跨国公司跨境结算,引导企业利用资金集中运营政策提高结算效率,跨国公司跨境资金集中运营规模53亿美元。

(三)以优质企业贸易外汇收支便利化试点促进对外贸易

建立优质企业储备库,推动试点银行将"材料多、环节多"的业务和"笔数多、信用好"的优质中小企业纳入试点范围。截至2022年末,共11家银行、132家企业参与优质企业贸易外汇收支便利化试点,试点规模近220亿美元,试点企业数量、业务规模分别为年初的13.7倍和4.4倍,其中,中小企业家数占比七成。

二、优化外汇相关服务

(一)做好重大战略外汇服务

联合四川省分局印发《外汇管理服务成渝地区双城经济圈建设的指导意见》。联合发布成渝外债便利化试点业务操作指引,成渝企业一次性外债登记试点突破200亿美元,落地异地外债账户核准业务。共建共享资本项目收入支付便利化"白名单",实现"白名单"企业跨区互认。继续推动自贸区等重点平台外汇政策实施,自贸区涉外收支突破千亿美元,占全市收支规模6成以上。

(二)开展汇率避险再行动

联合重庆市商务委出台支持涉外企业提升汇率风险管理能力的通知,推动市区两级汇率避险政策支持体系初步形成;在全市统筹开展汇率避险培训432场次,覆盖超过4000人次;落地人民币外汇美式期权、亚式期权产品,全市汇率避险产品和服务更加丰富;推动区县建立中小微企业汇率避险专项激励、设立专项资金池等多样化的银政联动措施,完善汇率避险的政策环境。2022年,全市外汇衍生业务签约187.6亿美元,同比增长29.8%,服务中小微企业345家、"首办户"企业212家。

(三)开展跨境人民币"首办户"专项行动

为进一步扩大跨境人民币业务覆盖面,让跨境人民币政策红利惠及更多企业,人民银行重庆营业管理部在全辖组织开展跨境人民币"首办户"专项行动,印发《重庆跨境人民币"首办户"行动方案》,建立跨境人民币"首办户"名单库,推动银行网点加强对客户首次办理跨境人民币业务的辅导,帮助企业将人民币作为汇率避险的重要工具。2022年,全市129家跨境人民币"首办户"办理跨境人民币实际收付结算金额合计8.3亿元。

(四)优化外汇服务为企业纾困

建立重点企业联系机制,深入推进便利化试点。为进一步发挥重点企业对跨境人民币业务的示范引导作用,人民银行重庆营业管理部建立跨境人民币业务重点企业联系行机制,涵盖全市主要本外币跨境收付量大的重点企业,并推动联系行根据企业业务需求"一对一"定制支持其扩大人民币跨境使用的工作方案。2022年,全市148家跨境人民币业务重点联系企业共办理经常项目和直接投资人民币结算金额1715.6亿元,同比增长55.5%。

同时,发布《强化金融外汇服务支持外贸外资稳定发展的指导意见》,推动稳外贸稳外资支持政策红利惠及更多企业,全市落实贸易电子单证结算、购汇偿还国内外汇贷款等政策支持便利结算262.5亿美元;指导银行外汇业务减费让利、减免汇率避险保证金合计超15亿元。

三、加强外汇领域科技创新

(一)深化跨境金融服务平台应用

扎实推进国家区块链创新应用试点——"区块链+跨境金融"试点,全国唯一西部陆海新通道物流融资结算应用场景已累计便利600余家企业融资和结算33.3亿美元。通过跨境金融服务平台累计便利1600余家企业贸易融资和结算362亿美元,其中,办理贸易融资222亿美元,列中西部第一、全国第四。依托政务服务网上办理系统,为1024家企业办理业务近1200笔;指导和支持银行开展资本项目数字化线上资金结算近2亿美元。

(二)创新推出跨境融资"一码通"

人民银行重庆营业管理部指导重庆跨境人民币业务自律机制开发跨境人民币"一码通"线上服务平台,全市45家支持办理相关业务的银行全部加入,市场主体扫码即可便捷获取跨境人民币业务最新政策、相关产品与银行境内外办理网点信息及联系方式、政策咨询和典型案例,打通跨境人民币政策传导"最后一公里"。不少企业均表示,通过跨境人民币"一码通",足不出户就可获取跨境人民币最新政策,"一网打尽"可以办理跨境人民币业务的境内外网点信息及联系方式。面对汇率波动,人民币结算可以更好规避汇率风险、帮助企业降低财务成本。

第四篇　环境篇

第十七章　重庆货币市场运行情况

一、票据贴现市场运行情况

2022年,累计投放再贷款再贴现857亿元,同比增长31.2%,惠及市场主体10.1万户。2022年全年重庆市社会融资规模增量累计为5288.2亿元,未贴现的银行承兑汇票减少467.8亿元,同比少减414.9亿元。推动落地全国首单PPP资产支持商业票据9.8亿元;拓展民营房企市场化融资渠道,发行全国首单由中债信用增进公司提供全额担保的民营房企债务融资工具。抓住绿色金融改革试验区获批机遇,用好"长江绿融通"大数据系统,发挥碳减排支持工具、"绿易贷"再贷款、"绿票通"再贴现导向作用,带动加大对绿色项目信贷投入。

二、外汇交易市场运行情况

2022年以来,人民银行重庆营业管理部、重庆外汇管理部优化跨境金融服务,主动服务外资外贸发展取得明显成效。截至2022年末,优质企业贸易外汇收支便利化试点220亿美元,中小企业家数占比7成;企业一次性外债登记试点额度159亿美元;跨境金融服务平台累计便利1600余家企业贸易融资和结算362亿美元。2022年,全市跨境人民币结算3260.2亿元,同比增长67.9%,结算量居中西部第一;外汇衍生业务签约187.6亿美元,同比增长29.8%;支持跨境电商、新型离岸国际贸易、外贸综合服务等贸易新业态实现结算约14亿美元。

第十八章　重庆市金融行业风险及监管情况

一、银行业风险及监管情况

（一）银行类金融风险及监管情况

截至2022年末，全市银行业风险状况整体可控。全市银行机构不良贷款余额735.1亿元，同比增加220.1亿元；不良率1.42%，同比上升0.36个百分点，但仍低于全国平均0.29个百分点。全年累计处置不良贷款575.2亿元，处置额度为历年来第二高。银行业金融机构拨备覆盖率200.71%，银行法人资本充足率达到14.55%，风险抵御能力和应对资源总体较为充足。

一是法人机构改革化险初见成效。推动党的建设与公司治理有机融合，全辖37家国有金融机构全部将党的领导总体写入公司章程。部分法人银行保险机构股权优化调整、优质战略投资者引入取得阶段性进展。村镇银行改革化险工作取得阶段性进展，部分银行股东股权实现"优进劣出"。二是债委会重点企业风险化解稳步推进。配合支持重庆能源集团、隆鑫集团等风险化解工作取得阶段性成果。三是重点领域风险化解取得突破。有力支持"保交楼、稳民生"，房地产项目封闭融资试点及存量房交易"带押过户"试点取得实质性突破。经营贷、消费贷置换存量房贷专项治理初见成效。高风险影子银行规模继续压降，同业理财规模全部清零，金融同业通道业务余额较年初下降54.14%。

（二）非银行类金融风险及监管情况

1. 信托行业风险及监管情况

在当前内外部复杂多变的行业发展大背景下，一方面信托公司传统盈利循环被打破，经营压力陡增；另一方面随着内外部环境迅速转变，信托公司积累的风险逐渐暴露,通过转型发展寻求新增长点的需求愈发迫切。

重庆银保监局认真落实中央及银保监会各项决策部署,督促重庆信托推动风险真实处置化解,持续做好风险摸排,真实反映表内外风险底数,督促公司落实资管新规过渡期后个案整改、融资类信托规模控制等监管要求,全面提升风险管理水平,进一步完善公司治理与关联交易管理。针对新华信托,根据国务院批定方案及市委、市政府、银保监会党委有关部署,在法院指导下牵头清算组推进公司破产清算工作。

2. 农村金融风险及监管情况

2022年,全辖农村中小银行机构总体运行平稳,相关改革化险工作平稳推进,风险总体可控。

2022年,在新冠肺炎疫情影响和复杂的金融风险形势下,重庆银保监局坚决贯彻落实党中央、会党委、市委、市政府决策部署,全面推进防风险、优服务、促改革等各项重点工作,持续做深做细重庆农小机构监管。一是强化风险防控。稳妥应对外部事件影响,守住不发生区域性风险的底线。定期开展排查工作,督促辖内加大不良处置力度,充分释放风险。常态化监测流动性风险状况,组织机构开展流动性风险应急演练。二是强化公司治理建设。督促机构持续将党的领导融入公司治理全过程中,强化党的领导,提升三会一层履职能力。持续开展重大违法违规股东、内控人控制与外部人操纵等系列排查,督促机构强化股东股权与关联交易管理,指导机构股东"优进劣汰",优化股权机构。三是强化定位监管。督促农小机构提高政治站位,坚守支农支小定位,加大对农户和小微企业的信贷支持力度,创新产品、优化服务,积极支持国家和地方重大战略,服务乡村振兴、绿色经济、成渝地区双城经济圈建设等重点领域。召开农小机构支持乡村振兴专题新闻发布会,强化正面宣传发声。四是提升监管能力。强化信息科技能力建设,持续提升风险监测的精准性有效性。加大调查研究力度频度深度,持续推动调研成果向政策效果转化。

3. 汽车金融行业风险及监管情况

一是受经济增速放缓影响,汽车厂商产销量下滑,市场格局出现较大变化,汽车金融业务拓展受限。二是受前期新冠肺炎疫情和经济波动影响,贷款客户逾期增多,汽车金融公司信用风险有所上升。

针对风险状况,重庆银保监局指导公司密切关注经济形势和汽车市场变化,深化产融协同,加大减费让利力度,努力提振汽车消费信心,促进公司经营业务稳健增长。

4.金融租赁行业风险及监管情况

2022年,辖内金融租赁公司认真落实各项监管要求,各项指标达到监管要求,但新冠肺炎疫情等外生风险影响持续扩大,对金融租赁公司传统业务领域造成一定冲击,信用风险压力增大。同时,部分金融租赁公司租赁资产结构仍需继续优化。

2022年,重庆银保监局采取多项措施严守风险底线,有力维护辖内金融租赁业的稳定发展:一是引导公司强化风险管理,督促公司认真研究适合公司实际状况的风险偏好和风险策略,使风险政策更好地为公司经营服务。二是督促金融租赁公司强化融资与融物功能,精耕细作熟悉擅长的行业和领域,逐步加强业务专业性和特色化,提升服务实体经济质效。三是要求公司进一步完善公司治理架构、加强内控管理、增强合规意识、提升信息科技建设和管理水平。

5.财务公司、贷款公司风险及监管情况

2022年,部分财务公司受集团经营影响,存款增长乏力,流动性风险有所上升。此外,个别企业集团通过破产重整化解债务风险,下属财务公司受此影响,信用风险较高。重庆银保监局要求财务公司坚持服务集团内部定位,严格按照《企业集团财务公司管理办法》要求规范经营,立足集团主业提供金融服务,助力集团产业结构转型和重点薄弱领域发展。同时督促相关集团和财务公司落实风险防控和化解的主体责任,持续开展风险防范和化解工作。

二、证券业风险及监管情况

2022年,重庆证监局全面落实中国证监会党委,重庆市委、市政府的相关工作要求,紧盯公司债券、上市公司、私募基金等关键领域和重点企业风险,精准做好风险监测、预警和处置相关工作,全力保障重庆市资本市场平稳运行。

(一)稳慎化解公司债券违约风险

深入开展公司债券发行人风险监测与排查,持续跟踪风险债券兑付资金到位或展期情况。压实企业主体责任,督促其通过市场化、法治化方式化解风险。及时向证监会和交易所报告,加强与市级部门沟通衔接,推动企业通过展期等

手段缓释风险。协调重庆市民营房地产上市公司债券展期,避免公开市场债券违约。

(二)推动上市公司风险有效压降

压实主体责任,持续压降风险类公司。2022年推动2家公司风险化解,1家公司由高风险调整为次高风险。推动1家公司全额收回财务公司存款,风险得到全面化解。推动1家公司引入投资机构,妥善化解公司单一主业萎缩风险。推动1家公司风险化解工作取得重大进展,控股股东破产重整计划获得法院裁定批准。

三、保险业风险及监管情况

2022年,重庆保险业未发生区域性、系统性风险,市场风险平稳可控。保险法人机构偿付能力充足率232.15%,风险抵御能力整体较为充足。融资性保险业务信用风险得到明显压降,未了责任余额同比下降17.67%,承保亏损同比下降226.42%。

保险机构积极服务和参与社会治理,有效发挥了社会稳定器作用。试点全国首批新业态就业人员专属商业养老保险,已累计投保1.24万人,签单保费超6600万元,新市民群体参保占比58.7%,居全国第一。"重庆渝快保"惠及460万在渝居民,参保人数全国前三。2022年累计赔付55万人次、6.8亿元,达到总保费的108%,群众医疗保障水平持续提升。长期护理保险已覆盖全市所有区县,城乡居民大病保险、城镇职工大额医疗互助保险实现全市3200万基本医保参保市民全覆盖。

四、其他金融行业风险及监管情况

(一)融资担保行业风险及监管情况

1. 行业风险总体可控

受经济下行及新冠肺炎疫情因素影响,融资担保代偿率3.11%,同比增加0.93个百分点;拨备覆盖率119.45%,同比提高1.61个百分点,行业整体具备风险抵御能力。

2.监管情况

一是加快市场出清。启动"僵尸"、失联和问题机构"清零行动",完成5家机构退出行业,近5年市场出清率累积已达23%。二是加强现代公司治理监管。重点抓住主要股东和高管人员监管。实施董监高人员履职能力评价机制,出台测评制度、搭建信息平台、健全知识题库,对全市融资担保机构董监高人员全覆盖测试,2022年首次线上测试505名董监高人员,合格率94%,并向主管部门、主要股东、区县监管部门公开测试结果,推动提升行业整体专业履职能力。针对资本无序扩张,加强对大股东干预、股东关联交易及资金往来的监管力度。三是是主动做好正面引导。注重正面发声,组织监管政策解读4次,阅读点击量达163万次。提升信访投诉处置质量,受理处置信访投诉198件,办结率98%。配合大力整治金融乱象,常态化开展行业扫黑除恶斗争、金融反腐等工作,维护行业良好生态。

(二)金融要素市场风险及监管情况

2022年,重庆市始终将风险防控作为交易场所稳健审慎发展的首要任务,严格贯彻《国务院关于清理整顿各类交易场所切实防范金融风险的决定》(国发〔2011〕38号)、《国务院办公厅关于清理整顿各类交易场所的实施意见》(国办发〔2012〕37号)等监管文件的精神以及清整联办"回头看"工作要求,实施全流程严格监管,持续提升监管能力建设。截至目前,全市交易场所运行平稳。

(三)基金行业风险及监管情况

1.积极开展私募基金风险处置

严把准入关,与地方金融监管、市场监管部门签订私募综合研判会商备忘录。持续推进私募基金风险分类整治,27家纳入分类整治台账机构风险处置取得实效,11家风险机构完成分类整治或转入常态化监管,累计压降风险产品规模119.12亿元。注销管理人资格或未备案等"伪私募"机构处置进度已超四分之三。

2.督促各类交易场所加快风险出清

加强协作,多管齐下,压实各类交易场所主体责任,加快风险出清。深入开展"金交所"专项整治工作,截至2022年12月末,重庆金融资产交易所按计划已消减存量定向债务融资规模263.49亿元,消减完成率93.09%。重庆股转中心不符合新规的可转债规模压降68.48亿元,压降比率100%。

(四)小额贷款行业风险及监管情况

一是小额贷款行业上位法缺失。目前监管只能依托2008年23号文试点政策和市政府的小额贷款公司管理暂行办法等规范性文件,国家层面的立法和规制为空白,现有的监管制度和监管手段缺乏法律支撑。二是行业信用风险防控压力大。受新冠肺炎疫情影响,伴随经济下行压力加大,客户跟风投诉增加,履约意愿下降,行业面临的信用环境劣化。"反催收组织"等职业维权群体兴起,冲击行业正常秩序,监管部门难有打击"反催收联盟"的抓手,致使借款人恶意逃废债现象时有发生。

(五)融资租赁行业风险及监管情况

1. 风险情况

不良资产余额下降明显,风险总体可控。一是不良租赁资产率有所下降。行业年末不良资产余额9.4亿元,不良租赁资产率3.7%,同比下降25.3%,风险总体可控。二是风险拨备率有所提高。全行业风险拨备余额5.2亿元,拨备覆盖率同比提高了12.5个百分点。三是单体风险处置平稳。通过约谈、下发监管文书等方式,有效处置化解个别投诉较多机构风险,全年未发生重大风险事件,未发生较大规模的信访稳定风险事件。

2. 监管情况

一是健全监管制度。结合银保监会监管新要求和地方金融监管新形势,逐步完善行业监管制度,制定出台《2022年重庆市融资租赁机构监管工作要点》等,研究起草《融资租赁非正常经营机构退出流程》等制度,拟订《重庆市融资租赁公司监督管理实施细则》并向社会征求意见,逐步推进监管制度体系完善,持续加强事前事中事后监管,逐步健全多视角多维度监管制度体系。

二是严格准入监管。对标地方金融机构准入监管理念和原则,加强源头治理,促进行业规范发展,坚持服务实体本源,基于资源禀赋、产业需求、配套条件等审慎把握,重点考察主发起机构资本、技术、团队和行业地位,严格新设准入。对申请变更机构,严格审查公司治理、业务规范、风险防控等方面内容,结合问题整改情况,审慎审批。2022年累计支持和辅导30多家融资租赁公司增资、变更、新设、注销。

三是推进分类监管。结合2021年度日常监管情况,从经营成果类、经营行为类等维度构建监管评价体系,按照全面加强金融监管工作原则,坚持全覆盖,通过机构自查、区县初评、市金融监管局复评方式,对全市74家融资租赁公司开展首次监管评价工作,根据综合得分将机构分为A、B、C、D四类,探索实施"名单制"分类监管。根据评价结果及发现的问题逐一约谈融资租赁公司负责人通报行业整体评价情况和每家公司存在的具体问题,督促整改。

四是加强非现场监管。一是持续加强行业信息报送管理。结合《融资租赁公司非现场监管规程》,优化租赁公司月度报表,对股权、资金来源、业务类别及规模、服务小微企业、服务本地情况等进行了细化新增统计,及时动态掌握行业发展态势和企业运行情况,加强对机构的日常监管和督导。结合非现场监管情况,约谈、调研机构80余起。二是持续强化对报送信息的分析,按月收集分析行业运行情况,按季形成行业运行监测分析报告,对公司治理不规范、经营行为不合规不审慎的纳入预警分析重点。通过全市非法集资监测预警平台、金融风险监测平台、国家信息中心"信用中国"系统和市场监管部门国家企业信用信息公示系统等渠道开展常态化风险监测。三是推进监管信息系统建设。结合地方金融监管信息系统建设,同步细化梳理融资租赁公司监管系统子模块功能需求,力争通过运用大数据监管,完成行业全要素信息数据收集、分析研判及风险预警,实现监管精准施策,提高监管效率。

五是强化现场检查。实施日常监管和现场检查的职能、人员和岗位分离,提升查处效能。在统计报表分析、日常约谈、平时问题发现和督促整改等日常非现场监管基础上进一步深化,对10家融资租赁机构开展现场检查,主要检查公司股东变更、公司治理及内部控制、董监高履职、注册资本、合规经营、关联交易、财务管理、数据报送和重大事项报告、监管评价自查、问题整改落实等情况。

(六)典当行业风险及监管情况

1. 行业风险

一是行业经营风险较大,典当公司规模普遍偏小,加之外部市场信用环境不佳,续当行为普遍,欠收综合费和利息较为严重,绝当风险增大。二是融资渠道受限,资金来源风险大,《典当管理办法》允许典当公司向银行融资,但实际上全市全行业未有银行贷款,限制了行业规模扩大。三是合规风险大,从业人员专业能力有待加强,典当从业人员多为非专业人员,风控意识较为薄弱,抵、质押物专业评估人员稀缺。

2.监管情况

一是全面梳理现行监管规制,推动监管标准化。印发监管手册,规范审批备案事项条件、要件和程序。二是加强事前合规辅导,强化准入管理。针对典当后置许可的特殊性,引导机构加强事前沟通,确保设立、变更依规进行。三是引导机构严守行为底线,回归本源。严格遵守典当行业"十不准",合理确定息费和依法处置绝当。引导机构回归民品典当业务本源,逐步压缩房地产典当业务比重,提升鉴定评估能力。四是开展年审和现场检查,检查率均分别超过三分之一。五是加强监管结果运用。对违规机构采取监管措施,督促违规机构整改,整改率达100%。六是加强协同监管。与市场监管局清查"证照不齐"存续机构,并持续督促机构停业、更名和注销。

(七)商业保理行业风险及监管情况

1.风险指标小幅波动

不良保理资产余额6.97亿元,不良保理资产率2.26%,同比上升0.76个百分点,仍然处于较低水平;风险资产342.71亿元,计提风险准备金7.76亿元,拨备覆盖率111.29%,高于行业监管要求。各项风险指标处于合理区间,风险抵御能力整体充足。

2.建章立制明确监管导向,促进稳健发展

一是持续完善监管规制。制定出台《重庆市商业保理公司监管评级暂行办法》,建立ALERT评级体系,科学评价机构等级,分类配置监管资源,精准实施日常监管,提升合规经营水平。二是首次召开监管会议。自2018年监管职责转隶市金融监管局以来,首次现场召开全市商业保理行业监管和发展工作会议,通报行业运行情况、系统回顾转隶以来工作、客观分析行业发展形势、明确提出具体工作目标、任务和要求。三是强化监管窗口指导。制定实施行业年度监管工作要点,加强制度宣传解读,有效传导重点监管工作要求。

3. 慎终如始抓牢日常监管,推动合规发展

一是全面完成银保监会、市政府部署的专项检查。精心制定防范和化解拖欠中小企业账款专项检查实施方案,发放调查问卷182份,开展实地调查走访企业28家次,实现大型核心企业所属商业保理公司全覆盖现场检查,发现问题5项,已督促整改落实到位。二是落实中央平台经济整改要求。加强跟踪督促,开展线上监管辅导,加速监管审核,推动天星数科按期退出,顺利完成小米保理整改工作。三是深化现场检查。完成对12家商业保理公司的公司治理、内控制度、合规经营、整改落实等方面的重点核查,发现各类问题25个,下发整改通知书10份,持续跟踪督促机构抓好整改落实。四是强化监管辅导。加强事前事中事后全流程全链条全方位监管,严格开展股东、高管等重大事项变更备案,完成35项变更辅导备案工作。五是加强非现场监管。建立非现场监管常态化通报机制,督促机构对照问题、分析研判、整改落实,全面提升工作质效。配合完成"全国商业保理行业管理信息系统"更新上线,修订完善商业保理主要数据月报表,大幅降低错报、漏报情况。

第十九章　重庆市信用体系建设情况

一、重庆征信平台建设

建设地方征信平台是金融支持中小微企业、服务实体经济发展的基础性工作，是破解中小微企业和新型农业经营主体融资难问题的重要举措。为深入贯彻落实党中央、国务院关于征信体系建设的重大决策，按照人民银行总行有关工作部署，人民银行重庆营业管理部坚持"政府+市场"的建设模式，坚持实体化和市场化的发展方向，积极推动重庆地方征信平台建设。

经重庆市政府批准，重庆征信有限责任公司由市属国有重点企业——重庆城市建设投资（集团）有限公司牵头8家国有企业股东，于2021年1月注册成立。重庆征信有限责任公司作为地方征信平台法人运营机构，承担重庆征信平台的建设运营工作，通过征信机制归集运用政务信息和市场信用信息，为金融服务实体经济提供多元化、集成化、智能化的征信服务。2022年9月26日，重庆征信有限责任公司完成企业征信机构备案，标志着重庆征信平台建设和发展迈出了重要步伐，将为进一步促进全市企业信用信息共享，缓解中小微企业和新型农业经营主体融资难问题发挥积极作用。

人民银行重庆营业管理部将继续会同相关部门，立足地方、服务地方，紧紧围绕满足金融机构对涉企、涉农相关信息的实际需求，推动政府部门、公用事业单位及市场主体所掌握的涉企、涉农各类信息共享应用，指导重庆征信有限公司充分发挥地方征信平台信息中介和融资中介功能，帮助金融机构有效破解中小微企业和新型农业经营主体融资过程中信息不对称、不充分的问题，促进优化重庆地方融资环境。

二、开展"征信修复"乱象治理

（一）六大专项行动重拳治理"征信修复"乱象

按照中国人民银行统一部署，人民银行重庆营业管理部在全辖范围内组织开展"征信修复"乱象专项治理"百日行动"，从构建监管合作机制、排查整治线上线下征信乱象、规范征信异议投诉管理、开展征信合规全面自查、提升征信服务水平、组织媒体宣传曝光等方面实施6个专项行动，推出11项具体举措。加强排查和监测，及时发现"征信修复"违法线索，对涉嫌违法违规的企业，联合有关部门进行查处打击。

（二）构建联合监管机制

人民银行重庆营业管理部已联合重庆市发展改革委、市市场监管局印发《重庆市2021—2022年规范信用修复暨治理"征信修复"乱象专项行动方案》，建立联合监管机制，明确专项治理工作的目标、工作重点，对涉及信用、征信及征信修复的违法行为，坚决予以打击。

（三）指导金融机构成立打击涉及金融领域黑产联盟

人民银行重庆营业管理部联合相关政府部门共同指导马上消费金融股份有限公司牵头20家机构成立"打击涉及金融领域黑产联盟（AIF）"。凝聚金融行业合力，搭建起信息共享、经验互通、行动互联的常态化系统平台，进一步推动形成整治"征信修复"乱象以及联合打击涉及金融领域黑产的长效机制，将为更好维护金融消费者合法权益，营造健康良好的金融市场环境发挥积极作用。

（四）持续深化宣传，普及依法维护征信权益知识

一是以"3·15国际消费者权益日"为契机，组织开展以"依法维护征信权益 警惕'征信修复'骗局"为主题的专题宣传活动。通过打造线上线下双重宣传阵地，在全辖范围加强征信维权正面舆论宣传和引导，向公众传递相关法规政策，对非法征信活动形成舆论监督。通过人民银行"成方三十二"微信公众号发布《警惕"征信修复"骗局 依法维护征信权益》微信答题长图，积极普及依法

维护征信权益知识,有效扩大影响力,该答题链接已有4.2万阅读量。二是组织辖区金融机构以动画视频、音频、剧本杀等趣味性强、接地气的作品开展治理"征信修复"乱象宣传。招商银行重庆分行结合深受年轻群体喜爱的剧本杀模式制作《以案说险"征信洗白"主题剧本杀》微信长图。中信银行重庆信用卡部以一问一答的形式制作宣传音频在喜马拉雅App播放。重庆蚂蚁消费金融有限公司在支付宝App端内的"知信学堂"小程序开辟"守护征信"专栏,组织网络"UP主"以及行业专家录制征信知识宣传视频。结合"蚂蚁探险"小程序,在支付宝App端内开展线上答题。人民银行梁平支行制作题为《依法维护征信权益警惕"征信修复"骗局》的动画视频,深入浅出地讲解如何防范"征信修复"骗局。

第五篇　机构篇

第二十章　本地法人银行机构

一、重庆银行

(一)基本概况

重庆银行是西部和长江上游地区成立最早的地方性股份制商业银行之一。2013年6月,成为首家在港交所上市的城商行。2021年2月在上交所上市,成为西部地区首家"A+H"股上市城商行。控股重庆鈊渝金融租赁公司、兴义万丰村镇银行,参股马上消费金融公司。重庆银行下辖168家营业网点,覆盖重庆全部区县及四川、贵州、陕西,共有员工5000余人。

(二)2022年度经营情况

2022年,在市委、市政府的坚强领导下,在市国资委、原人民银行重庆营业管理部、重庆银保监局的指导帮助下,重庆银行全面落实"疫情要防住、经济要稳住、发展要安全"的各项要求,克服诸多因素影响,坚定贯彻重大部署、坚决稳住发展大盘、坚毅推进战略转型、坚持筑牢风险底板,规模、效益、质量、结构协调发展,综合实力不断增强,高质量发展取得新的成效。2022年重庆银行经营情况如下:

1.资产规模稳健增长

截至2022年末,集团总资产6847亿元,较上年末增幅10.6%;贷款余额3506亿元,较上年末增幅10.9%;存款余额3771亿元,较上年末增幅12.5%。

2.结构持续优化

重庆银行坚定战略方向,加快结构调整,信贷资产占比较上年末上升0.1个百分点,总存款占比较上年末上升1.1个百分点,储蓄存款占比较上年末上升2.6个百分点;同业负债占比较上年末下降0.2个百分点,存贷比较上年末下降2.1个百分点。

3. 效益保持稳健

重庆银行开源节流、多措并举，2022年净利润首次突破50亿元，达到51.2亿元，增幅5.3%。成本收入比控制在25.25%。

4. 质量持续夯实

重庆银行持续加强全面风险管理，进一步加大不良处置力度，处置不良资产65.3亿元。2022年末不良贷款率1.38%，资产质量总体呈现加固筑牢的良性态势。

5. 实力不断增强

重庆银行坚持强化内生资本积累，盈利水平保持稳步增长并成功发行130亿元A股可转债、45亿元永续债等资本工具，实现外源资本补充。成为全国唯一连续3年入选央行金融科技创新监管试点的银行、全国唯一入选国务院国资委"双百企业"名单的城商行。获准设立重庆自由贸易试验区分行。数字人民币实现本地间连、直连"双第一"。在全球银行排名中上升27位，连续7年跻身前300强。连续6年保持标准普尔投资级评级。

(三)服务实体经济情况

重庆银行坚持"把发展经济的着力点放在实体经济上"，组建稳住经济大盘工作专班，出台"稳企业、保就业"25条措施和支持实体稳定投放9项措施，助推实体经济发展，推动信贷资源向制造业、普惠小微、绿色金融、科创、民营等重点领域投放。2022年新增支持大中实体企业118户，增量96亿元。小微企业贷款余额728.96亿元，较上年末新增87.88亿元，增幅13.71%，其中，普惠小微贷款余额436.2亿元，增速9.64%，高出各项贷款增速5.99个百分点。加大实体优惠纾困力度，对受新冠肺炎疫情影响96户企业合理调整贷款期限。办理普惠小微贷款延期还本付息79.33亿元、6366户；落地普惠小微贷款阶段性减息政策，政策期间共计返还利息9573万元，惠及小微客户5.6万户。服务实体经济具体措施如下：

1. 优化服务质量，加大支持力度

一是"面对面"摸排金融需求。全行统一行动，面对面与区域重点实体企业进行交流，坚持问题导向，了解企业在经营过程中的难点、痛点、堵点，制定全方位的金融服务方案，及时解决实体企业的金融需求。

二是"点对点"定制融资方案。点对点针对收集到的实体企业债务优化融资需求进行梳理,根据企业对融资产品、期限及利率的特定要求,逐户、逐笔定制融资方案,逐步优化企业债务结构。发挥集团优势,协同璧山、永川等多个区县政府,主动上门与优质实体企业深入合作,提供"融资+融智"的综合金融服务方案。

三是"一对一"提供精准服务。借助与市经信委搭建的银政合作体系及"渝企金服"平台,一对一精准对接经信委推送的企业,根据企业经营特点制定服务方案,提升融资服务能力。广覆盖走访调研,深度参与企业综合融资服务,制定专属服务方案。

2. 服务重大战略,优化产品供给

一是全力服务重大战略。重庆银行参与成渝地区双城经济圈建设,向双城互联互通等三大领域提供贷款超650亿元,向六大产业集群开展信贷投放超250亿元,向91个重大项目提供资金支持超70亿元。全力支持西部陆海新通道建设、区域开放型经济发展,累计支持项目48个,服务金额超20亿美元,落地全国首笔西部陆海新通道线上纯信用产品"通道e融"。支持绿色发展,落地重庆市符合中欧标准的绿色贷款,发放"双碳"背景下排污权抵押贷款,推动绿色工厂转型发展。截至2022年末,绿色贷款余额276亿元,较年初新增85亿元,增速44.5%,重庆银行荣获2022年《亚洲银行家》"年度绿色可持续城市商业银行"奖项。

二是持续推动产品创新。优化现有特色产品,扩大产品服务面。优化供应链金融(票据池)、债券投资等表内外产品,惠及更多实体企业。缓解企业3至6年内的资金周转压力,充分满足实体企业中长期资金需求,提高支持制造业企业中长期贷款占比,解决短贷长用的矛盾。实体企业信用贷与政府共同设立风险补偿资金,提供最高可达5000万元的纯信用贷款,解决实体企业普遍缺乏抵押物的难题。推广"专精特新信用贷"等产品,运用区域开放、授权单列、专项激励、银担合作等方式,围绕战略性新兴产业、先进制造业等领域加强金融服务,支持"专精特新"企业发展。

3. 优化审批流程,丰富服务手段

一是开辟授信全流程绿色通道,落实限时办结制度。对"2+6+X"先进制造业产业、"专精特新"等重点企业及制造业技术改造项目等重点业务纳入优先审查清单,并配置专门团队做到随到随审,按照业务复杂程度执行限时审查,提升业务审查效率。按照"特殊时期、特殊事项、特别对待"原则,审批环节落实限时办结制度,对于受新冠肺炎疫情影响较大、暂遇困难的受困市场主体,在风险可控前提下,须限时完成业务审查,提升中端审查效率,灵活审批。优化提高个人按揭贷款集中审批时效,确保最短时间实现信贷投放。

二是出台支持实体稳定投放一系列措施,建立重点发展产业链清单;建立重庆市重点发展的33条产业链中的47户链主企业和21户领军企业客群清单;建立"一市三省"内33个行业重点支持客群清单。调整实体经济行业准入标准,大中客户优化行业准入标准,小微客户实施行业负面清单制度,重点领域信贷投向客群满足基本准入标准即可申报。

三是印发授信政策指引,全力做好存量化解。做好重大问题授信企业的纾困解难,有序支持债务重组方案,妥善处置传统贷款、非标投资等存量授信业务到期问题。对正常归还的,支持合规续作;对到期无法归还的,严格按照监管要求进行展期、调整还款要素等方式合规延期,或采用借新还旧等措施重组化解。对新冠肺炎疫情期间暂时遇困行业企业,在审批环节给予优先安排上会,最大限度做到能帮尽帮,不盲目限贷、抽贷、断贷。

四是加大再贷款政策应用,积极落实支小再贷款投放政策,开展助力中小微企业和个体工商户纾困帮扶专项行动,确定两款再贷款+重点产品,优化政策引导分支机构加大小微民营和制造业企业信贷投放,将央行低成本资金直达企业,全年运用支小再贷款资金143.5亿元,支持1.4万户企业。

(四)产品、服务及创新情况

1.产品情况

一是加大产品创新丰富供给体系。丰富3大类别8个系列的普惠金融产品体系,研发发放个体工商户"纾困扶持贷",推出"商业价值担保贷""乡村振兴青年贷"等产品,"乡村振兴青年贷"在2022年度城市金融服务优秀案例评选活动中获评"十大网络影响力优秀案例奖""产品创新优秀案例奖"。针对外贸业务,研发上线"C链云平台·债权单"业务,落地陆海新通道纯线上信用产品"通道e融",精准支持陆海新通道出口企业融资。上线推广"出口e融",推出一站式跨境金融服务云平台"跨境金管家",提供业务办理、信息查询等一体化、管家式服务。直联接入人民银行电证系统,实现电子信用证跨行流转、福费廷资产线上办理。上线人民币跨境收付信息管理二代系统,实现跨境业务交易、账务、报送一次性完成。

二是产品研发契合市民金融需求。重庆银行不断丰富自营消费贷款"捷e贷"产品序列,推出针对新市民客群的专属消费贷款子产品。该贷款打造新市民专属服务入口,引入内外部数据源,优化客户评分模型,构建可视化量化指标,实现了对新就业大中专毕业生等不同类型新市民提供精准画像的功能,为新市民更快融入本地生活提供资金保障。为切实满足新市民合理购房信贷需求,推出"新市民住房贷款"专属产品,优先支持新市民的首次购房和改善性购房的融资需求。

三是产品种类丰富覆盖更多区域。重庆银行针对企业的痛点、难点、堵点,靶向推出特色产品,多款特色化、差异化专属贷款产品,满足各类融资需求。围绕文旅项目建设、消费升级、服务延伸、融合发展和文创园区、文旅小镇、康养休闲、影视动漫、数字文创以及农家乐、乡村旅游、养老养生等领域,推广"文旅贷""文旅助力贷"等产品,支持文化旅游企业恢复发展。为扩大产品服务范围,持续加大对"优优贷""实体信用贷"的推广。

2.服务及创新情况

(1)持续推进金融服务形式创新

一是针对零售客户,重庆银行积极参与金融支持消费特色品牌"金渝惠"建设,在新冠肺炎疫情期间,围绕日常生活场景持续开展多个支付让利活动。聚焦老百姓日常生活需求及消费习惯,联合重百/新世纪、永辉、盒马鲜生等大型连锁超市及生活服务类平台"饿了么"开展支付优惠活动。

二是针对小微企业,重庆银行成立普惠金融场景化批量业务敏捷团队,针对细分行业、获客渠道、运作模式、经营数据等场景,依托共性化特征,采用批量化模式,为普惠金融客群批量定制提供"商户诚信贷""三农诚信贷"等专属金融服务。

三是为满足实体企业多元化融资需求,重庆银行联合经信委,携手券商、基金公司、租赁公司组建专家宣讲团,开展"金融服务推介会",将线上线下、产业链式等产品包送到企业中去。

(2)加快实现金融服务水平提升

为助力恢复居民消费,提升客户办理业务效率,重庆银行充分发挥互联网贷款的服务优势,利用"捷e贷"App、小程序及手机银行渠道,7×24小时提供贷款全线上申请、审批、签约、放款、还款以及查询等服务,市民无需线下提交资料,获得便捷的"零接触银行"体验;推出数字化便民申请平台,新市民客群登录重庆银行个人金融微信小程序即可在线申请住房按揭贷款,极大优化了操作流程,提高办理效率。

为加强外部走访联动,重庆银行持续与经信委、发改委、招商局合作,积极加强营销;为提升服务重点新兴产业水平,加强引导信贷资源向重庆地区万亿级电子信息、五千亿级汽车、三千亿级装备、六千亿级材料、五千亿级特色消费品、千亿级生物医药等产业集群倾斜。

(3)积极推进金融服务振兴乡村

为深入落实国家乡村振兴重点帮扶县的工作要求,重庆银行"渝乐惠"商城以消费帮扶为抓手,进一步助推脱贫地区解决产品销路窄、增产不增收的问题。构建"总行+各分支机构+商城"的帮扶矩阵,为助农企业提供专项指导与支持。"渝乐惠"商城陆续引入本地消费帮扶企业20余家,结合农副产品时令季节特点持续开展专题营销活动,以市场化经营助力提升脱贫地区农特产知名度及销量。

重庆银行启动"鑳农站"建设,探索金融服务下沉新模式,丰富涉农服务场景及产品,不断延伸金融服务触角,助力完善乡村金融服务体系,扩大基础客群。2022年,重庆银行位于29个区县的30个鑳农站点正式对外运营。

(五)经营目标及未来展望

2023年,重庆银行将认真贯彻落实党的二十大精神、中央经济工作会议精神、市委六届二次全会精神,坚持以习近平新时代中国特色社会主义思想为指导,完整、准确、全面贯彻新发展理念,全力服务实体经济、防控金融风险、推进改革创新,资产规模全力迈过7000亿元大关,不良率实现稳中有降,效益稳步增长。

1.全力抓投放稳增长

持续聚焦成渝双城经济圈建设、西部陆海新通道建设、发展绿色"双碳"经济等重大战略,推动金融资源配置与重大项目建设有效衔接,借服务重大战略之势,加大资产投放力度,服务实体经济发展。

2.持续深化改革创新

科学编制改革任务,加快流程变革、效率变革,不断激活重庆银行作为地方银行链条短、决策快、机制活的独特优势。聚焦制造业、绿色产业、普惠小微等重点领域,探索健全敏捷机制、敏捷团队,打造市场导向的金融产品和服务。深化科技赋能、数字赋能,增强业务发展支撑。

3.不断提升风控能力

加强行业特征、风险走势前瞻研判,优化授信政策体系。强化贷前调查真实性提升机制,确保尽职调查到位、风险揭示到位、责任落实到位,切实把稳把牢风险入口关。用好不良资产处置时效管理超期预警系统,不断提升处置工作精细化管理水平。

4.统筹发展与安全

强化银行业安全形势研判、风险排查,找准薄弱环节,及时整改风险隐患,防患于未然。持续巩固"合规建设年、提升年"工作成效,统筹抓好新冠肺炎疫情防控、安全运营、信访维稳、消费者权益保护、科技安全、舆情管理等各项工作,筑牢安全发展底板。

二、重庆农村商业银行

(一)基本情况

重庆农村商业银行(以下简称"重庆农商行")前身为重庆市农村信用社,成立于1951年,至今已有70余年历史。2003年,重庆成为全国首批农村信用社改革试点省市之一。2008年,重庆农商行正式挂牌成立,成功组建全市统一法人的农村商业银行。2010年,成功在香港H股主板上市,成为全国首家上市农商行、西部首家上市银行。2019年10月,成功在上海证券交易所主板挂牌上市,成为全国首家"A+H"股上市农商行、西部首家"A+H"股上市银行。

2003年,立足新时代,站在新起点,重庆农商行始终坚持以习近平新时代中国特色社会主义思想为指导,认真学习贯彻党的二十大精神,严格执行市委、市政府决策部署及市金融监管局工作要求,进一步提高政治站位,推动党建工作再上"新台阶"。

一是坚持党的绝对领导。把学习宣传贯彻党的二十大精神作为首要政治任务,全年开展宣传宣讲、各类专题学习700余场,引导全员深刻领悟"两个确立"决定性意义,自觉践行"两个维护",更加紧密团结在以习近平同志为核心的党中央周围。坚持党建与金融工作深度融合,细化党委年度60项重点工作任务,通过实地检查、线上沟通等形式,开展全覆盖考核,确保党建、经营工作同部署、同考核、同落实。推进"党建引领融资助企"试点,将企业党建综合评价纳入融资授信评价体系,专项规模100亿元、授信额提高10%、期限延长至10年,切实将党建优势转化为助企举措。

二是强化党建阵地建设。持续推进基层党组织规范化建设,深化党建品牌培育,精心打造60个党建示范点、540个支部党建品牌,创建"四强四好"党支部24个。加强党员教育管理,提升党内政治生活质量,从严抓好党员发展、教育培训等重点工作,全年高质量发展新党员150名,打造了高素质的党员队伍。深刻把握金融工作的政治性和人民性,面对抗疫情、稳经济等重大任务,切实发挥党委作用,带领全行坚决扛起责任担当,大力开展党员创先争优活动,组织志愿服务1000余场,有力发挥党员先锋模范作用和党组织战斗堡垒作用。

三是全面推进从严治党。依托务实举措强化正风肃纪,全行共讲授廉政党课500余场次,宣讲阐释全面从严治党重大原则、重大任务和历史性成就,做好党风廉政形势政策教育。印发加强清廉金融文化建设方案,从4个方面细化16项措施,明确3点硬性要求,获得"川渝银行业保险业清廉金融文化知识竞赛"优秀组织奖。推动"以案四说"警示教育和以案促改、以案促治工作,深化信贷审批、作风建设、疫情防控等关键领域监督,筑牢廉洁风险防线,为稳健经营提供有力保障。

(二)2022年运营情况

重庆农商行始终坚定"服务'三农'、服务中小企业、服务县域经济"的市场定位,统筹推动保持稳健经营、支持实体经济、深化改革创新、做好新冠肺炎疫情防控等重点工作齐头并进,以实干实绩交出了一份成色足、亮点多、质量高的金融工作答卷。

截至2022年末,重庆农商行下辖7家分行、35家支行,共1755个营业机构,并发起设立1家金融租赁公司、1家理财公司、12家村镇银行,从业人员1.5万人。集团资产规模突破1.35万亿元,存款余额8249亿元,贷款余额6327亿元,分别较上年末增长860亿元、656亿元、505亿元,资产、存款、贷款规模保持全市同业第一。不良贷款率1.22%,拨备覆盖率358%。综合实力排名"全球银行1000强"第113位、国内银行第22位。

(三)服务实体经济情况

重庆农商行以占全市12%的贷款份额,发放全市84%的创业担保贷款、48%的科技企业知识价值信用贷款、28%的涉农贷款、25%的普惠小微贷款、18%的制造业贷款,均居重庆各类金融机构第一。普惠金融服务登上国务院官网首页,服务乡村振兴案例入围中国普惠金融典型案例,金融服务实体经济质效显著提升。

一是紧密对接重大战略。主动服务国家和地方重大战略,向成渝地区交通互联、产业协同、科技创新等重要项目以及四川相关企业授信1040亿元,成立川渝高竹新区金融行业首家支行——渝北高竹新区支行。投放"一带一路"重点项目贷款170亿元,支持长江经济带建设贷款1809亿元。围绕智能制造、基础设施、绿色发展等重点领域倾斜信贷资源,加大资金投放力度,首笔城市更新贷款、首笔光伏发电项目贷款成功落地,基建类项目授信492亿元、贷款余额560亿元,与超30%的市级"专精特新"企业开展授信合作,贷款余额达180亿元,33条产业链核心客户合作数量106户。积极拓展绿色金融服务,绿色信贷余额487亿元,较年初增长33%。

二是全力推进乡村振兴。专营机构体系日益丰富、服务不断下沉,在农村地区打造60余家乡村振兴特色机构,为江津花椒产业、涪陵榨菜产业、奉节脐橙产业等提供专业化、精准化服务,加快"1+2+N"普惠金融基地建设,建成普惠金融基地1067个。制定专项考核方案,设置信用乡镇创建、授信户数等多个指标,纵深推进农村信用体系建设。立足市场主体融资需求,推出渝快乡村贷、渝快助农贷、渝快振兴贷等特色金融产品。支持涉农主体突破140万户、涉农贷款余额2156亿元,农户贷款余额1310亿元。

三是始终坚守扶微助小。服务普惠小微企业超过17万户,贷款余额1130亿元,达到"两增两控"目标。切实发挥专业化经营优势,打造专门条线、专属产品、专有流程、专职队伍、专项考核"五专"机制,建成金融服务港湾70余家,数量全市第一。在全市率先实现创业担保贷款自动审批,积极推广"见贷即保"模式,首创担保费后置代扣功能,深化银担合作对接。大力推行"全渝布码"行动,依托"长江渝融通""信易贷·渝惠融"等平台,及时响应企业申贷需求,全年通过"渝融通"平台投放贷款4236户,金额超76亿元,通过"渝惠融"平台完成授信480户,金额超10亿元。

四是保障抗疫金融服务。为受困行业创新推出渝快餐饮贷、渝快商超贷、商用货车按揭贷等专项纾困产品，运用支农支小再贷款资金支持小微、民营、涉农市场主体9.29万户，发放贷款427亿元，办理延期还本付息金额569亿元。减免小微企业和个体工商户账户服务、人民币结算、电子银行、商户收单等8个方面20项服务收费，累计对市场主体减费让利超过2亿元。积极响应新冠肺炎疫情防控期间人民群众金融需求，第一时间启动应急预案，抽调精干力量实行24小时全天候值班值守机制，畅通手机银行App、网上银行、微信银行等渠道，全力做好各项服务保障工作。

(四)产品、服务及模式创新情况

重庆农商行持续深化金融改革创新，全面完成阶段性改革任务，推动"双百行动""国企改革三年行动"落实到位，获评2021年重庆市国企改革评估"A级"企业。扎实推进对标世界一流管理提升专项行动收官，8大领域38个项目有效提升，获评国务院国资委"标杆项目"、市国资委"标杆企业"等荣誉称号。在科技创新领域提速加力，获评中国上市公司数字化转型典型案例、金融业场景金融建设突出贡献奖，三项企业标准入选2021年全国金融领域企业标准"领跑者"，创下全国首笔"陆海新通道贷"、重庆首笔科技跨境贷等5个"首单"，已拥有房快贷、渝快贷、捷房贷等"百亿级"线上产品，激活发展动能更加强劲。

一是公司治理水平持续提升。扎实开展公司治理三年行动，丰富董监高履职方式，根据外部规定与行内实际，修订公司章程与议事规则，夯实内控管理基础。股权改革进一步取得成效，引入重庆发展投资有限公司受让隆鑫控股持有本行总股本3.81%的股票数量，重庆农商行前十大股东中国有法人持股比例升至25.82%。着力提高集团协同发展能力，向金租公司增资工作顺利通过审议，金租公司租赁资产余额较年初增长78亿元，经营收益稳中有升。理财公司不断完善产品体系，陆续推出惠农、乡村振兴等系列理财产品，彰显品牌特色。12家村镇银行存贷规模持续增长，资本实力、资产质量等指标总体向好，优于全国村镇银行平均水平。

二是数字化转型稳步推进。聚焦数字化转型的示范性项目，做好业务、数据、管理"三个中台"重点项目建设，手机银行7.0、新一代支付系统等完成整体迭代，全行日均智能决策超85万笔、同比增长124%，数字化授信、线上支用、贷后智能管理等有效提升运行效率。打通外部优质数据管理平台连接，首次接入全国性政务数据源,为业务发展提供数据支撑。全年引进金融科技方向专业人才63人,科技人才占比提升至3.5%,全行专利申请累计达124项。充分运用渝快贷、房快贷等拳头产品提升数字化产品渗透率,线上贷款余额1233亿元,手机银行用户突破1350万户,电子渠道账务交易替代率达97.14%。

三是渠道建设创新成效显著。持续推进"空中柜面"场景应用与拓展,视频银行服务渠道已涵盖网点智能柜台、便民金融终端、手机银行、直销银行以及移动展业5大渠道。积极探索元宇宙数字技术应用,布局AI虚拟数字人,推出AI融合的仿真数字员工。构建起微信、抖音、微博、小红书等新媒体平台矩阵,是全国首家把"客户、商户、商品、银行App"聚合在抖音平台上进行良性互动的银行,通过直播形式为手机银行引流230万余人次。

(五)经营目标及未来展望

2023年,重庆农商行将始终坚持以习近平新时代中国特色社会主义思想为指导,全面贯彻党的二十大精神,深入落实市委六届二次全会和市委经济工作会议要求,坚决执行市委、市政府决策部署及市金融监管局工作安排,推动全行稳健经营,为建设社会主义现代化新重庆做出更大贡献。

一是领会要义、联系实际,确保党的二十大精神落地落细。引导全行上下认真学习,仔细研究,准确把握党的二十大报告精神实质,紧密结合工作实际,把思想和行动统一到报告精神上来。用实际行动践行金融的政治性和人民性,推动宣传贯彻党的二十大精神"进村社、近群众"。

二是党建赋能、激发活力,确保改革发展根基筑实筑牢。贯彻新时代党的组织路线,切实担负起管党治党政治责任,落实好"三个责任清单",抓好抓实全面从严治党各项工作,把党建优势转化为发展优势,以一流党建推动全行发展。

三是坚定信心、加大举措,确保服务实体经济提质提效。持续提升金融服务覆盖面,坚决践行支农支小、服务县域经济社会责任。进一步整合全行资源、渠道等优势,坚持把工作着力点放在服务实体经济上,重点服务基建、民生、绿色发展、新能源、重要产业链、外贸、特色产业集群等优质项目和客户,助力稳市场主体、稳就业创业、稳经济增长。

四是加大研发、探索创新,确保金融科技创新自立自强。坚持"科技兴行"战略,围绕数字化转型发展趋势,不断加大金融科技投入,全力推动成立金融科技公司。运用云计算、大数据、人工智能等先进技术,推进数字化智能转型,坚持以客户为中心,不断深化科技金融服务和产品创新,完善便捷高效的数字金融服务体系。

五是严控风险、守牢底线,确保重大风险防范化细化小。持续加强内控体系建设,夯实全面风险管控防线,认真落实监管意见、外部检查和案防排查等整改要求,主动作为、精准施策,及时消除风险隐患和不稳定因素,巩固稳健经营基础,确保国有资产保值增值。

三、重庆三峡银行

(一)基本情况

重庆三峡银行成立于2008年,是重庆市市属国有重点企业。成立以来,重庆三峡银行牢记"立足库区、服务重庆"的定位和使命,在市委、市政府坚强领导下,在主管监管部门指导支持下,秉持"一切为你着想"服务理念,全力推进高质量发展,经营效益持续向好,综合实力不断增强,先后荣获"全国五一劳动奖状""重庆市五一劳动奖状""全国支持中小企业发展十佳商业银行""金融科技工作先进单位"等荣誉。

2022年,重庆三峡银行积极践行金融工作的政治性和人民性,坚守城商行服务地方经济、服务中小企业、服务城乡居民"三个定位",聚焦落实双城、双碳、双循环"三大战略",积极布局大零售、大数据、大产业"三大领域",着力打造研究型、创新型、生态型"三型银行",强力推进服务实体经济、防控金融风险、深化金融改革"三项任务",经营发展保持稳健态势。截至2022年末,资产总额2629.14亿元,负债总额2417.30亿元,各项存款余额1729.64亿元,各项贷款余额1363.78亿元,存贷款增速均为两位数;分支机构87个,覆盖重庆市所有区县;在英国《银行家》杂志发布的"2022年全球银行1000强榜单"中,名列第418位;在中国银行业协会发布的"2022年中国银行业100强"榜单中,名列第93位,行业竞争力、社会影响力稳步提升。

(二)2022年运营情况

2022年,重庆三峡银行坚持以习近平新时代中国特色社会主义思想为指导,深入学习宣传贯彻党的二十大精神,认真落实"疫情要防住、经济要稳住、发展要安全"的要求,全面贯彻党中央、国务院决策部署,在市委、市政府坚强领导下,在主管监管部门关心指导下,积极践行金融工作的政治性、人民性,保持了稳健发展态势。

一年来,重庆三峡银行坚持党的领导,推动党建工作与公司治理深度融合,将党的领导贯穿于经营管理各个方面,全面推进从严治党,持续构筑坚强战斗堡垒,不断锻造过硬人才队伍,全力服务地方经济、服务中小企业、服务城乡居民,为重庆经济社会高质量发展贡献了金融力量。

聚焦国家战略,服务大局不遗余力。着力服务"双城"战略,与川渝高竹新区等8个区县达成战略合作,投向成渝地区双城经济圈建设贷款余额达到853.68亿元;积极践行"双碳"战略,深度参与重庆绿色金融改革试验区建设,落地全市首笔"林业碳汇预期收益权质押融资贷款",绿色信贷余额达到124.74亿元,主动服务乡村振兴,涉农贷款余额达到236.52亿元;主动融入"双循环"战略,加入中新(重庆)互联互通示范项目金融服务联盟,积极服务全国统一大市场建设,贸易融资服务便利性大幅提升。

聚焦实体经济,稳企纾困精准有力。全力服务小微企业,推动普惠业务增量扩面、提质降本,服务小微企业达到1.43万户、普惠贷款余额达到178.98亿元;全力服务重点产业,强化战略性新兴产业、先进制造业等重点产业信贷支持,助力全市打造经济增长新引擎,制造业贷款余额达到88.48亿元,科技型企业贷款余额达到69.65亿元;全力服务社会民生,赋能美好生活,落地全市首笔"保交楼"专项借款配套贷款,在全市率先推出新市民专属贷款产品"新渝贷",率先上线全国校外教育培训监管与服务综合平台,率先落地全线上化"活体抵押"贷款融资。同时,主动帮助客户解难纾困,与客户并肩抗疫、同心前行。

聚焦树标对标,改革创新迸发活力。大步推进机构改革,完成自成立以来规模最大、范围最广的组织架构改革,构建起主城支行新的管理体系;大步推进科技创新,成功打造新一代数字银行分布式智能化核心信息系统,奠定了未来发展的坚实IT基础;大步推进国企改革三年行动,"铃响交卷",18项任务全部高质量完成。

聚焦合规经营,风险防控全面发力。聚焦内控合规,深入开展"内控合规管理提升年"活动,持续加强内控合规网格化管理,逐步构建起"抓党建、强合规、防风险、促发展"四位一体责任体系;聚焦风险防控,持续培育稳健风险文化,扩大风险限额指标范围,健全应急管理体系,强化风险识别评估,全面风险管理扎实有效,重点风险总体可控。

(三)服务实体经济情况

1.支持成渝地区双城经济圈建设

服务重点区域。与川渝高竹新区等8个成渝地区双城经济圈区县签订战略合作协议,推动金融服务与各区县战略规划深度融合。强化同业合作。与农业银行重庆分行等重庆同业签订战略合作协议,与成都地区金融机构深度合作,共同服务成渝地区双城经济圈实体经济,2022年新增投资四川地区债券12笔,合计金额超10亿元;新增四川地区金融机构同业授信准入6家,授信额度76亿元。服务重点项目。制定专项工作方案,聚焦重大项目,为国际物流枢纽园区等提供了优质金融服务。截至2022年末,投向成渝地区双城经济圈建设贷款余额853.68亿元,较上年增长23.07%。

2.支持库区经济社会发展

提升金融服务水平。在库区区县设立经营机构44家,实现网点全覆盖。扩大银政合作力度。与万州区等库区区县签订战略合作协议,围绕长江经济带建设等领域加强合作,共同助推库区经济社会高质量发展。积极履行纳税义务。2022年,在库区区县纳税9.72亿元,超全行纳税总额80%。

3.支持重点行业企业发展

系统推动金融服务。主动入园区、进企业,清单式服务重点行业企业,截至2022年末,制造业贷款余额88.48亿元,较上年增长6.41%;中长期制造业贷款余额69.23亿元,较上年增长17.40%。持续加强行业研究。与重庆现代产业发展研究院签署战略合作协议,加强对新能源汽车、新一代信息技术等战略性新兴产业研究。不断创新金融产品。推出"阳光快贷"等金融产品,服务制造业等企业产品更加丰富。

4.支持民营、小微企业发展

信贷投放有力度。截至2022年末,民营企业贷款余额332.26亿元;服务小微企业1.43万户,普惠贷款余额178.98亿元,较上年增长19.32%。信贷审批有速度。推出多款线上信贷产品,审批时间较传统线下审批缩短5~7个工作日。民营企业、小微企业信贷业务,实行"即报即审"机制。向万州分行下放风险敞口小于500万元部分授信业务审批权限,进一步提升审批效能。金融服务有精度。加大对重点产业集群民营企业支持,2022年6月与小康集团签署战略合作协议;向重庆望变电气(集团)股份有限公司等民营企业提供有力信贷支持。助企纾困有温度。2022年为435户小微企业办理普惠小微贷款延期,延期本金合计8.18亿元;累计向7万余商户补贴手续费和收款设备费用约8000万元,助力降低商户经营成本。合作交流有深度。深化与区县政府合作,发挥地方财政风险补偿机制,建立风险共担机制。服务载体有宽度。打造"1+5+N民营小微企业和个体工商户金融服务港湾",截至2022年末,45家经营机构获得授牌,通过该载体为超2700户小微企业、个体工商户发放贷款86.72亿元。

5. 支持乡村振兴战略

强化信贷投放。截至2022年末,涉农贷款余额236.52亿元,较上年增长29.27%;普惠型涉农贷款余额29.64亿元,较上年增长45.79%。服务重点领域。聚焦农业农村基础设施建设、农业特色支柱产业、农业领域制造业产业,向忠县农旅融合示范项目、南川区蓝莓产业等提供信贷支持。服务农村物流配送企业,与重庆供销集团及下属分子公司建立合作。加强产品创新。在全市率先落地全线上"活体抵押贷"业务,2022年发放贷款3100余万元,带动9个区县200余户农户增产增收。深化合作交流。2022年与市农业农村委、市乡村振兴局、市供销社签订战略合作协议,强化乡村振兴金融服务。深化与市属担保公司合作,进一步拓宽涉农等企业服务范围。延伸服务半径。新建46个"1+2+N普惠金融服务到村"基地,总数达到124个,架起银行与村民沟通桥梁。推进驻村工作。向万州、巫溪、巫山等地选派11名驻村队员,2人担任驻村第一书记。丰富帮扶举措。倡议员工购买乡村振兴定点帮扶的万州区恒合土家族乡农副产品14万元。继续推进总行10个党支部与城口县沿河乡10名困难学子"一对一结对帮扶"行动,鼓励学子专心求学。捐赠100余万元,助力相关地区推进乡村振兴工作。

6. 支持民生事业发展

做好个人消费金融服务。在全市率先推出新市民专属贷款产品"新渝贷",助力新市民安居乐业。结合各类消费场景,联合商家开展金卡"加油送积分"等优惠活动。在10个区县开展"夏日送清凉·服务进景区"活动,助推消费需求有效释放。做好居民社保金融服务。39家经营机构与各区县社保中心签订代发协议,发放第三代社保卡近6.7万张,覆盖重庆全域,向市民提供高效、便捷、优质一站式社保卡金融服务。做好灵活就业人员公积金缴存金融服务。2022年灵活就业人员公积金新开户实缴人数近8000人,被重庆市住房公积金管理中心评为"2021年灵活就业人员参加住房公积金制度试点贡献单位。"做好"保交楼"金融服务。2022年11月,成功落地全市首笔"保交楼"专项借款配套融资贷款,推动某出险地产项目建设交付。

7.助力新冠肺炎疫情精准防控

保障基础金融服务"不打烊"。2022年重庆中心城区因新冠肺炎疫情加强社会面管控后,迅速启动《业务连续性专项应急预案》,关键部门员工自觉闭环管理,吃住在岗位,保证基础金融服务"不打烊"。确保信贷支持"不断档"。对防疫保供项目开辟"随报随审、一事一议"绿色信贷通道。及时摸排客户受新冠肺炎疫情影响情况,确保有续贷需求的应续尽续,对暂时还款困难的客户做好纾困工作。支援抗"疫"一线"不退缩"。发出《倡议书》,鼓励员工投身抗"疫"一线,居家封控的356名党员同志积极响应号召,服务社区310个。此外,积极捐资捐物,助力结对共建社区开展新冠肺炎疫情防控。

8.聚焦绿色金融

向绿而行,下好绿色金融"先手棋"。建立"1+N"绿色金融制度体系,制定《绿色金融战略发展规划》指导总体工作,印发《加快绿色金融发展实施意见》等制度推动具体工作。组建协同高效服务体系,成立绿色金融工作领导小组,调动"总—分—支"力量做好绿色金融服务;打造绿色金融专业服务团队,被确定为重庆首批绿色金融事业部。强化考核激励机制,将绿色信贷完成情况作为各经营机构重要考核内容。

点绿成金,金融"活水"润泽绿色产业。加强信贷投放,截至2022年末,绿色信贷余额124.74亿元,较年初增长30.41%。2022年成功发行50亿元绿色金融债,募集资金全部用于投放绿色项目贷款。加强平台支撑,依托重庆绿色金融大数据平台——长江绿融通,对接绿色项目100余个,发放贷款超20亿元。加强行业研究,深入分析行业发展趋势,加大对转型企业金融支持力度。加强合作交流,组织业务骨干学习先进经验,参加绿色金融专题培训,提升精准识"绿"能力。

增绿添彩,丰富绿色金融产品供给。创新信贷产品,先后推出绿化长江贷、林权抵押贷等绿色金融产品。2022年落地重庆市首笔林业碳汇预期收益权质押融资贷款,入选"2022年度重庆社会责任典型项目"。开展"个人碳账户"试点,开发多个低碳金融场景,通过积分激励引导居民自觉减碳减排、低碳生活。

(四)产品、服务及模式创新情况

1. 推出线上畜禽活体抵押贷款产品"活体智慧贷"

农业产业缺乏有效抵押,是困扰农村金融供给的最大瓶颈。为有效解决这一融资难题,重庆三峡银行依托自主开发的"融e贷"线上融资服务平台推出线上畜禽活体抵押贷款产品"活体智慧贷",用于满足农户、农业专业大户、家庭农场、农民专业合作社、农业产业化龙头企业等生产经营所需流动资金。

线上"活体智慧贷"业务在重庆市同类产品中实现了三个率先:一是率先实现流程线上化,养殖企业通过手机在线申请、在线签约、在线放款;二是率先实现审批智能化,养殖企业信息采集、准入和额度审批通过人工智能和风控模型自动完成;三是率先实现贷后可视化,通过在线监管平台,可实时监控企业养殖情况,提供风险预警信息,有效降低活体抵押贷款的风险。2022年发放贷款3100余万元,带动9个区县200余户农户增产增收。

2. 推出新市民专属贷款产品——"新渝贷"

2022年3月4日,中国银保监会和中国人民银行发布《关于加强新市民金融服务工作的通知》,要求银行保险机构为新市民提供优质金融服务。

3月10日,重庆三峡银行推出新市民专属贷款产品——"新渝贷"。该产品主要用于满足新市民购买自用汽车、购置大额耐用消费品、家庭住房装修、教育培训、健康医疗、休闲旅游等需求,具有纯信用、审批快、利率低的优势。客户通过新市民身份核实后,便可使用微信小程序实时申请贷款,最快5秒出额度、1分钟借钱、3分钟到账,最长可贷12个月,随借随还,循环使用。

当日,重庆三峡银行还与重庆安保集团签署金融服务合作协议,落地"新渝贷"产品第一个金融服务场景,为安保队员提供优质金融服务。

3. 落地重庆市首笔林业碳汇预期收益权质押贷款业务

林业碳汇预期收益权质押贷款业务是重庆三峡银行参考重庆市碳汇交易市场价格,重庆三峡银行与重庆征信有限责任公司联动,对林业碳汇未来预期收益权进行测算,以预期收益权为质押向企业提供融资的金融服务。

武隆区是全国少有、重庆市目前唯一同时获评国家"绿水青山就是金山银山实践创新基地"和"国家生态文明建设示范市县"的"双创"区县,森林覆盖率达65%，拥有丰富的林业资源，正全力打造绿色发展创新示范区。2022年，武隆区确定对仙女山侯家坝、彬木岩等区域实施碳汇林改造，包括林木补植、造林、调整林木结构、修复生态环境及对乡村环境美化等。项目总投资7400余万元，其中需向银行申请贷款5000万元解决资金缺口。

了解到该项目融资需求后，重庆三峡银行第一时间派出业务骨干上门提供金融服务，与武隆区政府一道梳理出全区可供开发林业碳汇的林业面积100余万亩。经评估，2016年至2021年共计产生林业碳汇量约540万吨二氧化碳当量，参考当时重庆市碳汇交易市场价格，重庆三峡银行以预计可实现的碳汇收益权作为质押，在中国人民银行征信中心动产融资统一登记公示系统对该笔林业碳汇进行质押登记，2022年9月成功向武隆区某农业企业授信5年期、5000万元专项贷款，有效弥补了项目资金缺口。

（五）经营目标及未来展望

2023年，重庆三峡银行将坚持以习近平新时代中国特色社会主义思想为指导，全面贯彻落实党的二十大精神，认真落实党中央、国务院和市委、市政府决策部署，完整、准确、全面贯彻新发展理念，积极融入和服务新发展格局，坚守城商行服务地方经济、服务中小企业、服务城乡居民"三个定位"，聚焦落实双城、双碳、双循环"三大战略"，积极布局大零售、大数据、大产业"三大领域"，着力打造研究型、创新型、生态型"三型银行"，强力推进服务实体经济、防控金融风险、深化金融改革"三项任务"，守正创新、踔厉奋发，担当新使命、发展新金融，着力打造西部地区现代化一流城商行，为全面建设社会主义现代化新重庆交出金融服务高分报表。

四、重庆富民银行

（一）2022年运营情况

重庆富民银行始终致力于探索数字普惠金融的服务方式和业务模式创新，累计服务以个人、个体工商户、小微企业主为主的客户逾1800万户，投放信贷逾3500亿元，入库税收近13亿元。服务实体经济质效持续提升，数字普惠金融创新持续突破，风险管理防线持续筑牢，差异化高质量发展基础持续夯实。截至

2022年末,全行资产总额548.7亿元,负债总额506.8亿元;实现营业收入19.7亿元,净利润3.33亿元,共纳税3.75亿元;不良贷款率1.47%,拨备覆盖率190.3%,拨贷比2.8%,主要监管指标全部达标。

1. 以党的建设为统领,持续优化顶层设计

一是"大党建"引领持续深化。深入贯彻党的二十大及中央经济工作会议精神,将党的集中统一领导作为金融发展的"根"与"魂",推动党建深度融入公司治理、经营发展及团队建设等核心环节。

二是引进战略股东有序推进。将引进战略股东作为富民银行提升资本质量、实现高质量发展的重要举措,在市委、市政府和监管部门的指导和支持下,富民银行正采取积极措施,有序推进战略股东引进。

三是发展战略升级高效启动。建立发展战略优化升级专项机制,对战略目标、核心业务及重点领域进行研究论证,已完成发展战略规划的核心思路及基本框架,正进一步深入研究和细化发展战略核心内容。

2. 以监管要求为指引,持续提升治理水平

一是提升公司治理水平。继续深入贯彻银保监会《健全银行业保险业公司治理三年行动方案(2020—2022年)》,闭环跟踪落实《公司治理三年行动方案工作台账》,持续健全股东股权管理机制、持续提升"三会一层"等治理主体履职质效。

二是推动问题整改落实。严格对标对表,落实常态化问题整改评估机制,统筹推进重点问题整改,针对2018年以来现场检查、监管意见等提出的问题,累计整改完成率93%,整改工作取得明显成效,内控合规管理长效机制不断完善。

三是强化清廉文化建设。制定清廉金融文化工作要点和细化措施,明确全行各级干部党风廉政建设责任,发挥"关键少数"作用;建立纪检监察联络员机制,完善员工行为管理制度,加强员工廉洁从业行为约束;开展清廉金融文化特色活动,加强清廉金融文化宣传教育,推动清廉金融文化入脑入心。

3. 以转型突破为抓手,持续探索业务发展

一是全力发展信贷业务。"富税贷""优享贷""富易贷"等项目顺利推进,实现营销模式及风控策略升级。持续推进"税票+"业务创新发展,全方位优化产品、渠道及运营,在新冠肺炎疫情冲击下,实现逆势有效增长。

二是布局财富业务板块。积极应对外部市场压力,在较为艰难的情形下有效稳定存款规模。加快展业模式转型,以理财代销业务作为重要板块,加快对接理财子公司,覆盖主流产品类型,对接质量达到行业领先水平。通过不同理财产品制定获客、留客策略,逐渐扩大理财客户和规模,成为财富板块中收的中坚力量。

三是推动票据业务创新。成功上线新一代票据系统,成为全国首批上线新一代票据系统金融机构之一。整合重构"富票融"票据融资平台,强化运营以提升客户服务体验,为中小微企业提供了更为便捷的票据融资服务。投稿论文在中国票据研究中心第五届"票据市场深化改革与高质量发展"主题征文活动中脱颖而出,荣获二等奖,有效彰显了富民银行票据业务的研究实力。

4.以数字驱动为先导,持续打磨核心能力

一是数字化核心能力建设深入推进。各项研发任务均按预期完成,有效支撑业务发展;全年系统可用率达99.95%,在新冠肺炎疫情期间,顺利保障了经营稳定和业务连续;异地灾备中心建设完成,实现了业务数据、应用程序等的异地备份;累计提交专利申请203项,已获得17项专利授权,累计获得软件著作权33件,获"重庆市知识产权优势企业"称号;连续三年入围全国网上银行服务企业标准"领跑者",并实现网上银行与移动金融客户端标准"双领跑"。

二是网络安全保障水平有效夯实。严格落实互联网暴露面排查、渗透测试及7×24小时安全值守,持续加强全员网络安全意识培训,落实日常安全管理,全年未发生一起安全事件,顺利完成"二十大"等重要时期安全保障任务,在市公安局组织的"市级网络安全攻防实战演习"中蝉联前三甲。

三是大数据智能自主风控能力全面提升。建立智能、高效、便捷、精细的自营风险策略管理体系,快速迭代授信审批、风险模型、调额调价策略等贷前和贷中风险管理,提升自主B端、C端风控能力;拓展泛供应链业务,实现了该类风控模式的突破;打造高效、可扩展、逾期区间全覆盖的催清收和不良资产处置能力,提高催收清收效能。

四是数据治理水平持续强化。建设统一、标准的监管数据集市,数据质量问题T+1日解决率提升了78%,EAST5.0总体失范比保持在0.04%左右,较首次报送降幅达90%。实现业务实时监控和重点项目的BI分析全覆盖,基于用户旅程和用户画像的数据化运营能力得到初步验证。

五是互联网运营能力逐步培育。956118语音+短信码号全面落地,客户服务满意度98%。荣获2022年中国客户服务节"最佳雇主单位奖"和银行业"客户体验创新典范"。推动构建覆盖贷前、贷中、贷后的全线上运营体系,为自营业务发展奠定良好基础。

5. 以锤炼内功为基础,持续夯实发展根基

一是锤炼内控合规管理内功。深入开展"内控合规管理提升年"活动,持续完善全行内控合规管理体系。建立"一二三"道防线协同机制,对全行重点领域及薄弱环节增强主动管理。消保投诉有效压控,受理投诉量较去年同期明显下降。反洗钱工作高效推进,工作质效明显提升。

二是锤炼组织人才内功。快速完成配套组织架构调整及团队布局优化,促进组织效率提升。升级完善岗职体系,完善数字化人才能力发展体系。进一步优化人才结构,提升团队专业成熟度,截至2022年末,全行共914人,数字化人才占比超60%。

三是锤炼支撑保障内功。不断加大正面宣传力度,官网百度搜索热度同比上升48%。持续提升舆情处置质效,加强企业文化建设。2022年先后荣获重庆服务业100强、重庆市民营企业100强、"爱心慈善公益""最佳科技创新银行""金渝奖—年度金融创新典范"等重要奖项。

(二)服务实体经济情况

1. 服务普惠小微领域

一是构建普惠"政策+平台"框架。完善普惠小微、乡村振兴及绿色金融相关指引,为业务发展提供精准"指南";完善普惠金融政策汇编,搭建政策"知识库";成功接入重庆银保监局"信易贷·渝惠融"平台,并在平台上线富民银行信贷产品。

二是提升普惠金融服务能级。持续打造数字普惠金融服务能力,深挖普惠金融服务潜力,优化小微企业金融服务资源配置,创新小微企业特色金融产品,获得监管部门认可和社会、媒体积极评价,并荣获"2022年度普惠金融服务银行天玑奖"。

三是提升普惠金融服务质效。富民银行基于企业纳税数据、平台商户收单数据和企业交易等数据,先后研发了"富税贷""富易贷"等全线上个人信用贷款产品。同时也在核心企业上游供应商、下游经销商、招投标信息、历史订单和应收账款等数据信息基础上,研发了"订货贷""货主贷""好采贷"等一系列标准化供应链信用贷款产品。富民银行本年度累计为近7万名客户,发放了超100亿元的信用贷款,普惠小微信用贷款发放率超过80%,居全市银行业前列。同时,聚焦"新市民",建立综合金融服务方案,11月至12月,为重庆区域客户提供了话费减免券及7天贷款免息券大礼包,惠及2万余名新市民。

2.服务涉农领域

为全面支持乡村振兴战略,持续巩固拓展脱贫攻坚成果,持续完善乡村振兴体制机制建设,引导贷款向涉农重点领域倾斜,促进乡村振兴业务高效发展。截至2022年末,富民银行涉农贷款当年投放金额37971.18万元,覆盖各类涉农客户数1700余户,涉农贷款余额18423.25万元。

一是持续巩固存量合作客户。与北京农信互联科技集团有限公司持续深入合作,携手为重庆市荣昌区国家级生猪交易市场提供信用支付产品"富条"。截至2022年末,金融支持生猪稳产保供工作贷款余额为263.56万元,累计服务户数757户。

二是提升金融服务质效。向涉农企业和地址为农村区域的群体推出全线上纯信用最高300万元的"富税贷"产品,进一步提升富民银行金融服务乡村振兴质效。截至2022年末,普惠型涉农贷款余额达到2455.23万元,服务涉农客户48户。

三是延伸金融服务触角。深入重庆市合川区农村地区开展"普惠金融到村"主题活动,一举多措实现在乡村振兴、消费者权益以及党建三个方面的推动工作,让金融服务下沉,延伸金融服务农户的触角,提升农户获得感。

3.服务绿色领域

不断加强绿色金融管理能力,持续提升绿色金融服务质效,努力强化绿色金融信贷支持,助推富民银行绿色高质量发展。截至2022年末,富民银行绿色金融规模10012.42万元,较年初增长1112.42万元,其中绿色贷款余额3400万元,较年初增长500万元,同比增长17.24%;绿色债券方面,2022年末绿色债券投资余额6612.42万元,较年初增长612.42万元,同比增长10.21%,其中非金融企业绿色债券投资余额5608.6万元,包括重庆长寿投资发展集团有限公司2022年度第二期绿色中期票据3849.05万元以及峨眉山供水收费收益权绿色资产支持专项计划1759.55万元,这是富民银行首次投资非金融企业绿色债券,助推成渝地区双城经济圈绿色转型发展。

(三)产品、服务及模式创新情况

2022年以来,富民银行积极落实金融纾困稳大盘的相关举措,全面梳理因新冠肺炎疫情受困行业的金融产品和服务,针对货运物流行业研发了"司机贷""丰易贷""仓主贷""订货贷""供货贷"等一揽子专属信贷产品,打造覆盖因新冠肺炎疫情受困行业全生命周期的信贷产品体系,通过构建开放的物流合作平台,深度研究物流运前、运中及运后各环节中的资金需求,进行了以下服务创新:

一是创新物流行业数据服务应用。创新"发票+交易+物流"的信息聚集方式,将票据电子化、交易价值化、物流数字化,实现数据交叉验证,提高风险画像的精准性。

二是创新物流行业授信服务模式。构建基于物流交易图谱的开放模式,提供可供复制的物流行业纯信用金融授信解决方案。

三是拓展物流生态链场景全客群服务模式,实现物流金融服务从点到面全覆盖。研发推出基于货运物流全产业链的一揽子信贷产品集,弥补传统模式下服务客群单一的短板,提升物流行业金融服务的可得性和满意度。

2022年以来,富民银行为近1700名在交通运输和物流行业的客户提供了超4亿元的信贷支持,为货运物流行业纾困解难以及做好货运物流保通保畅工作提供了全力金融支持。此外,全面推进"减息让利援企稳岗"及"普惠小微阶段性减息"等助企方案,惠及小微客户超3万户,为客户减少超1100万元的付息压力。

(四)经营目标及未来展望

2023年是全面贯彻落实党的二十大精神的开局之年,也是富民银行深化战略转型、探索差异发展的关键之年。富民银行将坚持以习近平新时代中国特色社会主义思想为指导,全面贯彻落实党的二十大和中央经济工作会议精神,扎实落实重庆市委第六次党代会、六届二次全会与重庆市"两会"各项部署和监管要求,抢抓成渝地区双城经济圈和西部金融中心建设契机,坚持稳中求进工作总基调,确保资产规模稳健增长,各项指标持续优化,全面推动富民银行高质量发展。

第二十一章　本地法人证券公司

西南证券

（一）基本情况

西南证券股份有限公司（以下简称"西南证券"）成立于1999年，是中国第九家上市券商和重庆第一家上市金融机构，也是唯一一家注册地在重庆的全国综合性证券公司。公司坚持走改革创新、综合经营和市场化发展道路，核心竞争力和综合实力显著提高，逐步建立起全牌照、跨地域、多功能、一体化的综合金融服务模式。公司经营范围为证券经纪；证券投资咨询；与证券交易、证券投资活动有关的财务顾问；证券承销与保荐；证券自营；证券资产管理，融资融券；证券投资基金代销；代销金融产品，为期货公司提供中间介绍业务；股票期权做市等。截至2022年末，公司注册资本66.45亿元，员工超过2400名，在全国拥有112家分支机构，营业网点实现了国内省份除海南、西藏外的全覆盖并已布局重庆市所有区县。

公司拥有西证股权投资有限公司、西证创新投资有限公司、西证国际投资有限公司、西南期货有限公司等4家全资子公司和重庆股权服务集团有限公司、银华基金管理股份有限公司、西证国际证券股份有限公司等3家参控股企业。

公司的控股股东为重庆渝富资本运营集团有限公司，实际控制人为重庆市国有资产监督管理委员会。公司根据《公司法》《证券法》《证券公司治理准则》《上市公司治理准则》及《公司章程》的规定，制定了《股东大会议事规则》《董事会议事规则》和《监事会议事规则》《总经理工作细则》，建立了符合现代企业制度要求的法人治理结构，公司股东大会、董事会、监事会及经理层的职责权限清晰、明确，形成了权力机构、决策机构、监督机构和经理层之间权责明确、运作规范的相互制衡机制。

2022年，公司股东大会、董事会及专门委员会、监事会会议的通知、召开、表决程序和决议内容均符合《公司法》和《公司章程》等的规定。公司董事、监事依照法律法规和公司章程勤勉尽职地履行职责和义务，独立董事依据《独立董事工作细则》认真审议议案并发表独立意见，充分保障股东依法行使权利。

公司遵循《公司法》《证券法》《证券公司内部控制指引》，以及中国证监会有关规章制度及《公司章程》的规定，规范运作，构建了科学有效的法人治理结构，建立了符合公司发展需要的组织构架和运行机制。

(二)2022年度经营情况

2022年，西南证券以习近平新时代中国特色社会主义思想为指导，全面学习贯彻党的二十大精神，全面落实"疫情要防住、经济要稳住、发展要安全"的要求，高效统筹经营管理和新冠肺炎疫情防控，公司国企改革三年行动圆满完成，财富管理转型和数字化智能化转型顺利推进，制度体系不断健全完善，防范化解金融风险取得积极成效，精细化管理能力增强，客户总数持续攀升，企业文化建设效果明显，全面从严治党年度定性评级继续保持为"好"，信息披露工作蝉联A类评价，国家级投资者教育基地连续三年获评"优秀"，获得"最佳乡村振兴奖""年度证券公司风险管理奖"等荣誉，在不稳定不平衡不确定的市场环境中，公司保持平稳有序运营，高质量发展取得新的成效。

1.证券经纪业务

2022年，公司经纪业务客户总数稳步增长，其中信用业务实现两融市场份额和客户数量的双增长；与湘财、中金等券商建立转融通业务合作，成功转化多户机构客户；以产品销售为切入点，打造"公募券结+私募"一站式服务；并获得第五届"股东来了"投资者权益知识竞赛全国总决赛亚军。

2.投资银行业务

2022年，公司"投行+资本"模式取得实效，打造了多个行业精品项目；如担任紫光集团破产重整相关交易项目的财务顾问；服务"克莱特"成为北交所通风装备领域上市第一股；助力"瑞能半导体"成为北交所"直联机制"下首家过审挂牌企业；并获得"中国金鼎奖—北交所经典案例""2022中国证券业债券融资项目君鼎奖"等荣誉。

3.资产管理业务

2022年,公司资管业务全年收入同比增长,涌泉11号集合资产管理计划荣获"五年期中长期纯债型持续优胜金牛资管计划";促进产品创设和质量把关,打造量化类、权益类、固收类、投融一体、ABS及公募REITs等特色产品系列。

4.证券自营业务

一是量化投资业务坚持"多资产+多策略"的投资思路,固收类业务排名长期位居中长期债券型基金前列,权益类及衍生品业务连续两年取得高于沪深300指数的超额收益。二是债券类方向性投资业务坚持稳健投资,积极探索高收益债、公募REITs打新、国债冲抵保证金等新盈利模式。三是权益类方向性投资业务向多策略、多品种均衡配置方向发展,全年中小市值策略和定增策略大幅跑赢市场指数并取得正收益。

5.子公司经营业务

西证股权新设2亿元规模的西证兴善基金,在重大风险项目化解和监管整改方面取得积极成效。西证创新所投资企业新增6家上市,其中科创板企业5家,推动投资模式从分散的点状投资向链状投资转变。西南期货的营业网点基本实现对全国期货业发达地区和交易所所在城市的覆盖,手续费收入连续三年正增长,获得金长城"优秀案例奖"和"优秀服务商"等奖项。西证国际着力控制风险、精简人员、降低成本,稳步推动战略转型工作。

6.其他业务

2022年,新三板业务稳健展业,推荐挂牌和持续督导业务继续巩固行业中上游梯队的地位,年内新增挂牌企业家数在行业排名并列第26位;督导挂牌企业家数在行业排名居第13位;在北交所股权业务、债券业务方面实现项目"零的突破"。场外衍生品和票据交易等新业务逐步落地,收益凭证和报价回购产品类型、数量和规模丰富提升;产品定价能力再次获评中证报价系统22家定价能力较强的估值报价商。研究业务团队规模和研究实力全面增强,已基本实现行业全覆盖,涉及30个主要研究领域;部门和团队荣获卖方分析师水晶球等多个奖项。

(三)服务实体经济情况

2022年,公司深入贯彻市委、市政府决策部署,积极融入成渝地区双城经济圈建设、乡村振兴等国家战略,2022年服务实体经济投融资金额超360亿元。

一是服务成渝地区双城经济圈建设。为川渝两地实体经济提供投融资服务金额超170亿元;投资重庆誉颜制药、阿维塔等本地企业;成为重庆渝富控股集团外部投资咨询机构,并服务其发行重庆地方国企首单10年期公司债券。

二是助力科技创新和绿色发展。以光伏、风电、新能源汽车、储能等细分赛道为重点,投资一批行业领军企业和"专精特新"企业,助力碳达峰碳中和,助力打造先进制造业;服务重庆水务环境集团完成2022年重庆单笔规模最大的并购交易;坚持绿水青山就是金山银山的理念,组织开展春季义务植树活动。

三是勇担国企社会责任助力乡村振兴发展。全年捐赠资金1300余万元,消费帮扶金额60万元;服务潍坊市城区西部发展集团发行总规模为6亿元的乡村振兴专项债券;推动实施金融让利,为受新冠肺炎疫情影响的重庆和深圳小微企业减免租金逾125万元;推进"捐资助学·点亮希望"活动,资助15名困难学生完成学业,践行金融国企使命担当。

(四)产品、服务及模式创新情况

西南证券从面向行业前沿、面向市场和客户需求出发,有效整合内外资源,推进业务协同联动,为客户提供一站式、立体化、多维度的综合金融服务。

2022年,公司财富管理转型深入推进,不断丰富产品种类,稳步增强投顾能力,积极创新投教工作形式,持续提升客户服务质量;投资银行、资产管理、投资业务顺应行业发展趋势和监管态势,不断提升主动管理能力、专业定价能力等核心竞争力,通过创新业务模式服务客户、投资者和实体企业。公司获得北交所融资融券业务资格,完成公司首家私募客户股票期权量化交易业务;发布公司首款策略指数"中诚信西南证券权益基金量化优选";开展票据交易业务试点,落地融券型收益互换、可转债锁价交易等创新业务,打造大类资产配置及雪球结构收益凭证等创新产品。

2022年,公司数字化智能化转型稳步实施。一是客户体验提升有力,上线Ptrade量化交易系统、机构客户信用账户预约开户、智能外呼服务平台等系统。二是业务发展支持有效,北交所可转债、沪深新债券交易系统、北交所融资融券等项目实施落地,技术业务深度融合。三是管理水平提高有序,推进风险数据集市、税务管理系统、经纪业务绩效考核系统等项目建设;特别是在新冠肺炎疫情期间,采取"线上办公+现场办公"相结合的工作模式,实现了各项业务"照常办"和金融服务"不断线"。

(五)经营目标及未来展望

2023年是全面贯彻落实党的二十大精神的开局之年,是全面推进现代化新重庆建设的开局之年。公司将坚持以习近平新时代中国特色社会主义思想为指导,深入学习贯彻习近平总书记关于国有企业改革发展和党的建设的重要论述,全面贯彻落实党的二十大精神、中央和市委经济工作会议精神,按照市委、市政府工作安排,坚持稳中求进工作总基调,立足新发展阶段,完整、准确、全面贯彻新发展理念,积极融入和服务新发展格局,坚持系统观念、守正创新,弘扬企业家精神,坚定信心决心,增强定力能力,更好地统筹公司发展质的有效提升和量的合理增长,在新时代新征程新重庆建设中展现新担当新作为新贡献。

一是坚持和加强党的全面领导,引领公司高质量发展开新局。公司将持之以恒抓好政治建设和理论武装,坚定不移把全面从严治党向纵深推进,毫不动摇坚持党建引领发展。

二是坚持"六个聚焦",在深化改革创新上厚植新优势。公司将坚持目标导向、问题导向和系统观念,聚焦重点领域和薄弱环节,找到关键突破口、重要抓手,聚焦主责主业,谋划推动前瞻性的战略布局和前置性的资源投入。

三是坚持以客户为中心,在综合金融服务上干出新业绩。公司将牢固树立"以市场为导向、以客户为中心"的业务发展理念,发挥连接资本市场和实体经济的纽带作用,全面推动公司经营效益实现有力有效提升。

四是坚持强化内部管理,在提高管理水平上取得新成效。公司将按照"守住底线、服务一线"的思路,从多个方面强化管理的均衡性、协同性、长期性,提升管理对业务的支持力度,有力有效促进业务发展。

展望未来,西南证券将继续秉承"诚信、稳健、求精、创新"的经营理念,围绕成渝地区双城经济圈建设"一号工程",聚焦主业、做精专业,不断完善公司综合金融服务模式,有效发挥国有上市券商的专业能力和资源优势,积极履行国有上市券商的责任,持续深入服务实体经济,为投资者、客户和实体经济创造价值,力争成为具备一流的创新意识、业务能力和管理水平的综合金融服务商。

第二十二章　本地法人保险公司

一、三峡人寿保险股份有限公司

(一)公司基本情况

三峡人寿保险股份有限公司,注册资本10亿元,注册地位于重庆市万州区北滨大道二段256号三楼,经营场所位于重庆市两江新区西湖支路2号精信中心A塔20楼、21楼、22楼,组织形式系依照《公司法》《保险法》和其他有关法律法规及监管规定成立的股份有限公司,由王凯代行公司法人代表人职权。

公司坚持资本经营和价值经营有机结合,以数智化转型和提升客户体验为驱动打造核心竞争力,加快销售渠道、产品+服务、伙伴联盟等经营抓手建设,以专业化体系为基础、以科技赋能为动力、以优秀人才为支撑、以业务质量为保障、以资产负债匹配为纽带,不断提升业务发展能力、提高投资管理水平、完善合规风险管控、创新运营服务体系,着力构建绿色金融高质量发展体系,深耕寿险、深耕川渝地区,实施差异化竞争策略,走专精特新的发展道路,使公司发展为细分业务领域具有较强核心竞争力和市场影响力的保险公司。

董事会下设提名薪酬委员会、资产负债管理委员会、关联交易控制委员会、审计与风险管理委员会(消费者权益保护委员会),董事会办公室为董事会日常办事机构。截至2022年末,公司董事会有表决权董事7人,其中股权董事4人,独立董事2人,执行董事1人。

(二)运营情况

1.2022年业务发展情况

(1)保费收入情况

2022年,公司累计实现保费收入5.59亿元,同比下降10.48%;其中,新单保费收入1.67亿元,同比下降13.07%,续期保费收入3.92亿元,同比下降9.33%。

(2)新单保费分析

从新单缴费结构看,2022年公司新单趸交保费收入1.48亿元,占新单保费比例为88.35%,占比较上年同期提升37.29个百分点;新单期缴保费收入1945.09万元,占新单保费收入比例11.65%,占比较上年同期下降37.29个百分点;其中缴费十年期及以上业务新单保费收入568.05万元,占比3.4%,占比较上年同期下降21.33个百分点。

从新单保障期限结构看,2022年公司10年期及以上业务实现新单保费收入6294.71万元,占新单保费比例为37.7%,占比较上年同期下降48.24个百分点;5年期业务实现新单保费收入9502.2万元,占比56.91%,占比较上年同期提升53个百分点;1年期及以下短期险业务实现新单900.13万元,占比5.39%,占比较上年同期下降4.76个百分点。

从新单产品结构看,寿险是公司新单保费的主要来源,2022年累计实现寿险新单1.58亿元,占比94.38%,占比较上年同期提升28.44个百分点;健康险新单保费收入673.56万元,占比4.03%,占比较上年同期下降23.47个百分点;意外险新单保费收入265.39万元,占比1.59%,占比较上年同期下降4.97个百分点。

(3)分产品、分渠道和分期限结构分析

从产品结构看,公司2022年全年健康险保费收入2.86亿元,占比51.28%,占比较上年同期提升2.38个百分点;寿险保费2.69亿元,占比48.25%,占比较上年同期下降0.84个百分点;意外险保费收入265.46万元,占比0.48%,占比较上年同期下降1.54个百分点。

从产品类型结构看,公司2022年全年分红险保费收入9635.5万元,同比增长2.97%,保费占比17.25%,较上年同期提升2.25个百分点。传统险中,重疾险、年金险和终身寿险保费分别为2.82亿元、4313.52万元、7192.12万元,占公司总保费收入比分别为50.42%、7.72%和12.87%,重疾险和终身寿险占比较上年同期分别提升2.88和2.44个百分点,年金险占比较上年同期下降6.1个百分点。

从渠道结构看,公司2022年全年专业中介渠道保费收入3.27亿元,占比58.61%,占比较上年同期提升3.41个百分点;银邮代理渠道保费收入1.89亿元,渠道占比33.85%,较上年同期下降2.84个百分点;个人代理渠道保费收入3766.8万元,渠道占比6.74%,占比较上年同期下降0.33个百分点;直销渠道保费收入448.55万元,渠道占比0.8%,占比较上年同期下降0.24个百分点。

从保障期限结构看,公司2022年全年10年期及以上业务保费收入4.53亿元,占比81.16%,占比较上年同期下降0.2个百分点;5年期业务保费收入9623.5万元,占比17.22%,占比较上年同期提升1.75个百分点;1年期及以下短期险业务保费收入900.13万元,占比1.61%,占比较上年同期下降1.51个百分点。

从缴费期限结构看,公司2022年全年趸交保费收入1.48亿元,占比26.4%,占比较上年同期提升10.69个百分点;期缴(含续期)保费收入4.11亿元,占比73.6%,占比较上年同期下降10.69个百分点;其中缴费十年期及以上业务(含续期)保费收入3.22亿元,占总保费比例57.68%,占比较上年同期提升3.72个百分点。

(4)2022年手续费佣金及产品成本收益情况

2022年末,公司各险种主要指标如下:

表22-1　公司各险种成本收益情况

险种	项目	金额/万元	占本险种保费比/%
普通寿险	保险业务收入	17320.02	100.00%
	退保金	996.30	5.75%
	净赔付支出	−255.43	−1.47%
	保单红利支出	—	0
	提取各类准备金	5280.61	30.49%
	佣金手续费	1928.89	11.14%
分红险	保险业务收入	9635.50	100.00%
	退保金	4714.21	48.93%
	净赔付支出	250.76	2.60%
	保单红利支出	2714.66	28.17%
	提取各类准备金	8542.22	88.65%
	佣金手续费	437.60	4.54%
健康险	保险业务收入	28649.91	100.00%
	退保金	375.17	1.31%
	净赔付支出	7221.82	25.21%
	保单红利支出	—	0
	提取各类准备金	16622.97	58.02%
	佣金手续费	1414.59	4.94%

续表

险种	项目	金额/万元	占本险种保费比/%
意外险	保险业务收入	265.46	100.00%
	退保金	0	0
	净赔付支出	1984.05	747.40%
	保单红利支出	—	0
	提取各类准备金	-1565.34	-589.67%
	佣金手续费	19.36	7.29%

2022年末，公司保险业务收入55870.89万元，其中普通寿险17320.02万元、分红险9635.50万元、健康28649.91万元、意外险265.46万元；占全年累计保费收入比重分别为：31%、17.25%、51.28%、0.47%。

本年退保金6085.69万元，主要为分红险退保金4714.21万元，占整体退保金77.46%，主要因客户在收益达到保本时点后，退保意愿上升。

本年赔付支出（含摊回赔付支出）9201.20万元，主要为健康险和意外险，其中：健康险净赔付支出7221.82万元，占累计净赔付比78.49%；意外险净赔付支出1984.05万元，占累计净赔付比为21.56%。

本年提取各类准备金28880.46万元，其中普通寿险5280.61万元、分红险8542.22万元、健康险16622.97万元、意外险-1565.34万元。

本年佣金及手续费3800.44万元，其中普通寿险1928.89万元、分红险437.60万元、健康险1414.59万元、意外险19.36万元；佣金及手续费率分别为：11.14%、4.54%、4.94%、7.29%。

2.产品回溯分析主要情况

（1）健康险业务赔付情况

健康险业务分为长期重疾险、其他长期健康险、短期健康险。分析长期重疾险和其他长期健康险的赔付情况时，采用实际赔付占预期赔付的比例，其中预期赔付采用利润测试假设、行业表假设二种情景；分析短期健康险的赔付情况时，采用综合赔付率进行分析。具体赔付情况如下表：

表22-2 公司健康险赔付情况

产品类型	预期赔付口径	2019年	2020年	2021年	2022年
长期重疾险	利润测试	—	114.3%	266.3%	132.5%
	行业表	—	67.3%	102.8%	94.2%
长期健康险（不含重疾）	利润测试	4.7%	—	46.9%	33.8%
短期健康险	综合赔付率	109.1%	38.9%	104.4%	27.4%

（2）2022年满期给付和退保情况

2022年，公司无满期给付业务，全年共计退保3870件，退保金额为6190.72万元，整体退保件数和退保金额均在正常、可控范围内；从精算预测数据来看，预计公司2023年发生满期给付39件，给付金额为176.87万元，退保6507件，退保金额约12509.37万元。

（三）服务实体经济情况

1.积极捐赠保险，为抗疫贡献三峡力量

为支持抗疫工作，公司向重庆市卫健委、援鄂医疗队、万州区直接参加新型冠状病毒感染的肺炎、护工作者以及重庆市公安局所属公安机关在职在编人员捐赠、计提供风险保障金额242.62亿元，为51367名一线防疫人员提供保险保障。

2.积极参与新市民金融服务宣传活动

公司计划于2022年11月分4期开展"新市民金融服务宣传月"活动。由于新冠肺炎疫情影响，11月6日于官微等平台开展了新市民介绍宣传，11月12日开展了新市民政策介绍，其中相关宣传阅读量均上千人次。后续公司将开展新市民专属保险介绍、新市民运营服务介绍等相关宣传活动。

3.加大公司保险资金在渝利用力度，助力稳投资、稳经济

公司持续加大保险资金在渝利用力度，通过银行存款、买入重庆地方债等方式加大在渝投资，助力稳投资、稳经济。截至2022年8月末，公司通过直接、间接方式支持重庆发展的投资金额为2.65亿元，投资总额比例为8.55%，大幅高于重庆资产在市场占比2%左右的水平。

同时，专门审议通过了《关于保险资金支持重庆当地经济建设发展的议案》，将结合资金运用能力建设的实际情况，通过债券投资等形式，支持重庆当地经

济建设发展。在配置地方政府债券时,将紧跟国家产业升级路线,重点投资于符合国家战略导向以及重庆市产业发展战略的地方专项债券,适当向重庆市人民政府发行的地方政府债券倾斜。

(四)经营目标及未来展望

1.业务计划

(1)保费收入计划

公司2023年业务规划尚未完成公司董事会审议程序,初步设定的2023年总保费收入计划为10.46亿元,其中新单保费收入计划6.78亿元,续期保费收入计划3.68亿元。

(2)渠道发展规划

2023年将持续推动各业务渠道向高质量发展转型升级。

个险渠道方面,重点从队伍建设和营销管理两方面着手。盘整沉淀优质队伍存量并优选队伍增量,逐步打造一支职业化的专属代理人团队;探索整合营销及数字化转型赋能,促进个险队伍的专业化及产能提升。

银保渠道方面,拓宽合作渠道,在稳定现有合作渠道的基础上,努力开拓新渠道,逐步探索与重庆本地法人金融机构合作。不断完善银邮产品体系,大力发展高价值业务。提升基础管理能力,增强渠道合作黏性。

中介渠道方面,维护好现有中介机构合作关系,持续拓展本地合作机构。研发能够体现三峡特色和中介渠道特色的具备竞争力的产品,稳固市场份额。推进中介数字化销售管理平台建设与升级,打造数字化中介大中台。

团险渠道方面,坚持效益优先,积极创新产品、销售模式和客户服务内容,进一步拓展新的细分业务领域,扩大高品质业务规模。

各业务渠道2023年保费计划如下:

表22-3 2023年分渠道保费收入计划

业务渠道	新单保费收入/万元	续期保费收入/万元	保费收入合计/万元
个险	920	2421	3341
银保	65000	4949	69949
中介	999	3361	4360
团险	905	0	905
网销	0	26066	26066
合计	67824	36797	104621

(3)险种发展规划

结合最新监管态势及自身整体发展需要,在产品大类选择上,以两全险、终身寿险等理财型产品为主,健康险、意外险等保障类产品为辅。

各险种2023年保费计划如下:

表22-4　2023年分险种新保费收入计划

险种类型	新单保费收入/万元
寿险	66093
其中:分红险	60000
健康险	1307
意外险	425
合计	67825

2.产品规划

(1)个人代理渠道

个人代理渠道注重保障,兼顾客户储蓄,专注于价值创造。产品开发计划以风险保障和中长期储蓄型为主,兼顾获客类产品,包括兼顾意外风险和满期返本的两全险、聚焦少儿高发重疾的专属重疾险、搭配纯消费型重疾险的两全附加险等;短期险方面将针对新市民人群开发专属意外险、百万医疗险等产品,完善产品体系。

(2)银行代理渠道

银行代理渠道注重业务规模,专注客户储蓄、养老规划、子女教育储备等财富规划,同时兼顾客户健康保障。产品策略以现有分红型年金、分红型两全、储蓄类终身寿险等产品为主,并补充开发传统型年金产品,满足客户的养老保障需求。

(3)公司直销渠道

公司直销渠道以保障类产品为主,包括员工福利计划、建工险、意外险、学平险,配套政府采购、股东及相关大型团体业务保险。包括现有团体意外类产品的升级迭代,探索惠民保、新市民保险、绿色金融、乡村振兴保险等相关细分领域的产品开发。

(4)其他渠道(经代)

其他渠道(经代)专注于渠道价值实现、提升公司品牌知名度,积累客户资源、培养忠实客户群。产品开发计划以长期重疾和养老年金为主,探索开发附加增值服务的百万医疗类产品以及意外医疗等产品。

二、安诚财产保险股份有限公司

(一)公司基本情况

安诚财产保险股份有限公司成立于2006年12月,是首家总部设在重庆的全国性财产保险公司,公司注册资本金为40.76亿元人民币。安诚保险的创立,是重庆市委、市政府构建地方金融体系布局的重要组成部分,公司的成立和发展,对重庆经济社会发展产生了积极影响。公司立足重庆,辐射西部,服务全国,截至2022年末,公司下设省级分公司19家、三四级机构240家,分布在长三角、珠三角、中西部及华北地区等重要经济带。近年来,公司始终秉承"安全、安稳、安心、忠诚、诚信、真诚"的企业核心价值理念,深入实施"123"发展思路,不断提升公司竞争能力、盈利能力、可持续发展能力,实现公司高质量发展。

(二)2022年公司运行情况

1.总体经营情况

(1)业务发展提质

一是保费规模创新高,2022年公司实现原保费收入45.23亿元,达成年度保费计划的103.08%,较去年增加3.87亿元,增速9.35%,规模创历史新高。二是综合成本创新低,2022年公司综合成本率104.26%,创公司成立以来新低,较去年下降3.69个百分点,较年度预算值低3.74个百分点。其中综合赔付率73.48%,较去年下降0.63个百分点;综合费用率30.78%,较去年下降3.06个百分点。保费增速和盈利能力均达到近5年最高水平,经营发展态势进一步企稳向好。

(2)管理能力提升

公司一是推行总、分"执行方案+落地方案"管理模式,使经营目标和过程管理紧密结合,公司集约化、精细化、专业化的管理举措有了明显成效;二是初步搭建财务共享中心运营分析体系,推进业财一体化建设,建立预算科目体系及细化到科目的管控逻辑,预算刚性管控更加凸显;三是开展双能提升效能改革及降本增效专项工作,明确前中后台运营成本管控目标,建立降本增效月度跟踪机制;四是开展"总经理抓理赔"专项工作,通过周跟踪、月监控和季回溯,在专项减损、科技创新、精细管理等方面达成理赔任务指标。

(3)品牌更加响亮

公司牵头共保"重庆渝快保"项目,保障人数约460万人,以一站式的理赔服务、惠民的承保门槛、高额的风险保障,对社会保险保障进行了有力补充,降低了民众因病致贫、因病返贫的风险敞口。公司作为全市普惠型商业补充医疗保险的首创者,作为连续两个年度"渝快保"主首席承保单位,受到更加广泛的关注和认可。

2.公司推动业务发展的措施及取得的成效

2022年,公司深入开展国企改革三年行动,强化"三控"建设,在推动业务发展上采取的措施及取得的成效如下:

(1)强化管理,着力提质增效

车辆保险方面:

一是关注私家车续保,聚焦私家车业务发展,2022年私家车续保率达成30.45%,同比提升1.58个百分点,全年实现私家车签单保费收入14.09亿元,占比为58.98%,同比提升1.58个百分点;二是实施"黑红灰"名单管控措施,提升业务品质。2022年全年高成本业务15512万元,同比减少15031万元;三是强化两率合执行力度,预期边际成本优化明显。截至12月末,公司整体两率合执行率91.51%,私家车旧车两率合执行率96.69%,保单预期成本率94.37%,同比下降4.62个百分点;四是自主建模车险定价,打造核心竞争力,公司自主定价能力建设迈出关键一步。

非车辆保险方面:

一是坚持"三控"集约管理,提升精细化管理能力,严格把控业务风险,实现经营理念和发展方式的转变。2022年常规非车险综合成本率93.74%;二是狠抓续保业务,对所辖机构采取针对性措施,提升续保率,2022年常规非车险整体续保率为60.44%;三是持续有序点对点指导工作,重点工作突破。公司制定《分散型非车险业务提升计划》和《非车险政保业务推动方案》,全年新增政保业务项目5个,实现分散型业务保费收入5022万元,同比增长2112万元,增长率72.57%。

农业保险方面:

一是开展产品、模式双创新,围绕茶树、水果、蔬菜、花椒、中药材等地方特色产品,以种植类、收益类、价格类等成熟产品模式开发农险新产品12款,成为2022年农险业务新增长点;二是以"农险+期货"为切入点,以顶层设计、系统培训、全国推广的方式逐次推进,建立风险对冲、风险分散、风险可控的全新风控机制,生猪、饲料等"农险+期货"业务在山东、重庆、贵州落地。2022年公司农险保费收入21778万元,同比增长57.6%,其中种植险保费11569万元,同比增长64.7%;养殖险保费9619万元,同比增长53.1%;森林险保费590万元,同比增长15.9%。

意外及健康保险方面:

一是政保业务在多个领域取得突破。2022年公司中标2022—2023年度重庆民政局"惠民济困保"项目,三年预计保费规模23亿元;入围重庆永川、潼南、武隆等的综合防贫保项目,年保费规模457万元;中标2022—2024年度失独人员意外险项目,年保费规模2049万元。二是丰富产品、拓展渠道方面取得成效。2022年共搭建了安澜、泛华、蚂蚁保、梧桐树、创信、升华茂林等14个第三方平台,上线意健险产品27个,实现保费872万元。三是普惠业务主场上规模,多地争入围。主场重庆渝快保总保费6.3亿元,公司份额内保费2.2亿元,同比增长120.56%;山东分公司相继参与了5个地市的惠民保项目,累计保费收入3176万元;另有云南、贵州、河南、陕西分公司相继入围所在地惠民保共保体,普惠业务在全国范围内得以推广。

(2)渠道支撑,促进业务发展

一是个人代理渠道方面:通过传递价值发展理念、KPI考核刚性要求,引导分公司效益发展;以"业务激励、产品加持、车非融合发展、培训考核趋动"为抓手,优化业务结构。2022年,公司个人渠道实现保费收入15.34亿元,同比增加1174万元,综合成本率98.21%。二是互联网渠道方面:深化头部平台合作关系,积极探索互联网产品开发,不断优化全流程线上化支持体系,线上化业务持续提升,2022年实现保费收入11.36亿元,私家车线上化率达成88.41%。三是重大客户渠道方面:全力推动重大项目业务发展,积极参与全国性大型集团的保险入围投标,2022年全辖重大项目实际达成保费收入3.33亿元。

(3)总分联动,深入机构管理

一是在年初编制了年度发展白皮书,推行总、分"执行方案+落地方案"管理模式,通过定期对总部部门及各分、子公司目标方向、发展策略和核心工作的检视和评估,找差距、补短板、抓落实,不断强化、细化和深化总、分部白皮书的过程管理及评估检视,使经营目标和过程管理紧密结合;二是搭建公司销售人员智能管理平台——"群英荟",公司对销售人员的管理迈入了扁平化、智能化、科技化的新阶段;三是加强机构建设,不断优化机构布局,2022年公司新开业1家三级机构、1家四级机构,撤销1家四级机构。

(4)聚焦理赔,控制赔付成本

2022年,公司坚持"三降""三控"工作思路,推进理赔管理向"专业化、精细化、集约化"方向发展。一是持续深入开展"总经理抓理赔"专项工作,从如何防、如何控、如何化解风险等三方面加强能力建设,提升机构负责人理赔管理能力;二是积极推动理赔双能提升,确保人员合理配置,实打实地抓好业务培训,切实提高员工的业务技能,全年完成理赔常规和专项减损金额合计2.18亿元;三是强化未决估损管理,对已决充足率、未决估损充足度、新发案件估损充足度等多项指标,定期检查,及时了解估损充足管理工作情况,避免因估损不足给公司造成经营压力和合规风险。

(5)立足合规,提升风控能力

2022年,公司全面落实监管治理准则,持续提高公司治理水平和风控能力。一是结合实际,综合运用集中督查、理赔专项检查、专项审计等方式,查问题抓整改,助推公司行稳致远;二是制定"一对一"的合规管控方案,细化合规管理指标,进一步健全合规管理机制,持续开展反欺诈风险、反洗钱工作,防范非法集资、网络诈骗,加强关联交易管理,强化诉讼案件管理和法律风险事前分析研判,公司整体合规风险可控;三是推动全面风险管理向精细化转变,根据"偿二代"二期规则及时调整报送方法和流程,明确公司2022年总体风险容忍度和七大子类风险容忍度,扎实开展SARMRA整改任务,强化风险识别评估、监测预警、控制报告,加强全面风险管理。2022年,公司未发生重大系统性风险。

(三)服务实体经济情况

2022年,公司稳金融、稳经济大盘,全力保障新市民、保通保畅、保粮食保供给,服务社会彰显国企担当。2022年,公司为59家企业的农民工提供收入保险风险保障3622.11万元,为131.99万灵活就业用工人员提供雇主责任保险风险保障近748亿元;为营运货车增信解决了ETC办理痛点,保障货车物流通行225万次;为打赢60年不遇的高温旱情保卫战,开通早赔快赔"绿色通道",共计为13.9万人次(户次)提供保险赔付3645.96万元;为农村低收入群体提供"特色产业保险"保障。承办"民政惠民济困保"为困难学生发放升学补助金。以保险助力乡村振兴,帮扶案例获评重庆日报2022年度重庆金融助力乡村振兴优秀案例。

(四)产品、服务及模式创新情况

1.坚持开发创新、完善产品体系

2022年,公司共计完成196款新产品研发注册,其中常规非车险产品105款、常规意健险产品59款(含互联网专属产品40款)、农险产品32款。一是依托平台赋能、科技赋能,通过与互联网医疗健康平台公司的深度合作,完成互联网医院门急诊医疗保险产品的开发上线,实现公司依托互联网平台人身险产品零的突破。二是围绕现阶段"稳经济、保就业"的宏观政策方针,研发了借款人还贷失能保障保险产品,分担或转移在意外、疾病或非自愿失业情形下借款人的还款压力。三是研发生猪、鸡蛋等多品种价格"保险+期货"保险产品,将保险公司保险产品研发优势与期货公司对冲价格波动风险相结合,积极探索保险产品服务"三农"、服务农业生产实体经济的新路子、新途径,充分发挥保险"社会稳定器"职能,服务国家乡村振兴战略。

2.强化科技赋能,提升服务质量

一是实现全辖智能理赔服务系统上线,加快案件处理速度,提升理赔作业和管理的效率和水平,为车险定价提供有力支撑,不仅实现了技术能力和管理能力的提升,也是公司转变发展方式、不断提升品牌价值和切实保护消费者合法权益的有力举措。二是建立"掌上安诚"一站式办公移动端综合管理办公平台,实现业务推动、综合管理移动式管控,推进建设企业微信SCRM系统、搭建以客户为中心架构的产品仓库,为互联网转型提供技术支撑。三是启动公司"群英荟"销售人员线上管理平台,推动销售人员管理向扁平化转型。

3.着力微平台建设,提高线上化率

2022年,公司完成健康险电子投保签名确认流程及电子保单建设,实现了微平台与腾讯智能云身份证、行驶证、银行卡识别及人脸识别和手机三要素实名认证的集成对接,上线代理人线上增员及费用结算功能,完成安徽、河北、甘肃、浙江投标保证保险线上平台对接,完成微信客户自助服务平台的开发及上线。截至年末,公司私家车线上化率达到88.41%。

(五)经营目标及未来展望

1.经营目标

2023年公司保费收入计划保持5%以上的增长,整体规模预期超过47亿元,综合成本率预期控制在106%以内。

2.总体思路

公司将强化效益优先,突出利润导向,着力实现盈利能力持续提升,综合成本持续优化,主营业务持续提质,投资能力持续增强,合规风控持续夯实,风险综合评级保B求升。确保不发生重大安全事故,统筹抓好发展和安全各项工作,完成年度各项指标任务。

3.发展举措

一是加强党的领导。以全面学习宣传贯彻党的二十大精神为主线,深入落实党的中心任务,坚决拥护"两个确立",始终做到"两个维护",坚持以高质量党建引领高质量发展,确保各项工作始终沿着正确方向前进。深入贯彻落实新时代党的建设总要求和新时代党的组织路线,推进全面从严治党向纵深发展,坚持问题导向进一步深化巡察效用,为高质量发展提供坚强保证。

二是转变经营理念。强化效益优先,突出利润导向,坚持系统谋划,贯彻"降、控、转"经营策略,持续提升算账经营、精细发展、集约管理、专业运营、三控建设、业财一体、客户经营、数字智能、管理模式等经营管理体系建设。加强对市场信息研判和分析能力,完善转型创新管理机制,推动公司转型创新发展。"一体化"开展业务竞赛激励,推动经营发展"一盘棋"。

三是抓好品质提升。全方位加强"三控"建设,车险以费赔折绩、"黑红灰"名单限额管理、过程质检为抓手,立足"两支柱"抓好"三个关键";非车险强化费赔折绩运用,强化标准化管理和科技支撑,抓好抓实产品、渠道、模式"三个抓手";健康险推动传统意健险成本优化,精细"四化管理";农险持续优化费用跟单管控措施,推进集约化成本管理。理赔运营狠抓降赔减损,加强估损管理,严控经营成本。进一步增强产品精算、计划财务、再保险对业务的支持作用。

四是深化改革转型。持续推动"双能提升"效能改革,优化契合公司发展推进市场化选人用人机制,完善职称评聘体系建设,推进契约化管理,推进HR标准化建设。持续完善薪酬考核体系,对标市场行业、聚焦改革痛点,精细关键考核指标设置。实施降本增效3.0,持续向管理要效益。推进产品创新、搭建运营网络、强化私域流量转化,推进互联网业务矩阵。依托北京、上海、广州、深圳所在地分公司,推进总对总渠道合作。推进子企业安澜经纪以科技为核心驱动力的数字保险平台向"持牌科技公司"转型。

五是抓好方案执行。继续以"执行方案+落地方案"为抓手,从目标、策略、核心工作等七大方面,定期开展各单位两个方案推进情况检视、评估,推动目标落地达成。开展季度主题业务竞赛,强化产能提升、客户经营、价值贡献引导,推动业务发展紧跟公司经营侧重点。深化前后端联动、总分联动,总部加强对分公司重大项目、重要客户、重大案件的前置参与,一对一督导与驻点帮扶模式相结合,促进公司业务健康稳健发展。

六是增强科技赋能。全面加强系统基础建设,完善核心业务系统要素及数据质量,完善两地三中心数据中心建设,完成核心业务系统同城应用级灾备建设。深化与重科院攻坚智慧保险联合研发中心的合作成效,提升数据管理能力、数据队伍能力。加强与战略合作伙伴重庆移动、重庆广电的科技交流合作,积极探索"保险+移动""保险+数据""广电+金融"等新模式和新产品,在保险服务、网络安全、信息化数字化项目建设和服务、数据安全项目等方面开展深度合作。

七是提升投资收益。主动应对外部严峻形势,加强趋势预判加强对上市公司主体、利率债、信用债、转债、基金、资管产品等方面的策略研究,形成投研体系。优化资产配置,推进项目落地,拓宽渠道建设。挖掘风险可控的重庆本地直接融资项目,进一步备好安全垫,精准控制回撤,增厚投资收益。

八是统筹发展安全。全面落实监管治理准则,积极推进公司治理体系和治理能力现代化,持续提高公司治理水平和能力。持续加强法治安诚建设,持续提升各级合规经营能力。全面落实"偿二代"二期规则,强化风险识别评估、监测预警、控制报告,加强全面风险管理。坚决筑牢安全底线,建立健全防控机制、预警机制、应急机制,防范化解各类风险,确保公司行稳致远。

三、利宝保险有限公司

(一)基本情况

利宝保险有限公司(以下简称"利宝保险")是一家在华经营的外商独资财

产保险企业,母公司是来自美国的利宝互助保险公司(以下简称"利宝互助"),中国总部设立在重庆。截至2022年末,利宝保险在重庆、北京、浙江、广东、山东、四川、河北、天津、河南、云南和陕西等省市进行商业运营。

母公司利宝互助保险集团是一家多险种的国际保险公司,创建于1912年,总部设在美国马萨诸塞州的波士顿,目前在全球29个国家和地区设有800多家机构,有大约45000名员工,2020年最新数据显示,利宝互助保险集团是全球第六大国际财险公司。

(二)运营情况

2022年,面对复杂多变的经济及市场环境,公司上下一心,积极应对,不断夯实各项核心能力。一是进一步加强定价能力建设,扩充、优化定价团队配置,通过精细化定价能力的提升,提高业务质量,并优化成交率等核心指标,快速应对市场变化;二是建立并推进专业队伍建设为核心的商业非车险发展策略,通过优化基本法、建立人员全流程闭环管理体系,加快人员引进及队伍建设;三是依托场景、渠道不断完善个人非车险产品体系,优化内部管理流程,在总部主导业务快速发展的同时,为机构发展提供支持;四是保持个代渠道扎实发展的基础上,通过不断优化完善销售运营模式,积极推进以公司直拓模式为主的渠道差异化运营体系。公司各项战略的不断实施、深化,为2023年有效益的发展奠定了基础。

2022年公司保费收入为25.7亿元,相比2021年保费收入增长1.3%;保费收入居前三位的险种分别是车险(含交强险)、健康险和责任险,上述三个险种保费收入共占公司总保费收入的88.6%。2022年公司累计赔款支出124603万元,相比去年同期上升4.8%;主要是车险(含交强险)赔款支出占比较高,占公司总赔款支出的86.3%。公司综合赔付率为54.2%,与去年同期相比下降5.5%;综合费用率47.1%,与去年同期相比下降0.9%。2022年公司净利润4477万元,综合成本率为101.4%,与去年同期相比下降6.4%,2022年四季度公司偿付能力充足率为185.87%。

(三)服务实体经济情况

公司积极承担社会责任,为让保险产品更好的服务实体经济,分担企业的财产损失、劳动用工、公众责任等风险。2022年公司持续加大对企业财产险、雇主责任险、公众责任险等险种的推广力度;同时,对小微企业的一揽子定额方案进行产品优化升级,优化产品结构,丰富保障内容。其中企业财产险服务企事业单位、个体工商户9243家,承保保费3165万元,支付赔款2147万元;雇主责任险服务企事业单位、个体工商户4291家,承保保费3573万元,支付赔款1485万元;公众责任险服务企事业单位、个体工商户1930家,承保保费3258万元,支付赔款240万元。以上险种的开展和服务带给了实体企业较大的保障。

利宝保险四川分公司为积极响应《成都市"十四五"城乡社区发展治理规划》,深入贯彻落实《中国银保监会 中国人民银行关于加强新市民金融服务工作的通知》,以提高人民群众获得感、幸福感、安全感为定位的普惠型保险产品,作为小组成员之一,2022年7月共同参与推动了"蓉家保"新型家财险项目。该项目由中国银保监会四川监管局指导,四川省保险行业协会作为支持单位,采用全国首创的保险行业主体共保家财险模式,通过整合行业力量和社会资源,以"政府引导、公司让利、群众受益"为原则,搭建新平台、研发新产品,实现普惠保险产品的多维度覆盖。

(四)产品、服务及模式创新情况

1.创新产品,提升竞争能力

意外险产品做出一系列新的尝试,例如面向中高端客户群体,结合需求创新性地推出扩展私立医院就诊且含有医疗费用直付的保险产品,解决客户须先支付后报销时间久流程长的痛点;而面向多种地中高风险职业群体,确实有保险刚性需求的,公司推出根据职业类别区分责任保额的统一定价的产品,解决销售期间多个方案容易混淆以及中高风险职业找保险投保难的问题。

2.适应市场发展,探索健康的业务增长模式

(1)车险以数据为抓手,精准定价、狠抓续保和报价

车险综合改革对保险公司的风险选择能力、客户服务水平和应对市场变化的能力提出更高的要求,公司在车险业务的发展中有五个方面的加强。一是不断优化营运流程和销售成本。公司定期优化核保流程,自核率不断提升;建立销售人员产能监控和管理机制,定期对低产能机构进行业务发展的帮扶;二是持续融合常规定价与核保定价。公司在自身承保数据的基础上,结合外部数据进行产品基础定价,并与前端业务的核保定价对比,快速对车险业务进行承保

优选,车险业务质量得到明显改善;三是强化数据分析职能。公司立足数据进行业务分析和监控,细化各维度分析报表,开发业务质量监控报表、续保率报表、报价成交报表以及与业务发展相关的一系数据报表。机构对口联系人在此基础上进行业务分析,与分公司每周互动,提供分公司业务和数据需求支持;四是狠抓续保率及报价成交率。向续保要保费,公司将续保率作为业务持续性的抓手,由专人负责,每周发送未成交清单,经营单位需反馈业务未成交原因。续保工作推进以来,2022年公司含损业务续保率达到了51.3%。向报价要成交,公司将报价成交率作为保费增量的基石,结合公司报表工具,专人负责就普遍大众化业务,向经营机构要反馈未成交原因;五是继续分公司走访和业务分析。公司副总经理带领车险部领导、各处室负责人以及机构对口联系人,基于各分公司自身经营数据对业务进行分析,在此基础上及时调整分公司承保政策,车险各处室之间紧密合作,形成良性循环的业务发展模式。

2022年车险全年保费收入17.7亿元,同比下降3.1%,全年综合成本率93.7%,其中综合赔付率62.2%,综合费用率31.5%。

(2)非车险多元发展探索取得新突破

2022年公司持续发展传统商业类非车险,为企业转移生产经营中的风险,提供切实有效保障。特别在支持中国企业走出去方面,为出口企业提供出口产品责任险+进出口货运险双重保障,不设置美加澳新除外等限制性条件,运用全球理赔服务能力,为中国企业提供全球化保障支持。在中小企业方面,为跨境电商企业提供出口保障,主干线客承保各种运输组合,不限中转次数。针对电商推出"上架险",保货物破损、丢失或电商仓库未正常上架均可获赔。并通过API对接一键下单,平台线上报案并上传理赔资料,真正做到为客户提供一站式服务。

3. 不断夯实核心能力,提高运营效率

(1)进一步加强定价能力建设,扩充、优化定价团队配置,通过精细化定价能力的提升,提高业务质量,并优化成交率等核心指标,快速应对市场变化。

(2)建立并推进专业队伍建设为核心的商业非车险发展策略,通过优化基本法、建立人员全流程闭环管理体系,加快人员引进及队伍建设。

(3)依托场景、渠道不断完善个人非车险产品体系,优化内部管理流程,在总部主导业务快速发展的同时,为机构发展提供支持。

(4)保持个代渠道扎实发展的基础上,通过不断优化完善销售运营模式,积极推进以修理厂和公司直拓模式为主的渠道差异化运营体系。

4.加强客户服务,提升客服和理赔数字化水平

(1)持续加强理赔数字化管理水平,提升客户体验

公司通过理赔运营持续优化能力,引进行业内先进的理赔自动化规则引擎,打造和不断完善新的理赔系统,实现理赔数字化转型。2022年,公司各项理赔指标均有提升:2022年1月公司线上理赔岗对接新的查勘工具,视频AI定损系统开发上线,极大地缩短了线上人员的查勘及沟通时效,减少了客户现场等待的时间,提高了服务质量,线上岗人员联系客户后逐案添加企业微信,进行1对1服务,发送公司公众号,引导客户添加利宝保险服务公众号,让客户第一时间了解到案件的定损情况及赔款支付情况,减少客户顾虑,保障客户留存;同时对线上岗团队人员进行优化,线上人员30人,线上专岗照片定损率达到37.16%;5000元以下车物案件五日结案率77.79%,小额案件结案时效有效提高;5000元以下车物案均周期8.5天,线上化车物案件案均周期6.66天,大幅缩短了案件流程周期,提高客户满意度;对不符合线上处理流程的损失案件,及时转派线下跟进处理,保证案件时效的同时转由线下继续查勘取证,对错误派工的情况不断总结优化,改善前端报案中心派工准确性。

(2)创新客户服务方式,持续提升服务水平

对标《保险公司服务评价管理办法》中的八项指标,以及消费者权益保护相关要求,公司在2022年持续深化客户服务方式创新,顺应客户习惯变化,以客户需求为导向改造升级客户服务系统。通过电话中心、在线客服、企业微信、公众号等方式,进一步加强了全渠道客户服务能力建设,提升线上化服务率。

(五)营业目标及未来展望

利宝保险在过去几年持续地进行核心能力建设,业务逐渐走上了较快发展的道路,同时经历了一系列的改革,包括组织架构、管理模式、企业文化、绩效的改革等,进一步明确了公司未来的战略规划及发展方向,为公司未来的发展明确了方向,铺好了基础,让业务发展走上了正轨。2023年,全球宏观经济情况仍会面临挑战,利宝保险贯彻党的二十大精神,在既定的战略下,精益发展,高效执行,继续坚持"盈利光荣、亏损可耻"的理念,实现业务增长的不断突破。

在渠道方面:促进渠道多元化发展,学习借鉴并本土化Safeco的销售管理

经验,实现销售团队和渠道的线上化管理流程,全面推动Liberty Force工具的使用,建立并完善以线上工具为依托的孤儿单管理流程,提升续保率。

在产品方面:提升车险定价/核保能力,通过新因子的探索和引入,加强风险定价,与价格弹性模型相结合,建立更加全面、完善的定价体系。

持续发展商业非车业务,通过持续投资商业非车险团队建设,提升商业非车险风控能力和运营能力,建立主动、快速、高效、清晰、系统化的总分沟通机制。逐渐加强承保能力,扩大市场选择范围。最终实现可持续良性发展。

推动个人非车险业务发展,通过多元化销售,增加交叉销售,实现渠道多元化,优化渠道结构和获取成本,提升定价和承保能力来发展个人非车险业务。

在客服理赔方面:进一步提升客服理赔数字化水平,一方面优化数字化客户运营策略,提高运营效率、客户体验和续保率,另一方面,开发救助管理模块等App二期工程,完善反欺诈模式,探索医疗费用自动评估,优化数字化理赔操作。

在后援方面:精益运营,追求运营效益提升的极致化,通过运营优化及打造数字化的工具,减轻一线人员负担,解放生产力。

四、阳光信用保证保险股份有限公司

(一)基本情况

阳光信用保证保险股份有限公司(以下简称"阳光信保")是中国首家,也是目前唯一一家市场化运营的专业信用保证保险公司。公司成立于2016年1月,由阳光财产保险股份有限公司、重庆两江金融发展有限公司和安诚财产保险股份有限公司共同发起设立。

公司自成立以来,秉承"让信用产生价值"的使命,围绕国家重大发展战略,围绕产业变革、实体经济与民生需求,以信用保证保险业务为依托,深度融合大数据、云计算、区块链、人工智能等科学技术,利用线上化、数字化手段,积极在服务实体经济、改善民生等方面构建信用场景、释放信用价值,直击客户痛点,建立专业的信用保证保险产品体系、服务体系和风险管理体系,通过发挥互联网化的经营管理优势,平衡金融供需,将信用服务嵌入金融、商品交易和社会治理的各个应用场景,丰富自身生态版图,构建更加全面、独特的数据资产,致力于成为行业领先的信用风险管理平台,为中国信用经济、数字经济发展及社会信用体系建设贡献专业力量。

公司运用科技赋能,以信用为纽带,通过提供快捷、高效的增信服务,不断拓宽连接场景、提升客户规模。截至2022年末,公司累计为各类客户提供融资增信671.38亿元,有效提高了社会资源利用效率,缓解了小微企业及个人客户融资难、融资贵的问题。

(二)2022年运营情况

1.总体情况

2022年,公司加快推动"保险+数据"双轮驱动创新发展模式的落地实施。以国家重大战略、产业发展方向和实体经济需求为引领,持续完善业务布局,优化产品和服务,审慎推动融资类业务重启论证与自查,全面梳理业务关键风险点,持续开展风控与运营能力建设,严格落实监管要求及监管检查整改措施,不断提升内控合规管理水平,扎实化解存量风险,整体经营态势稳中向好。

"保险"端,公司继续本着服务小微企业和实体经济的初心,结合自身风险承受能力、业务专业度、线上化经营方式,深入研究市场格局和发展空间,积极谋划低风险非融信保业务的发展机会,在工程保函、法拍保函和政府采购履约等业务方向上持续发力。同时,积极稳妥推进融资类信保业务重启准备工作,坚持依法合规、审慎稳健发展。

"数据"端,公司围绕重庆社会治理痛点、难点,做政府的帮手和政策落地的助手。连通政府政务数据与第三方公司数据,通过保险保障功能与科技支撑能力,形成服务政府、市民、企业多方需求的解决方案,一方面协助政府创新社会治理机制、提高城市管理水平、优化城市营商环境、改善中小企业融资,另一方面搭建可信平台,积累真实数据,加快形成以数据驱动公司主业的能力。

2.主要经营成果

2022年公司实现保险业务收入3630.17万元,当年累计承保金额128.55亿元。截至2022年末,公司总资产16.77亿元,净资产15.36亿元。公司偿付能力充足率338.67%(审计前),符合监管要求。

3."保险+数据"创新发展模式初见成效

保险板块方面,一是对于融资类业务进行了多次充分的讨论及研究,并总结了开展融资类业务必须满足的三项条件:数据风控,风控必须要有维度充足的、具有活性的数据进行支撑;数据一定要从真实交易链路中产生;融资需求也必须要由真实交易链路中产生。二是认真学习国家政策,围绕客户需求积极开展行业研究、对标研究、市场研究、产品研究,吸取先进经验,积极谋划低风险非融资性创新业务的发展机会,在工程保函、法拍保函和政府采购履约等业务方向上持续发力,尤其是工程保函业务发展初见成效。该产品为公司非融业务转型以来重点深耕产品,2022年累计服务企业8393家,承保金额123.11亿元。

数据板块方面,通过政府导入、业态切入、场景嵌入实现数据积累,建立企业级信用评价能力。一是信用文旅板块累计为9.7万家行业主体建立信用档案,实施信用评价;二是信用医疗板块"信用+医疗"业务已在北京市24家医院完成系统对接并开始试运行,外埠地区,在湖南、山西、河北等地的部分医院开展试点建设工作;三是数字金融板块帮助政府完成信易贷平台功能的迭代优化,完成平台管理驾驶舱和信用信息数据共享管理平台的产品设计并开发上线;四是数据资产管理方面,参与制定发布《北京市公共信用信息目录标准》,同时推动京津冀晋四地信用科技实验室成立并完成制定统一的共享数据目录和接口规范。

4.加强全面风险管理,保障公司稳健发展

公司将严管控、防风险与鼓励创新协调统一,坚持在发展中讲规范、在规范中谋发展。

(1)全面提升公司风险管理水平

一是完善重点领域的制度流程,及时组织整改,不断提高公司风险管理能力。二是组织开展形式多样的培训,加强各级干部员工对偿付能力风险管理体系主要内涵和要求的理解力与执行力,夯实公司风险管理基础与环境。三是加强风险监测排查,有效防控重大风险事件,关注操作风险以及战略风险,有效防范风险事件的发生。四是公司对业务层面的风险管理采取项目制管理方式。开展新项目的论证、研发及风险评审工作。

(2)加强合规内控管理,严格防范违规风险

公司根据监管要求,结合实际风险管理工作情况,修订并发布了涉及产品及费率管理、保险欺诈风险管理、突发及风险事件管理、保险资金运用、客户信息安全管理、偿付能力数据管理、准备金内控管理、再保及共保管理、反洗钱管理等方面的多项风险管理制度,梳理优化相关管理流程,开展内控合规管理建

设年、互联网保险监管新规培训、反洗钱培训、个人信息保护整改等专项工作,为业务发展夯实基础。

(3)强化投资管理和资产配置,提高资产负债管理水平

在投资管理和资产配置方面,一是对照偿付能力二期与一期监管规则差异,制定投资端市场风险、信用风险整改计划,结合新规制定和修订相关管理制度。二是加强对年度资产配置计划执行情况的检视和分析。三是动态监测流动性风险指标,确保资金运用以满足业务现金流需求为前提。四是充分发挥资产配置系统在提高资产配置计划科学性和数据准确性方面的作用。

在资产负债管理方面,一是积极进行资产负债制度体系的修订完善及管理流程的细化工作;二是对2022年资产负债管理情况进行回溯,开展2022年度资产负债管理能力自评估和量化评估工作;三是研究分析公司资产负债匹配风险,加强流动性管理,降低负债资金成本率,提高投资收益率,制定措施改善资产负债匹配风险状况。

5.构建与业务相适应的运营管理和技术支持能力

(1)持续提高线上化经营水平

公司围绕业务发展、客户服务等方面进行创新突破,进行保前、保中、保后全覆盖的系统建设。

(2)进一步加强消费者权益保护工作

公司以消保监管评价结果达到二级B为工作目标,从体制建设、机制与运行、操作与服务、教育宣传、纠纷化解等五个方面开展消费者权益保护工作。

(3)提升系统支持和数据能力

公司持续提升信息化、线上化能力,完善系统架构,保障业务及运营高效开展,提升客户体验;完成自动化发布系统的升级迭代,提升运营效率及稳定性;根据等级保护新规要求,完成相关系统的等保测评工作,完成ISO27001的年度审计工作,持续监测和提升系统安全性。在数据能力建设方面,公司加强数据梳理和质量分析,完善数据指标和数据报表建设,持续调整优化数据处理调度流程。

(三)服务实体经济及产品创新情况

2022年公司认真研究国家政策和监管规定,充分发挥信用保证保险信用管理及增信的职能,针对社会经济发展活动中信用缺失的环节,开发创新保险产品。

根据具体业务保险标的特点,公司建立起全生命周期、多层次的风控体系,通过高效、精准、实用、可信赖的信用风险评估和保险保障,将信用服务嵌入到市场交易与生活服务的多个应用场景中。2022年,公司在服务实体经济与中小企业、创新保险产品方面进行了诸多有益探索。

1.持续推动非融创新业务多元发展和产能提升

近年来,党中央、国务院高度重视深化"放管服"改革优化营商环境工作,出台了一系列关于进一步优化营商环境、更好地服务市场主体等强有力的制度保障政策。

在国家政策的指引下,为积极响应"电子保函形式替代保证金"号召,公司在公共资源交易招投标、大型央企国企招采、大型建设工程企业中标履约及农民工工资支付等领域积极落地非融资类"信用保函"新产品。

(1)工程投标保函业务为公司非融业务转型以来重点深耕业务,已初步实现规模产能,2022年累计服务企业8393家,承保金额123.11亿元。

(2)工程履约保函业务,已实现重庆和广东两个新区域市场的首单落地,2022年累计服务企业211家,承保金额4874.02万元。

(3)政府采购履约业务,在内蒙古政采平台官网成功挂网上线,公司是该平台首家准入上线的保险公司,也标志着公司政采领域创新信保产品的正式落地。

公司依托互联网业务模式,以市场需求为导向,通过金融业务与大数据、云计算、人工智能等科学技术深度融合,运用大数据建模评估企业信用,筛选符合条件的企业予以承保,充分利用专业信用保证保险优势,为企业释放流动资金压力,激发市场活力,助力实体经济发展。通过打通招投标全流程电子化"最后一公里",实现在线投保、在线退保、在线理赔等多功能,平台最快可1分钟出具电子保单,从理赔申请到理赔完成,实现1小时闪赔服务。

投标电子保函(保单)推行前,市场上一般采用现金保证金缴纳方式,投标企业需根据每个招标项目估算价的大小缴纳不同金额的投标保证金,一定程度上增加了企业投标成本和资金压力。投标电子保函(保单)推行后,投标企业可根据自身实际情况自行选择认缴方式,在为企业降低投标成本、减轻负担的同时,也防范了以虚假保函进行围标、串标的风险,有利于促进投标企业公平竞争。

截至2022年末,公司已与11家合作渠道建立合作,实现58家交易中心和1家央企项目上线。新冠肺炎疫情背景下,业务有效支持了各地开标"不见面"、招标"零跑腿"政策,为各地建设工程如期实施提供了保障。

2.首创线上司法拍卖保证金保险

在宏观经济下行周期与"防风险"背景下,公司敏锐地察觉到不良资产处置与线上司法拍卖市场的成长机遇,深入发掘市场需求与交易痛点,创新开发了互联网法拍行业首个保证金保险产品——"京拍保"。该产品是公司与京东拍卖独家合作,在司法拍卖场景推出的创新探索,可帮助竞买人节约资金成本、增加参拍机会,有利于提升拍卖标的成交率和溢价率,为竞买人及资产处置方提供更多便利。

在线上拍卖环节,竞买人在竞拍前需要缴纳标的拍卖底价10%~30%的保证金来获得参拍资格,若竞买人同时参拍多个标的,则需要缴纳多笔保证金,这将大量占用竞买人的资金,提高交易门槛,从而影响竞拍体验以及标的成交率。"京拍保"的推出解决了这一拍卖交易痛点。竞买人可在缴纳保证金环节自主选择购买"京拍保"以替代最高75%的保证金,无需缴纳全额保证金即可获得参拍资格,减少拍卖成交前竞买人大额资金占用,既有利于竞买人以较少的资金投入灵活参与多个竞拍,也有利于资产处置方降低保证金缴纳门槛,吸引更多竞拍人参拍,从而提升标的活跃度并促进成交。

3.持续探索数据业务模式

公司明确数据业务的发展方向,即围绕重庆社会治理痛点、难点,做政府的帮手和政策落地的助手。一是通过政府导入、业态切入、场景嵌入实现数据积累。二是通过连通政府政务数据与第三方公司数据,建立企业级信用评价能力。最终通过自身的保险保障功能与科技支撑能力,形成服务政府、市民、企业多方需求的综合解决方案,触达和服务更广泛的客户,加快形成以数据驱动信保主业的能力。

(四)经营目标及未来展望

1.2023年经营目标

公司将坚决守住不发生重大风险与违规的底线。加强公司风险合规能力提升与机制建设,优化业务评审机制、流程,提升公司风险防控能力,为公司战略目标和规划落地提供有力支持。

业务发展方面,公司将加大创新力度,以服务经济发展,满足客户需求为目标,持续推动非融业务多元化发展和产能提升,在内部管理、资源配置和科技支持等方面为产品创新提供有效支持。同时公司将大力进行政府合作业务创新,通过政府合作业务参与社会治理,深度嵌入行业和场景,在"担保"与"融资"以外,形成信保专业牌照与专业化公司的独特价值,实现价值发展,为信保未来发展打开想象空间。

2. 未来展望

(1)行业展望

在国家和行业相关政策推进下,信用保证保险行业更加注重对国家发展战略、实体经济发展的支持和保障作用的发挥,稳妥处置历史不良资产,出清业务风险,通过深化金融科技应用、创新经营模式,进一步提升信保业务的风险管控能力和服务质效,提升保险业务服务实体经济和民生的水平。

(2)公司展望

公司将强化核心能力建设。一是将进一步强化销售渠道建设与合作,严选资源型渠道,引导并掌握合作主动权,建立合作渠道间良性竞争环境,优化并提升产品利润空间。二是在可信的交易场景下丰富非融产品品类,突破产品单一化桎梏,向结构化产品升级。三是围绕政府的社会治理痛点、难点,通过"场景嵌入、平台接入、政府合作",形成服务政府、市民、企业多方需求的解决方案,建立与政府、合作伙伴及场景方的利益共同体。四是严守风险底线,有效运用个人、中小企业数据,不断完善风控体系、提升风控能力。五是强化线上对接、快速出单和内部响应效率等优势,围绕产品与服务创新建设公司业务核心竞争力。

第二十三章　融资担保公司

一、重庆市农业融资担保集团有限公司

(一)基本情况

重庆市农业融资担保集团有限公司(以下简称"市农担集团")按照重庆市人民政府(渝府2006第93号)批复组建,于2006年成立,是重庆市唯一加入国家农业信贷担保联盟的政策性农业信贷担保机构。市农担集团注册资本16.91亿元,重庆市财政局持有95.03%的股权,其余为国有法人资本。以服务"三农"为己任,市农担集团坚持"政策性、专业性、独立性",主要为新型农业经营主体提供10万~300万元融资担保服务,助推全市农业产业发展,助力巩固拓展脱贫攻坚成果同乡村振兴有效衔接,集团现有员工166人,内设8个职能部门,10个区域性分公司。

(二)运营情况

2022年,在市金融监管局的悉心指导下,市农担集团深入学习贯彻党的二十大精神,认真落实市委、市政府重大决策部署,聚焦主责主业,业务呈现"六大新发展":担保规模迈上新台阶,全年各类担保融资70.94亿元、16601户,同比金额增长20.93%、户数增长16.62%;首担业务创出新高点,当年首担率35%,同比增加15个百分点;产品落地打开新空间,创新开发出29个"产品+机构+技术"联动产品,实现项目承办效率提高73.48%;政银担合作开拓新局面,当年与区县政府、乡镇、银行等49个单位签订战略合作协议,创历史新高;数字化转型迈出新步伐,制定出数字化转型总体蓝图,同步完成"一直连、四平台"建设,实现信息化技术运用覆盖担保全链条;行业影响力站上新起点,在国家农担公司2021—2022年度全国各省级农担公司风险管控能力评级A级,突破全国前十,排名第

七，2022年重庆市融资担保公司监管评级A级。财务收支整体平衡，截至2022年末，国有资本保值增值率100.55%；总资产29.35亿元，净资产18.62亿元，累计实现营业收入16664万元，累计营业成本15786万元，实现税前利润850万元。风险防控整体可控，当年担保代偿率2.92%，实际承担担保代偿率(区县分摊风险后)2.05%；历年累计实际发生代偿率2.75%，与区县分摊风险后代偿率2.26%，代偿余额率1.11%；综合风险准备金10亿元，综合拨备覆盖率333.94%。

(三)服务实体经济情况

一是迎难而上，助企纾困解难题，出台"助力新型农业经营主体纾困发展十项措施"，为1.4万户农业主体提供担保费补助6361万元；新冠肺炎疫情防控期间，采取"容缺办理"、展期延期等方式，"应续尽续"接续信用；托底产业发展，为生猪、粮油等行业，提供担保贷款10.8亿元；支持青年创新创业，"乡村振兴青年贷"当年放款10.4亿元；助力在保项目实现销售收入378亿元，同期收入增幅18%。二是延伸"触角"，服务体系有保障，构建完善"市级总部+区域性分公司+县级办事处+镇乡+村"上下联动、直插镇乡的五级网络，将服务网络延伸至"最后一公里"，为农业大县业务全覆盖奠定坚实基础，在保项目农业大县镇街覆盖率97.42%。三是宣传扩面，政策进村出实招，形成"担保贷款二维码+微信公众号及公司官网+重庆日报宣荐+区县政府推广+人民银行'1+5+N'金融服务港湾+信贷直通车乡村行"的六级政策宣传矩阵，围绕助企纾困等助农政策推广，将宣传下沉到6910个村、社区，开展"金融+产业"培训会13场，不断增强客户黏性，提高政策知晓度。

(四)产品、服务及模式创新情况

1.突出资源整合，政策叠加效应逐步释放

一是深化政担协同，2022年与8个区县、12个镇乡、1个行业共建1391万元专项风险金、创投引导资金530万元，累计与31个区县、53个镇乡、11个行业共建专项风险金2.83亿元，旗下资产公司建立新型农业经营主体乡村振兴产业发展引导资金4.7亿元。二是强化银担协同，与24家银行建立授信合作，已与重庆银行、邮储银行等17家银行落实2:8分险机制，较上年增加11家，分险项目同比增加340%；积极融入支小支农再贷款等政策，当年担保贷款平均利率4.93%，同比下降0.47个百分点，实际平均综合融资成本5.17%，同比下降0.54个百分点；围绕农业生产特征，开发彭水家畜综合养殖、酉阳特色种植等100万元

纯信用乡村振兴产业专项产品；支持农产品加工业，提供担保贷款9亿元，同比增长20%；为柠檬、荣昌猪等5个国家级产业集群提供担保贷款5.3亿元。三是推动担担协同，与巫山兴农担保、丰都虹存担保等7家区县政策性担保机构达成业务合作共识，磋商分保、联保等具体合作模式，并实现项目落地。四是探索险担协同，携手农业银行、安诚保险合力开发"富民全能贷"产品，在理赔信息共享、保费账户共管等方面进行合作探索，在"政策性农业担保+政策性农业保险"上走出了坚实一步，目前已在合川成功落地。

2.强化风险管理体系，风险防范机制不断完善

一是优化风险管理机制。围绕财务评价指标、行业风险要点、项目报告结构等方面，持续完善担保项目风险评价标准，提高风险评价质效，完善农业适度规模经营信用评价体系，4.0信用评价模型与最终授信匹配度达98.4%。二是完善风险预警机制。启动梳理个人类9个维度78个指标，企业类9个维度81个风险预警指标，建立风险预警模型与应用场景；开展集团公司"银担快贷"产品"回头看"，采用现场及电话视频相结合方式，对7个分公司15个区县进行项目抽查，将复盘结果运用到银担合作优化中。三是强化风险缓释机制。协调合作银行通过"无还本续贷"方式，为3565个项目提供续贷资金12亿元，有效化解项目接续风险；启动再担保续授信，将10万~300万元政策性担保项目纳入国家农担再担保范围，在保金额59.9亿元、15284户，将非政策性"双控"项目纳入市级再担保，在保金额3.73亿元、234户。

3.打造数字业务体系，科技赋能潜力不断凸显

一是完善顶层设计。与北京大学重庆大数据研究院围绕担保业务模式优化、业务流程重塑等方面全面启动数字化转型规划，研究形成《集团数字化转型规划五年规划报告》等18份成果，为市农担集团数字化转型奠定扎实基础。二是强化平台建设。开发"一个直连""四个平台"，与工商银行系统直连，开发"渝融农信""资源共享平台""E签约平台"平台和NCC人力财务系统，与银行交互效率提高51%，为23家支行开设400余个"资源共享平台"账户，全年签署线上征信授权、大数据授权、电子合同共计5737份，调用5.08万次电子签章，效能提高30%。三是优化数据决策。征信数据智能分析3.9万份，风控模型调取1.5万次，有效识别大数据不准入及评级瑕疵项目1581个；同时，优化2100个系统功能控制点，加强了各环节异常数据提醒控制与规范。

(五)经营目标及未来展望

"强国必先强农,农强方能国强",下阶段,市农担集团将深入贯彻落实总书记在二十大报告及中央农村工作会议上的重要讲话,深入贯彻全面推进乡村振兴、加快建设农业强国的重要部署,按照市委六届二次全会、市委经济工作会和市委农村工作会议要求,把握新目标新路径,切实履行国企担当和社会责任,发挥杠杆撬动作用,整合政银企担保资源优势,合力做大业务规模,践行农担经济助推器和财政政策逆周期调节职能作用,以实干之举当好乡村振兴"答卷人"。

1.立足稳进增效,在发展政策效能上多点发力

增量上,力争1000万元以下新增政策性担保业务规模54亿元,同比增长20%左右,新增政策性业务户数完成12500户,同比增长20%左右,政策性业务余额占比超过90%,各类融资担保放款85亿元,同比增长20%,在保余额达80亿元,同比增长20%。扩面上,推动多方协同,抓好政策宣传,借助农业农村部"信贷直通车"、人民银行"长江渝融通"等渠道加大宣传,开展送"贷"上门服务,不断提高"三农"客户对接率,确保农业乡镇覆盖率达98%以上。降本上,持续落实助企纾困十项措施,加大担保费补助政策力度,积极运用支小支农再贷款政策,不断推动银行降低利率,力争综合融资成本在5%左右(全国农担体系2022年平均综合融资成本5.62%),持续降低农业主体融资成本。

2.聚焦重点领域,在支持农业产业上精准发力

聚焦产业发展,突出重点领域,围绕各区县"一主两辅"产业发展规划,加大三大千亿级产业、六大特色优势产业、传统产业、乡村新业态、乡愁产业等"3+6+X"农业产业集群支持力度,强化千亿级优势特色产业支撑。聚焦主体培育,推广"信贷直通车""乡村振兴青年贷"等产品,运用"乡村振兴产业发展引导资金+信贷担保"等方式,重点为集体经济组织、农民合作社等提供针对性金融解决方案,强化新型农业经营主体培育力度,助推农民全方位多渠道增收致富。聚焦重点难点,持续助力农产品加工业、农业产业园区、产业强镇等建设,重点支持核心种源、关键农机装备、精深加工、乡村旅游、贮藏冷链设施、农村电商等信贷需求,促进在高质量发展中推进共同富裕。

3.围绕除险清患,在加强风险管理上协同发力

提升风险识别能力,加强风险管理,构建覆盖全流程、全客群、全产品、全渠道的风控体系,充分结合374个标准化产品已有样本数据,建设风险计量模型,

赋能大数据风控决策。强化风险预警能力,优化保后管理,运用科技手段加快建立大数据保后模型,完善大数据保后指标体系,完善内外联动机制,建立监测预警体系,不断丰富风险防范工具箱,提升预警能力。深化风险化解能力,按照"统筹协调、分类施策、精准拆弹"的方针,压降存量风险,严控增量风险,力争代偿率下降0.5个百分点,密切关注重点休闲观光、季节性蔬菜等重点行业风险;积极深化推动政、银、企、担、保多方协同风险分摊;持续争取各级再担保政策,筑牢担保风险防线。

4.坚持改革求变,在加速数字化转型上纵深发力

启动数字化平台建设,以"一个门户、两个中台、十大系统"五年规划为蓝图,分步优化改造或新建大数据智能风控平台、"渝融农信"客户服务系统、数据中台、业务中台等。夯实数字化变革要素,按计划推进数据标准体系建设,在加大对内部数据治理的同时,积极引入百维、同盾等第三方数据,农业补贴、涉农保险信息等政务数据以及大宗交易、饲料等企业数据,多维度丰富数据要素。培育数字化转型动力,运用云计算、大数据、人工智能等数字技术,赋能公司业务发展和风险防控,不断完善"三农"主体信用评价体系,助推实现担保业务发展模式的"整体性转变、全方位赋能、革命性重塑"。

5.践行惠民有感,在提升服务质效上持续发力

实施国企改革提效增能行动,加大内部资源整合力度,着力构建党组织领导、董事会决策、经理层执行、监事会监督的组织架构,构建权责对等、运转高效、有效制衡的法人治理结构。营造干事创新氛围,引导公司全员把握农担工作的深刻涵义和广阔前景,强化使命担当和有为有位理念,"团结一致向前看、一心一意谋发展",积极营造干事创业良好氛围。打造深耕"三农"专注专业团队,立足政策性职能作用发挥,进一步下沉基层,深化专业培训,完善考核机制,不断创新金融服务产品,撬动更多社会资本投入农业农村,为农业主体提供更全面的普惠金融服务,切实提升新型农业经营主体融资获得感及认同感,助力农业增效、农民增收。

二、重庆进出口融资担保有限公司

(一)基本概况

重庆进出口融资担保有限公司是重庆市政府和中国进出口银行在签署《关于开展统筹城乡综合配套改革金融合作备忘录》的基础上,于2009年由重庆渝富控股集团有限公司代表重庆市国资委与中国进出口银行合资组建的一家全国性担保机构。公司注册资本30亿元,重庆渝富控股集团有限公司持股60%,中国进出口银行持股40%,主体信用等级AA+。

公司以"融资、增信、分险、共赢"为发展使命,构建了贷款、债券、信托、基金、履约、诉讼等多品种担保产品协同发展的主营业务格局,并形成了担保、投资、商业保理、小额贷款、咨询等多元经营格局,满足各类融资需求。公司搭建了重庆总部、异地分支机构、子公司协同发展的组织架构,积极助力建设内陆开放高地,服务经济发展,立足重庆,业务辐射全国21个省市自治区。成立以来,公司已累计为1300余万户客户提供逾3000亿元的融资支持。先后荣获"全国最具公信力担保机构""中国中小企业首选服务商""最具领袖力担保机构"等30多项荣誉。

当前,公司认真贯彻落实党的二十大精神以及中央、全市经济工作会议精神,积极发挥担保服务实体、支小扶微的功能作用,在服务区域经济发展、支持实体小微发展等方面,努力贡献金融力量。

(二)运营情况

2022年,公司坚持以习近平新时代中国特色社会主义思想为指导,以全面贯彻党的二十大精神和市第六次党代会精神为主线,认真落实市委、市政府决策部署,全力推动公司"十四五"规划目标落地。在市委、市政府的坚强领导下,克服新冠肺炎疫情、高温、限电等不利影响,聚焦国企高质量发展,围绕畅通双循环、内陆开放高地建设、成渝地区双城经济圈建设等重大部署,做好金融服务支撑,各项工作取得一定成绩。

1.主要经营情况

全年实现营业收入7.9亿元,净利润2.1亿元,新增担保610亿元。截至2022年12月末,公司总资产68亿元,净资产42亿元,分别较年初增长1%和4%,国有资产持续实现保值增值;公司在保余额409亿元,担保放大倍数8倍。

2.业务风险情况

持续强化风控措施、严格风险排查、做好不良清降,严守风险底线。当年代偿率1.15%,损失率0.15%。截至2022年12月末,公司拨备覆盖率192%。当前公司拨备覆盖充足,存量资产情况较好,各项指标符合监管规定,总体风险可控。

3.技术创新情况

全年累计获取31项软件著作权,2022年末公司知识产权总量共计达58项;重点科技创新项目金融科技智能运营平台获评市国资委管理提升标杆项目和2022年"智博杯"一等奖,并入围国务院国资委科技创新决赛项目。

(三)服务实体经济情况

1.围绕金融供给侧结构性改革,提增金融服务效能

公司积极落实习近平总书记对重庆所作重要讲话和系列指示批示精神,围绕"两中心两高地"战略定位研发产品,提增金融服务效能。一是推动成渝地区双城经济圈建设。做好圈内重大开发开放平台的金融场景挖掘和需求对接,通过银行贷款、中期票据等产品,为黔江、大足、资阳、内江等地区重点项目提供担保支持;在成渝地区复制推广担保产品,积极对接圈内各地电子投标保函服务平台,并成功接入雅安市场。全年为成渝双城地区企业提供担保115亿元,覆盖客户5243户。二是全力为服务内陆开放高地建设造好"装备库"。先后开发拓展贷款担保、关税保函等产品,探索通过境外贷款、境外债的方式解决市内企业融资难题;开发多种通关便利产品,并积极对接市口岸和物流办公室、跨境电商交易会等组织,拓宽关税保函的业务覆盖,全年为芯片、农副产品等行业及时通关提供2970万元担保支持。

2.围绕稳住经济大盘,全力支持实体小微

一是积极发挥金融机构功能作用。公司推动金融服务小微企业敢贷愿贷能贷会贷长效机制,围绕符合地方经济发展规划的相关产业,挖掘实体企业、小微企业的融资需求,加大金融服务支持力度,积极助力稳定经济大盘,做好支持实体、扶持小微。全年新增实体企业担保134亿元,服务各类实体、小微客户5.7万户。二是发挥直融优势助力企业拓宽融资渠道。充分认识债券项目对重大项目建设、促进有效投资等方面发挥的重大作用,加快发展债券担保业务,探索落

地公司债、中期票据、可转债等多个业务品种,全年落地金额15亿元,储备项目86亿元。三是做好助企纾困。2022年,各类市场主体经营困难加剧,班子成员积极响应政策号召,为3家通信业客户减免利息罚息共计40万元;全力支持企业克服新冠肺炎疫情影响,积极协调医药、酒店等行业企业延期还款;在加强抵债资产运营的基础上,推动小微企业租赁户租金减免,全年减免租金20万元,切实减轻企业的实际困难。

3. 围绕乡村振兴,践行国企社会责任

围绕产业、教育、基础设施建设、人居环境整治等方面需求,制定2022年乡村振兴对口帮扶实施方案并组织实施。公司领导班子多次带队赴对口帮扶地区黔江区阿蓬江镇柒坨村开展乡村振兴帮扶调研,各党支部通过支部联建等方式,为帮扶对象发展出谋划策。2022年,公司完成对口帮扶地区11条烤烟种植产业路建设,助力该地区特色产业烤烟产量提增184%。公司行之有效地从产业发展、教育帮扶、人居环境改造等多方面落实公司乡村振兴帮扶任务,为构建农业强、农村美、农民富的阿蓬江贡献力量。全年组织捐赠106万元帮扶资金用于产业升级和人居环境改造,统筹实现消费帮扶30万元。

(四)产品、服务及模式创新情况

1. 产品创新情况——研发落地"发票贷"产品

公司贯彻落实普惠金融发展方针,坚持市场化原则,在充分研究小微企业经营特点的基础上,发挥科技优势,着力提高业务效率和风控水平,增强服务小微企业能力。2022年,公司研发落地了"发票贷"产品,并通过以下探索实践,实现社会效益、经济效益双提升。"发票贷"产品覆盖各行业持续健康经营的小微企业,产品以开票信息为基础,通过搭建多维度动态化风险模型,实现进件、审批、放款、还款等所有环节线上自动化、批量化处理,借助技术手段实现"7×24小时不打烊",精准为小微企业提供高效率、易获得、低成本的融资服务,在全面提升客户体验的同时,切实为小微企业减负。该产品手续简便无抵押,最高授信额度100万元,能够充分满足小微企业融资需求,灵活助力小微企业稳健持续经营。上线以来,该产品已支持小微企业融资24亿元,支持小微企业户数7000余户,有效解决小微企业融资难、融资贵问题。

2.服务创新情况——提升服务便捷度

作为市属重点国有企业,公司始终坚持以习近平新时代中国特色社会主义思想为指导,紧扣党中央以及市委、市政府的重要决策部署,不断提升金融服务质量,使公司各项金融服务能够更加普惠便捷,更加贴近市场、贴近大众。公司不仅通过产品研发积极对接小微企业的融资需求,更关注客户群体实际需求,提升金融服务的便捷度,打通线上办理、线上审批、线上签约等堵点,使各类小微企业能够足不出户地获得金融服务,不断提升客户金融服务体验。例如2022年,公司研发投用了线上签约系统,并在市内技术服务、进出口贸易、建筑、旅游等多个行业的中小微企业中得到应用,在保障合同签署的安全性、完整性的同时,合同签约周期缩短90%以上,高效打通融资障碍"最后一公里"。此外,公司总结提炼"金融温度""成长合伙人"等品牌元素,不断拉近与客户的距离;同时通过在相关行业开展产品营销、制作发布产品宣传片等途径,在目标客群中积累起较高认可度。

3.模式创新情况——持续推进数字化转型

公司顺应数字化转型的发展新趋势,主动打造担保行业的金融科技壁垒,抓好科技研发和产品赋能,为公司高质量发展提供数据支撑,充分激发高质量发展活力。科技研发方面,公司近年来研发投入经费年均复合增长率超过40%,为公司乃至担保行业业务拓展、风险防控、运营管理等方面研发智能化科技系统,促进担保行业数字化转型,并为推进行业整体高质量发展贡献科技力量。截至2022年末,公司已累计向100多家金融机构实现技术输出。产品赋能方面,围绕产业链部署创新链,推动产业链与创新链相互融合,公司不断挖掘产业链中的真实场景,深耕客户群体、开发金融产品;研发运用技术手段抓好创新链,对客户展开精准画像和智能风控,解决授信业务中"信息不对称"的问题。目前,公司已对关税缴纳、工程建设等多个行业客群需求进行场景梳理和模型推导,实现担保业务在多场景下全数字化、智能化运营。

(五)经营目标及未来展望

1.围绕党在新时代新征程的使命任务,发挥担保功能作用

党的二十大报告明确了新时代新征程中国共产党的使命任务,明确了中国式现代化的要求和总战略。公司将在全面建成社会主义现代化强国、实现第二个百年奋斗目标,以中国式现代化全面推进中华民族伟大复兴的过程中,进一步紧扣中央、市委对国有企业、金融企业的任务要求,切实发挥担保服务实体、支小扶微的职责使命,奋力打造一流综合金融服务商,努力为新时代推进西部大开发形成新格局、成渝地区双城经济圈建设、西部陆海新通道建设做出新的更大的贡献;进一步深化对电子信息、新能源汽车、装备制造等战略性新兴产业的产业研究,围绕重庆地方经济发展,深挖融资需求、丰富产品供给;抓住重庆市场产业和区域政策机遇,重建业务和渠道网络,做好客群培育,切实提升金融支持实体、服务小微的能力。

2.围绕高质量发展的首要任务,释放发展新动能

紧紧围绕高质量发展这个主题,着力实现内部管理水平提升,不断释放发展新动能。一方面提升风险防控水平,在优化完善全面风险管理体系的基础上,坚持"控新增"和"化存量"两手抓,重点培育智能风控特色优势,在赋能传统业务开展的同时,提高创新业务的质量,推动实现稳健发展。另一方面乘势而上开展国企改革深化提升行动和对标世界一流企业价值创造行动,持续推进数字化转型,做强高质量发展核心竞争力;进一步优化人才队伍结构,完善市场拓展、科技创新等方面人才资源配置,不断强化高质量发展人才支撑。

三、重庆市融资再担保有限责任公司

(一)基本情况

重庆市融资再担保有限责任公司成立于2015年8月,2016年9月取得融资担保经营许可证后正式运营,公司注册资本10亿元,其中重庆市财政局出资7.5亿元,重庆市地产集团出资1亿元,重庆三峡融资担保集团股份有限公司、重庆进出口融资担保有限公司、重庆兴农融资担保集团有限公司分别出资0.5亿元。

公司法人治理结构规范,设有股东会、董事会、监事会和经营班子,成立了党委、纪委、工会。公司内设有综合管理部(党委办公室、董事会办公室)、审计工作部(监事会办公室)、资金财务部、风险合规部、再担保业务部、直保业务部等6个部门和1个信息化建设工作组;现有员工40人(含3名劳务派遣员工),其中高管6人,中干7人,员工27人,共有中共党员25名,80%以上具有金融或担保行业工作经验。

(二)运营情况

2022年,是党的二十大召开之年,也是公司深化改革、转型发展的关键之年。公司在市财政局的坚强领导下,在市金融监管局的大力支持下,全力以赴稳经济、促改革、防风险,发展态势稳中向好。2022年,全年合作担保机构27家,新增再担保业务规模52.65亿元,同比增长2.5倍,新增4141户,同比增长2.3倍;其中服务支小支农4128户,占比99.69%,业务规模52.04亿元,占比98.84%;其中服务"专精特新""战略性新兴产业"市场主体共计158户、5.55亿元;平均再担保费率0.2%,再担保代偿率0.9%;累计向担保机构支付代偿补偿1127.61万元。

截至2022年末,公司再担保业务在保规模75.66亿元,直保业务在保规模3.4亿元;再担保业务规模累计发生422.35亿元,累计服务市场主体10713户。

(三)产品、服务及模式创新情况

1.聚主业、夯基础,体系建设开创新局面

一是三级风险分担体系落地见效。公司与国家融担基金签署合作协议,构建起"中央—市级—区县"三级联动风险分担体系,中央20%分险在全市落地,进一步提升重庆市政府性融资担保机构服务能力。

二是分险及银担合作机制持续深化。公司与工商银行、农业银行等签订合作框架协议,充分利用银行业金融机构服务网络、信息科技、风险控制优势,全力推动开展银担2∶8分险的业务合作,落实可行的银担风险分担机制。与三峡银行全面达成体系成员授信应入尽入、银担分险、保证金减免以及产品创新的合作意向。全年完成重庆银行、建设银行等12家银行授信工作。

三是履行政策性担保功能效果显著。开展"走进基层 助企纾困"专项调研活动,深入宣传财政政策,帮助合作机构和市场主体纾困解难;下调再担保费率,自2022年1月1日起,对新发生的融资本金金额不超过100万元的原担保项目免收再担保费,100万元(不含)至500万元(含)以及超过500万元的分别按0.3%和0.5%收取,整体降幅超过30%。针对重庆市"专精特新"企业、"西部陆海新通道"项目,城口、武隆等12个区县乡村振兴国家和市级重点帮扶县的涉农项目再担保费减半收取;同时对2022年纳入国家融担基金授信范围内的项目免收再担保费,加大政策支持力度;借助人民银行"政银企"融资对接会、金融服务月推进会,为合作机构推送项目40余笔,进一步扩大业务覆盖面。

2.强创新、重实绩,业务产品迸发新活力

一是数字化转型助推业务快速发展。公司及体系合作担保机构均成功接入国家融担基金全国政府性融资担保数字化平台,同步制定直担SaaS系统推广方案,加快数字化转型步伐;截至2022年12月末,体系成员通过系统完成797笔、12.62亿元项目备案;通过人行"银企直通车"系统拓宽业务渠道,系统上线半个月,成功对接业务34笔,金额0.85亿元。

二是积极探索"总对总"业务模式。借鉴国家融担基金"总对总"业务,与部分银行开展区域性"总对总"业务探索,其中,与浙商银行创新开发首个地方"总对总"产品,将担保费率降至0.2%,破解机构授信难问题;与三峡银行达成全面合作意向,采用银担2:8分险区域"总对总"产品模式;与重庆银行合作专精特新系列产品,对有市场、有发展前景的客户担保费降至0.5%。

三是加大非融创新业务推广力度。为全方位帮助中小微企业缓解资金压力,进一步优化营商环境,公司积极探索推动政府采购预付款保函业务,为招采企业降低80%的融资成本,切实发挥财政资金扶持作用,2022年实施政府采购保函业务金额近1.8亿元。采用电子签章技术线上开具电子保函,为政府采购供应商提供便捷高效的业务办理渠道。系统上线两个月,线上开出保函87笔,金额0.7亿元。

四是量身定制推出抗疫专项产品。针对抗疫保供企业和受新冠肺炎疫情影响较大的行业主体推出"再担抗疫保"和"再担纾困保"两个专项产品,引导鼓励体系成员进一步加大保供企业和受困主体的支持力度。全年两个专项产品累计支持市场主体1151户,获得融资担保贷款13.67亿元。

3.防风险,优服务,风险防控展现新态势

一是严把业务"标准关"。根据合作担保机构经营情况、股东支持力度、代偿能力、支小支农力度、业务创新能力、经营团队素质等多个维度对担保机构开展评级管理,建立分类分级管理机制,制定差异化的优惠合作政策,明确再担保业务准入标准和风控流程,在风险可控前提下做到支小支农规模最大化。

二是严把风险"流程关"。制定科学的业务操作流程,通过强化项目评审、加强保后管理,严格控制担保贷款风险发生过程和节点,持续提升风险防范控制能力。同时有序推进代偿补偿工作,引导合作担保机构完善内控制度,建立全流程风险管理机制。

三是严把法务"管控关"。将法律审核嵌入项目重大事项决策流程,集中监督落实重大决策、项目合同的法律审核情况,有效提高法律合规风险防控能力。

4.抓改革、强管理,内部治理再上新台阶

一是机构改革适时调整。根据转型发展需要,适时调整业务结构,逐步压缩直保和委贷业务,将直保业务部由2个缩减为1个;为加快公司信息化转型步伐,提升业务信息化服务水平,设立了信息化建设工作组;为规范公司经营行为和治理结构,经董事会审批同意新设立审计工作部,在综合管理部加挂党委办公室和董事会办公室牌子,积极适应战略要求,推动公司高质量发展。

二是制度建设与时俱进。根据合作担保机构经营情况、支小支农力度等多个维度对担保机构进行评价,建立分类分级合作机制,制定优惠合作措施;为适应政策性业务转型需要,修订《比例再担保业务操作规程》《再担保业务管理办法》等16项制度,确保制度建设与体系建设相适应。

三是员工培训持续有力。制定年度培训计划,打造"再担保大讲堂"课程,推动职工上讲台,营造干事创业的氛围;开展全市政府性融资担保体系建设培训会,覆盖全市33家政府性和2家非政府性担保机构,带动体系机构全面提升治理水平。全年累计开展员工培训22次,员工参培超669人次。

四是宣传效果成效显著。公司建立了体系长期约稿供稿机制、体系宣传联络机制、体系宣传激励机制,以便更好地展示体系机构工作成果。公司和体系成员涪陵银科、巫山兴农担保在"金融助力乡村振兴活动"中均获得"优秀案例奖"。公司助企纾困举措、加入国基合作体系等工作成效均被重庆卫视专题报道。全年推送新闻、资讯速递60余篇,上游新闻、金融时报、财政官网、行业协会报道24篇。

五是安全生产稳定向好。为有效防范化解各类安全风险隐患,公司层层落实安全生产责任,对内部网络进行自测自检,加大办公区域常态化安全检查力度,开展安全学习和消防演习,切实把事故消灭在萌芽状态。常抓不懈做好新冠肺炎疫情防控工作,确保公司安全稳定运营。

(四)经营目标及未来展望

2023年是全面贯彻落实党的二十大精神的开局之年,公司预计要纳入国家融担基金备案业务的规模将超过210亿元。面对新形势新任务新要求,公司将坚持以习近平新时代中国特色社会主义思想为指导,扎实落实中央经济工作会议精神和市委六届二次全会精神,以实干开路、以奋斗开局,转观念、构体系、建机制、创模式、拓业务,积极融入新发展格局,谱写公司转型发展新篇章。

1. **持续深化政府性融资担保体系建设**

一是加强与国担基金业务合作。全力推进国担基金新版"总对总"业务和地方版批量担保业务落地,进一步提升"支小支农"业务规模。

二是加强与体系担保机构合作。围绕机构授信准入、区域特色产品共建、业务精细化管理、数字化转型等助推政府性融资担保体系建设。

三是持续深化银担合作机制。充分运用国担基金和市级财政分险资源,健全风险分担机制,加强与地方法人银行、全国股份制银行开展银担分险合作,以点带面,将取得的优惠政策逐步复制到体系成员,进一步扩大业务覆盖面。

2. **围绕国家战略创新业务产品及模式**

一是强化产品创新。围绕专精特新、西部陆海新通道、绿色金融(双碳)等国家战略行业产业深入研究,开发创新型业务产品,并将业务产品及模式推广至体系成员。

二是拓展非融业务。积极拓展政府采购履约保函、预付款保函等非融资担保业务,优化存量业务结构。

三是推出专项产品。针对创新型中小微企业推出"科创保"融资担保产品,弱化反担保措施,着力解决企业融资难题。借助新媒体,打造金融助力产融平台,推出"渝再担乡村振兴保"等专项产品,为乡村振兴战略贡献优质的金融力量。

3. **加快数字化转型服务高质量发展**

一是强化金融科技创新。发挥再担保业务系统在国担基金"总对总"业务落地的引导作用,全力推广直担SaaS系统应用工作,通过金融科技赋能,助力重庆市政府性融资担保体系可持续健康发展。

二是构建数字担保能力。运用大数据、云计算等新技术开展流程和业务创新,逐步构建业务全流程线上办理、AI智能风控的数字化综合平台系统,有力提升服务中小微企业的能力和水平,为公司高质量发展增效赋能。

4.提升管理质效保障体系行稳致远

一是强化风险防控。密切关注行业政策变化,主动排查化解潜在风险,借鉴国担基金业务指引和政策,不断完善制度体系,引导合作担保机构提升自身风险管控能力,从源头上加强风险控制;对存在风险苗头的非正常类存量客户,强化保后管理,严控体系风险。

二是加强机构管理。进一步完善代偿补偿工作流程,提高工作效率;探索为合作机构开展诉讼保全担保业务,推动体系合作担保机构加快不良资产的回收;牵头建立系统性的培训体系,通过"走出去"和"引进来","线上"和"线下"相结合的方式,加强体系机构培训,逐步提升体系从业人员综合素质。

三是凝聚体系合力。建立体系信息化专业人才队伍,着力在数据自主分析、绩效反馈等方面发力,努力构建人才培养方向与业务发展、企业需求"同频共振"的良好局面,为数字化赋能体系高质量发展提供人才支撑。发挥体系宣传队伍的力量,着力挖掘有深度、有力度、有高度的信息,借助主流媒体、主管部门、行业协会等平台,更好地展示体系机构工作成果,不断提升政府性融资担保机构社会影响力。

第二十四章　金融要素市场

一、重庆联合产权交易所集团股份有限公司

(一)基本情况

重庆联合产权交易所集团股份有限公司(以下简称"重庆联交所")成立于2004年3月,是重庆市政府批准设立的市属国有重点企业,主要职能是建立要素资源市场,为国有资产、工程招投标、政府采购、土地使用权和矿业权、环境权、药品器械采购、司法拍卖等提供交易服务,促进要素资源有序流转、优化配置,防止国有资产资源流失,防范廉政风险。先后获得5个国家部委授予的交易资质和6个省级交易资质,是全国交易品种最多的非标准化要素资源交易市场之一。

自成立以来,重庆联交所始终坚持"阳光、规范、公正、高效"服务宗旨,围绕打造"全国一流公共资源交易平台""国内一流综合性开放性产权要素资本市场""具有核心竞争力的现代一流国有企业"发展目标,持续完善平台功能,不断改革创新,在多个领域形成自身特色:以国有企业运营公共资源交易平台的做法成效被国家发改委宣传,被广东、深圳、广州、江西等地复制借鉴;优化交易营商环境做法被国家发改委列入《中国营商环境报告(2020)》最佳实践案例;智能化管理成果被国家发改委列入2019年度创新成果和2020年度典型创新案例在全国推广;获国家人社部、国家博管委批准设立行业首个国家级博士后科研工作站,是国家标准委确定的社会管理与公共服务标准化试点单位、全国产权交易行业"AAA信用企业"。近六年,全国同行来重庆联交所调研学习600多批次,新华社、人民网、经济日报、光明日报等主流媒体正面宣传报道500多次。

(二)运营情况

2022年,重庆联交所成交各类项目近478万宗(含药品材料采购466万单),同比增长8.6%;完成交易额3914亿元,剔除土地交易这个特殊的市场行情因素,同比增长4%。实现交易增值和资金节约206.4亿元,其中权益资产类项目实现增值22.1亿元,招标采购类项目实现资金节约184.3亿元。

(三)服务实体经济情况

1.助力成渝地区双城经济圈建设

持续深化川渝要素资源市场一体化发展,与西南联交所共同打造川渝产权市场理论研究院,"川渝共同产权市场互联网平台"累计成交项目超2万宗、成交金额1381亿元;与四川省公共资源交易平台市场主体库实现互联互通,川渝市场主体"一地注册、两地共享,一地更新、两地同步";"川渝重大项目"栏目持续优化,累计发布重大项目2.6万余条。与四川省公共资源交易平台联合完成《川渝公共资源交易一体化发展研究调研报告》。

2.主动融入全国统一大市场

按照国家发展改革委部署,完成与北京、上海、杭州、广州、深圳等试点城市招标投标领域CA数字证书跨区域互认,市场主体"一地办理,六城通用",跨区域交易成本大幅降低;与四川、湖北、北京、大连、西藏等地开展跨省远程异地评标,合作完成跨省评标104宗,涉及金额60亿元。

3.推动要素市场化配置改革

充分发挥产权市场发现投资人、发现价格的功能作用,服务国有资产有序流动和高效配置,完成各类国有产权交易461亿元,同比增长37%,长安新能源、轨道交通TOD项目、天泰铝业等多个项目入选中国产权协会经典案例,为盘活国有存量资产提供了专业服务力量;圆满完成重庆市2022年三批次住宅用地"两集中"交易服务,出让土地总价391亿元。

4.服务绿色资源交易助"双碳"

做优做强重庆市碳排放权交易市场,加强碳市场风险合规管理,与四川联合环境交易所围绕"碳市场能力建设、川渝CCER项目互挂"等签订战略合作协议。全年完成碳排放权交易822.71万吨、2.63亿元,碳交易品种涵盖碳排放权配额、中国核证减排量(CCER)、"碳惠通"自愿减排量(CQCER)和碳质押融资、碳中和咨询服务等;完成废料交易420宗、1.95亿元,推动再生资源回收利用。

(四)产品、服务及模式创新情况

1.深化全流程电子招投标改革

上线应用不见面开标系统,实现在线开标"不见面",打通工程建设项目全流程电子化"最后一公里",为新冠肺炎疫情下保障招标稳定投资提供了有力支撑;在电子招投标系统完善合同签订、合同变更和招标计划发布线上办理功能,网上签订项目(标段)合同3156宗、合同金额1347亿元;推动电子招投标系统与国库支付系统信息共享,实现工程款支付网上查询。

2.以标准化促进营商环境优化

国家标准委正式为重庆联交所公共资源交易服务标准化试点项目颁发了"合格证书",发布的122项服务标准全面实施应用,《工程建设项目招标投标交易服务规范》《公共资源交易场地建设规范》两项地方标准顺利通过专家审查。制定实施2022年"五统三提升"优化营商环境专项行动,38项具体工作任务全面完成,交易大厅窗口服务好评率保持100%。

3.推动市区(县)平台一体化

配合监管部门制定推进主城都市区公共资源交易平台整合工作方案,推动云阳公共资源服务公司运营迈入正轨,与酉阳、城口等区县成功探索一体化整合新模式,与7个区县的党政负责人开展了深入交流洽谈。织密全市公共资源交易"一张网",统一全市市场主体库、CA数字证书,电子投标保函系统部署到所有区县,与永川、武隆、江津、秀山等10个区县开展市内远程异地评标,保障区县电子招投标4577宗,市区(县)平台合作共享更为紧密。

4.数字化赋能平台价值提升

推进"渝易通"公共资源交易大数据平台建设,汇聚全市公共资源交易数据上千万条,充分挖掘数据服务监管、反腐倡廉作用,通过项目体检、可疑线索分析为发现和查处招投标违法行为、违规举债、"非标"融资等提供智慧监管手段,累计向纪检监察机构和审计部门提供数据18万条;骨干子企业药交所健全完善医药大数据应用平台,形成药品从生产企业、流通企业、医疗机构到患者的全程智能追溯体系,持续为国家智慧医保实验室及各省市医保信息平台提供技术支撑,成为智慧医保领域的"金字招牌"。

5.整合升级交易配套服务

大力发展"平台+交易+金融配套服务",电子投标保函平台面向更多金融机构开放,累计为市场主体开立电子保函近7万笔,市场主体减少资金占用510亿元;开发运营"渝易汇"公共资源交易金融服务平台,推出电子履约保函、低价风险担保保函、工程支付保函、投标贷等金融产品,为交易配套服务转型发展提供了新的支撑点。

6.科创动能持续培育

高水平建设国家级博士后科研工作站,与中国人民大学等4家高校建立联合培养关系,获市教委批准分别与西南政法大学、陆军勤务学院联合建立2个"重庆市研究生联合培养基地",与重庆邮电大学签订"产学研"合作协议,"产学研"深度对接,下属慧聚公司荣获国家"高新技术企业"称号,信科公司入选重庆市"专精特新"中小企业,研发实力和创新能力进一步增强。

(五)经营目标及未来展望

1.经营目标

2023年是全面贯彻落实党的二十大精神的开局之年,也是新一轮深化国资国企改革的开局之年,做好全年各项工作意义重大。重庆联交所将继续提高站位、强化担当,锚定目标、实干笃行,推动各项事业实现更高质量、更高标准、更高水平发展。按照"十四五"发展目标的需要,与全市经济发展水平同步,综合分析宏观形势,结合改革发展实际,确定2023年交易规模、利润总额同口径增长6%的主要预期经营目标。重点抓好以下工作:

一是以更实举措推动稳增长稳交易。强化"稳进增效"工作导向,坚持稳字当头、稳中求进,及早制定有利于稳增长的措施,牢牢把握业务运营的主动权。创新与区县公共资源交易平台业务合作新模式,探索与土地整治储备中心及各平台公司的创新合作。牢牢把握重庆市建设绿色金融改革创新试验区机遇,积极参与碳金融市场建设,持续推动重庆市碳排放权交易市场扩容增效;积极推广碳中和应用,深化川渝绿色资源交易合作。持续优化电子投标保函系统运营模式,做强做大"渝易汇"金融服务平台。

二是以更高标准谋划推进新一轮企业改革。按照党的二十大报告对国资国企改革做出的新部署,结合企业实际,以提高核心竞争力和增强核心功能为重点,主动谋划新一轮改革思路举措。以全面推动集团"双百企业"改革任务落实为抓手,聚焦完善机制、激发活力、提高效能,着力深化治理机制、经营机制、激励机制等领域深层次改革。贯彻落实新一轮国企改革深化提升行动,补短板、强弱项,持续深化战略、内控、科创、激励等重点改革事项。

三是以更大决心推动科技创新。要继续深入实施创新驱动发展战略,以科技创新为引领全面推进数字化变革。深化拓展全流程电子化交易,配合实施政府采购项目全流程电子招投标,优化电子招投标系统,完善不见面开标、远程异地评标、交易档案数字化等功能,打造业务运营数字化转型标杆。推进博士后科研工作站、研究生联合培养基地、"重庆·新点"联合创新中心建设,探索筹建医药交易研究机构,推动产学研一体化发展,促进研究成果转化应用,力争形成标志性成果。

四是以更高站位服务和融入新发展格局。坚持从全局谋划一域、以一域服务全局,在服务和融入新发展格局中创新打造集团高质量发展的重要增长极。着力推进成渝地区要素市场一体化建设,持续巩固与四川各级公共资源交易机构的联动合作机制。着力打造一流公共资源交易环境,制定重庆联交所2023年营商环境优化提升工作方案,围绕市场主体全生命周期办事需求提升服务能力。着力推进全市公共资源交易平台整合共享,不断探索市区(县)平台融合发展新模式,以全流程电子招投标和远程异地评标为抓手,推动与区县交易平台共建共享。

五是以更大力度打造现代化新国企。围绕国有企业在中国式现代化建设中的新使命新任务,加快建设现代新型国有企业,不断推动企业做强做优做大。把加强党的领导与完善公司治理有机融合,高效执行党委研究决定和前置研究讨论事项"两张清单";强化制度保障,及时开展章程及配套制度修订工作,着力构建科学规范的制度体系。进一步推进党内监督为主导,纪检监察、巡视巡察、财务、内审、内控等各类监督手段统筹协调、资源共享的"大监督"模式。准确把握新冠肺炎疫情防控的新阶段新形势新任务,确保防疫平稳转段;从严从细抓好资金安全、信息安全等安全工作。

六是以更严要求推进全面从严治党。切实把思想和行动统一到党的二十大精神上来,把坚决拥护"两个确立"、坚决做到"两个维护"落实到集团工作的全过程、各方面。全面加强党的思想政治建设。坚持落实"第一议题"制度和党委理论学习中心组学习制度，及时、全面、准确领会好落实好习近平总书记最新重要讲话重要指示批示精神，坚持不懈用习近平新时代中国特色社会主义思想凝心铸魂，严明政治纪律和政治规矩。全面提升集团党的建设质量。严格对标对表，启动实施国企党建提质行动。建强基层组织，持续深化"四强四好"党支部创建，进一步规范干部选用工作程序，着力建设高素质专业化人才队伍，充分发挥群团组织的桥梁纽带作用，切实加强工会、共青团自身建设，更好适应和引领现代化企业建设。切实落实管党治党责任。认真贯彻落实《党委（党组）落实全面从严治党主体责任规定》，紧紧围绕公共资源交易腐败问题易发多发领域抓好日常监督，精准运用"四种形态"，按照上级部署持续深化"以案四说"警示教育和以案促改、以案促治工作，充分发挥警示教育强震慑、固防线的作用，把严的基调、严的措施、严的氛围长期坚持下去。

2.未来发展愿景

展望未来，随着全国统一大市场的建设完善和全市高标准市场体系形成，集团通过"十四五"发展积累和持续深化改革创新，平台功能更加完善，集团竞争力大幅提升，服务经济社会高质量发展能力显著增强，"三个一流"发展愿景基本实现。

一是全国一流公共资源交易平台。"全市一张网"市场格局全面形成，线下智能管控和线上智慧服务有机耦合，交易服务、数据服务、科技服务与金融服务协同发展，资源要素跨区域、跨部门、跨市场高效配置成为常态。交易服务数字化、智能化、智慧化水平全国领先，交易服务标准化、规范化、精细化水平全国靠前，交易品种、服务范围、服务区域全国领先，市场公信力、开放度、竞争度、创新度位居前列。有树得起的服务精品、叫得响的服务品牌、亮得出的服务案例、立得住的服务做法、传得开的服务经验。到2035年，成为国家权威机构评选、市场广泛认可、行业公认的全国一流公共资源交易平台。

二是国内一流产权要素资本市场。产权要素交易理论创新、制度创新、功能创新和产品创新行业领先，与产权交易资本市场功能相匹配的综合服务体系和产业生态基本形成，与各类资本市场有机衔接，产权要素跨境、跨区域、跨部门、跨行业、跨领域集聚与流转更加通畅，交易规模与服务范围、服务能力位居前列，市场发现、价值发现功能更加突出。到2035年，形成一个综合性开放性产权要素资本市场，成为全国产权要素资本市场重要一极。

三是具有核心竞争力的现代一流国有企业。全面完成数字化转型升级发展,建成以数据作为主要生产资料、数字技术作为主要生产工具、数字人才作为主要生产力的数字经济体,形成智慧交易、数据服务、科技金融、信息科技互为支撑的平台经济新格局。全面实现对标一流管理提升目标,企业战略管理、组织管理、运营管理、财务管理、科技管理、风险管理、人力资源管理、信息化管理能力达到行业先进水平。党的领导和党的建设全面加强,国有企业政治责任与社会担当进一步提升,一流党建、一流管理、一流标准、一流人才、一流文化与一流质量、一流效益相互支撑、互促共进。到2035年,建成以党的领导为核心、以企业文化为基础、以数字经济为主体的高质量发展一流国有企业。

二、重庆石油天然气交易中心有限公司

(一)基本情况

重庆石油天然气交易中心(以下简称"重庆交易中心")是国家发展改革委、国家能源局和重庆市人民政府为深化油气体制改革,充分发挥市场在资源配置中的决定性作用,按照"高起点、高标准、国际化"要求,推动建设的国家级能源交易中心,主要为石油、天然气等能源产品以及石油天然气化工产品提供交易平台。其建设发展目标,一是充分发挥市场配置资源的决定性作用,提高交易效率、降低交易成本、提供应对市场价格波动的避险机制;二是通过交易市场化建设,为进一步推进油气体制改革提供支撑;三是逐步形成价格基准,更好服务实体经济。重庆交易中心于2017年7月25日完成工商注册,2018年4月26日实现上线交易,目前初步形成了国内管道天然气为主的交易产品体系,发展交易会员超过2500家,涵盖石油天然气产业链的生产、贸易、发电、化工、城镇燃气等企业。截至2022年末,累计成交天然气1013亿立方米,成交金额2044亿元。

(二)运营情况

2022年,面对复杂多变的市场环境,重庆交易中心科学研判形势、妥善应对新冠肺炎疫情、奋力开拓市场,勇于创新、砥砺前行,不断深化公司"一体两翼"发展思路,克服了新冠肺炎疫情带来的艰巨挑战,交易业务稳中有进,信息资讯业务、金融服务业务与交易业务逐步融合。

1. 交易业务稳步拓展

交易规模持续扩大。2022年全年成交天然气307亿立方米、715亿元,分别较上一年增长26%和45%。交易活跃度明显提升,全年累计成交笔数达到17728笔,同比增长36%;有成交记录的交易日215天,占全部工作日的89%,同比提高了13个百分点。交易主体更趋多元化,全年新增交易会员371家,总计达到2501家;资源方参与交易的主体新增12家,达到59家,形成中石油营销体系、中石化营销体系、中石化油气田体系三方并进格局,带动交易覆盖面扩大至全国24个省份。

重点交易进一步提升。合同外用气交易规模和区域范围不断扩大,合同外用气竞拍交易、管道天然气仓单交易、专场交易等重点交易协同发力,实现区域内盈余资源优化配置,助力市场主体精准保供。专场交易影响力和覆盖面逐步扩大,中石油西部LNG工厂原料气交易带动中石化华北、蒙陕等LNG工厂原料气交易周期化开展,新增新疆、江汉油田等LNG工厂原料气专场交易,全年累计成交41.5亿立方米,成为最活跃、影响力最大的交易产品。深化拓展发电用气专场交易,首次开展化肥化工专场交易,为西部和川渝地区化工化肥企业用气价格市场化联动奠定基础。

交易产品和交易方式持续创新。根据形势变化和会员需求,不断优化交易产品取得突破。上线中石油黄冈LNG交易产品,完成采暖季天然气预售交易等天然气产品设计开发,开展宁夏哈纳斯、甘肃陇投LNG竞卖(买方挂单)交易,优化管道天然气仓单交易机制,丰富了产品形态,促进了市场活跃。结合新产品上线运行,启动了线上交收。

价格发现功能进一步发挥。随着交易规模的扩大和交易的常态化开展,交易形成的价格影响力进一步提升,中石油区域合同外用气竞拍交易成交价格已成为资源方线下配置资源的重要依据。基于平台交易数据和行业价格信息,完善川渝现货价格,正式发布鄂尔多斯、华中天然气现货价格,丰富川渝、西北、环渤海区域LNG出厂(站)价格,天然气价格信息体系更为完整、科学,更好反映了区域天然气市场结构特点和供需变化情况,受到行业广泛关注。

2. "一体两翼"协同发展初显成效

信息资讯业务做深做实。发挥大数据中心技术优势,利用2500多家会员资源优势,以深入服务会员为牵引,促进信息资讯业务和交易融合发展。聚焦产业数字化,实施上游企业运营数据分析系统、国家发改委城市燃气行业价格成本数据平台、重庆能源信息管理系统等项目。聚焦能源资讯市场需求,上线"能源资讯服务平台",推出LNG专项周报、月报。聚焦天然气行业发展热点,受天然气上游企业委托,开展山西城燃企业用气结构核查等研究2项。灵活采用"两地多会"、线上线下相结合形式,持续办好重庆油气论坛,成功发布全国城燃企业综合能力评价排名和中国LNG产能调查报告,论坛专业性、吸引力和影响力持续提升。克服新冠肺炎疫情影响,见缝插针开展交易培训和委托培训。

结算业务带动供应链金融发展取得突破。以保障交易资金安全、协助上游企业预防应收账款风险、满足下游企业贷款融资需求为切入点,推动天然气贷款线上业务成功开展,全年结算规模超3亿元。基于线上交易结算为供应链金融发展提供的业务场景,与银行合作推出按日计息、随借随还、高效便捷的"气易贷"融资产品,在交易平台实现了全流程线上交易、线上结算和线上融资,提高了融资效率,降低了融资成本,增强了会员黏性。

3. 自身建设不断强化

坚持党建引领。全面深入学习贯彻党的二十大精神,以党的最新理论指导公司建设。坚持以高质量党建统领公司高质量发展,围绕思想政治、组织建设、作风建设等内容推动党建工作有效开展。把党组织研究讨论作为决策重大问题的前置程序,研究重大经营管理事项17项。党组织战斗堡垒作用充分发挥,有力有效应对新冠肺炎疫情封控和较大面积感染,保障员工身心健康,保障工作有序开展。坚持党群共建,充分发挥工会作用,切实维护职工利益。团队凝聚力、向心力不断加强,形成风清气正的政治生态和干事创业的良好环境。

加强宣传文化建设。积极主动发声,利用多种渠道宣传介绍交易中心,营造良好发展氛围。参与国家发改委指导的《中国物价年鉴》《中国国家综合配套改革试验区(2005—2020年)》等有影响力的出版物编制。密切媒体合作,通过人民日报、财新周刊、重庆电视台、百度网等传媒及时报道交易中心业务开展情况。建设公司展厅,拍摄宣传片,展示公司发展成果。

完善内部管理。加强风控管理,开展规范建设年活动,以规范化建设引领公司健康发展。完善制度建设,增强业务合规风险意识。强化创新业务风险管控,按照"依法合规、风险可控、关口前移"原则推动创新业务开展。强化预算管理,实施预算指标与业绩合同、创效收入与毛利润联动考核机制,推动公司开源节流。加强信息化建设,开发业财一体化系统、升级OA系统,提升办公效率。

优化人力资源管理,选拔敢担当、善作为的同志从事重要工作,外派员工到会员企业挂职锻炼。注重员工教育,开展各类学习培训。

(三)经营目标及未来展望

2023年,是全面贯彻落实党的二十大精神的开局之年,是后新冠肺炎疫情时代乘经济复苏之势、抢抓市场机遇、赢得发展主动的关键一年,交易中心要聚焦油气体制改革深入实施形成的新格局、产业数字化带来的新动能、新冠肺炎疫情防控政策调整产生的新空间,重点抓好以下五个方面的工作。

1. 推动交易更高质量发展

推动交易纵深发展。强化交易产品与市场需求有效对接,根据需求优化交易产品,通过创新交易产品创造需求,全年力争实现交易迈上新台阶。落实中石油、中石化资源,巩固既有成熟交易,合同外用气和LNG工厂原料气交易增量扩面。顺应市场主体营销策略调整,研发合同外气量仓单交易产品,推动黄冈LNG工厂产品销售常态化交易。完成煤层气交易产品设计上线,健全非常规天然气交易体系。对接国内大中型贸易商,以及国家管网集团管容资源,争取海外资源通过交易平台向国内配置。

强化交易风险控制。践行风控前置理念,确保交易及配套业务创新合规发展。根据交易、结算等业务发展,完善制度设计,为交易安全有序开展提供根本保障。开展交易业务风险全流程控制,完善交易业务风险预警机制,在会员准入管理、会员交易资格有效性管理、交易风险处置、资金结算、金融产品管理等环节全面强化风险管控。

2. 推进货款结算和供应链金融服务协同发展

大力推动货款线上结算发展。继续挖掘上下游企业对交易安全、货款融资等需求,持续优化交易系统结算功能,配套建立交收方式多样、结算方式灵活的交收结算制度,吸引更多货款线上结算主体,拓展结算区域、扩大结算规模,积极构建交易、交收、结算为一体的交易市场。扩大推广中石油宁夏公司预付款线上结算模式,推动中石油内蒙古、新疆、陕西和川渝销售等公司以及中石化山东和重庆销售、华北油气等公司开展线上结算业务。

努力提升金融服务能力水平。围绕部分LNG工厂、工业及城燃用户等会员融资需求,以天然气用户座谈会、会员操作培训会、论坛峰会等多种方式,继续加大"气易贷"产品推广力度,为会员和金融机构搭建高效便捷的交流平台和融资渠道。注重发挥供应链金融对交易和结算的引流作用,优先发展线上结算融资模式,帮助会员解决资金缺口问题,不断增强会员黏性,逐步形成金融服务创效能力。积极创新研究探索成品油数字仓单模式,联合金融机构、仓储物流企业和能源科技公司,试点打造成品油标准化交易、交收、结算及融资服务体系。

3. 加大信息资讯服务市场开发力度

加快信息技术产品化、市场化。以"专精特新"发展为导向,利用已有技术能力和市场积淀,进一步聚焦重点领域,锁定目标市场,开展产品推广。聚焦产业数字化需求,推动油气交易综合服务平台、天然气行业智慧运营服务平台、能源行业管理信息服务平台标准化、模块化建设,打造安全管理、运维服务、可视化等产品矩阵,提供"菜单式"个性化服务。深入开发完善上游企业运营数据分析系统,推动重庆能源信息管理平台、国家能源生产成本调查数据平台等项目建设,复制推广取得实效。

提升资讯咨询专业水平。着眼业务全局,直面用户需求,按照专业化、个性化方向,做优信息资讯产品,提升信息精度、深度。发挥交易中心独有数据优势,强化成交信息、交易过程信息的归集、分析、应用,独立开发市场分析产品。按照以交易带服务、以服务促交易的思路,重点开展四川昆仑LNG工厂、江苏地区合资储气库等市场化运营模式研究、交易方案设计等与交易业务发展联系紧密的咨询研究项目。构建运营模式、完善方法论,将用气结构核查打造成为资讯拳头产品,拓展业务区域和业务量取得明显进展。

4. 全面深化会员服务

优化交易会员日常服务。牢固树立会员是第一资源的理念,以交易开展和增值服务带动会员发展。采取注册、交易、发票、档案等全流程、专人专岗服务,建立客户满意度回访机制,提高服务水平和效率。以会员在交易中心参与交易频次、类型和出入金等基础,开展会员行为分析,分区域、分行业出具月度分析报告,挖掘重点客户和商机。

完善会员增值服务体系。按照"对接需求、精准服务"的原则,整合"一体两翼"业务资源,以交易产品和方案设计、交易过程辅导辅助、交易信息定向发布、市场数据汇总分析为核心,构建会员增值服务体系,增强会员交易黏性。调整服务思路方法,实现服务产品由交易中心为主设计向会员需求牵引,由普适化向个性化、订制化的转变,有效提升会员服务水平和用户接受度、满意度。

5.着力提升交易中心影响力

逐步构建天然气价格体系。更好发挥市场化交易发现价格、形成价格、调控价格的功能作用,继续做好现有川渝、华中、鄂尔多斯现货价格和川渝、西北、环渤海区域LNG厂(站)日报价信息,适时编制发布区域LNG厂(站)周、月度价格信息,提高价格信息应用性和影响力,引导资源精准配置。深入研究集市场化定价基准点、储运系统资源集散点、实物交割点于一体的天然气市场枢纽的功能作用、区位选取、稳步建设等问题,为逐步构建结构完整、覆盖面广、有较强代表性的价格基准体系奠定基础,推动天然气全国统一市场建设。

三、重庆药品交易所股份有限公司

(一)基本情况

2022年,重庆药品交易所股份有限公司(以下简称"重庆药交所")坚决贯彻落实市委、市政府对药交所平台的功能定位,聚焦医药交易核心,不断夯实主业力扩规模,切实履行好全市医药招标采购交易、交收、结算以及交易信息化等平台运营职能,平台综合运营能力高质高效实现新提升,高质量发展态势持续向稳向好。全年平台累计交易金额406.46亿元,全市医药采购秩序稳定,无交易安全事故发生。

(二)运营情况

一是高效落实医药采购政策。有序落地国家和省级各批次的药品耗材带量采购等工作,国家集采各批次挂网药品1109个品规、耗材1.98万个规格型号,重庆及省际联盟带量采购挂网药品557个品规、耗材4.48万个规格型号,总体交易平稳顺利。二是交易品类不断丰富。年初实现包括眼科、检验科、临床实验室、后勤洗消在内的专用耗材以及手术机器人等临床特殊耗材共9000余个产品的网上交易,全国率先开展非政策采购产品的线上交易,进一步丰富交易品类,平台挂网可交易药械产品33.1万个。三是高质高效做好交易运营。今年累计受理业务咨询31万人次,审核会员及药械产品35万件次;定期清理无效会员和产品,保障平台产品合法合规。稳步推进落实年度限价挂网药品价格定期调整工作,完成产品资质审查及企业报价审核,报价降价效果明显。四是强化大数据监测应用。持续加强大数据交易监测和动态分析应用,今年累计向相关政府职能监管部门报送各类监测分析报告240余份,服务行业监管和医改决策。五是持续提升公共应急保障能力。深化抗疫耗材物资挂网"优先办"绿色通道,审核工作当日清零、产品当日挂网,新冠肺炎主要治疗药物均挂网销售,目前平台挂网防疫药品品规541个、耗材7991个,全年累计交易额22.61亿元,有效保障医疗机构和百姓防疫用药需求。

(三)服务实体经济情况

1. 平台功能建设屡创新佳绩

一是荣获全国医药集中采购示范平台。2022年9月,被国家医疗保障局确定为全国医药集中采购示范平台,是全国中西部地区唯一一家示范平台,标志着重庆药交所平台在促进药械交易降本增效、支撑医药交易采购高效管理、提升医药价格治理水平等方面的作用以及与重庆医疗保障局的合作模式得到国家医疗保障局和重庆市政府进一步认可,平台的定位与建设发展迈上新台阶。二是成功入选"数字健康应用场景"企业。会同陆军军医大学第一附属医院共同申报的"药品溯源与智能化综合监督管理的创新应用"项目,成功入选全市数字健康应用场景名单,积极助力数字健康的协同治理。三是获评2022年全国供应链创新与应用示范企业。2022年11月,被商务部、工信部等8单位评为2022年全国供应链创新与应用示范企业,是重庆唯一一家获评企业,体现了重庆药交所辐射带动医药大健康产业链供应链高效协同、安全可控、绿色低碳的核心价值,以及在供应链创新和应用的探索和成效。四是完善平台功能助力采购治理。建成医用器械耗材带量采购专区,实现集采耗材产品专区运行和监测管理;建成市级新冠肺炎疫情防控应急医疗物资周转交易专区,为承储企业、医疗机构和应急管理部门提供储备库存周转采购渠道;自主研发数智化集中带量采购系统,有力支撑了国家集采续约和省际联盟采购的全流程网上投标、竞标工作。五是高标准建设互联网医药大数据平台。医药大数据平台二期系统已上线运行并通过项目终验,大力提升数据集成、统计、监测分析和应用服务能力。六是强化平台科创项目研究与转化。2022年重庆药交所新获得发明专利1项,新申报发明专利6项、软件著作权2项,目前累计获得授权发明专利2项、软件著作权44项。先后实施承担国家级和市级科研项目15项,获得市级创新政策支持6项,建立市级研发平台3个。

2.支撑医改治理再开新局

一是高质效服务智慧医保实验室和医保信息化建设运维。持续推进部市共建,优化完善国家医保信息平台功能,支撑全国医保地方平台的落地上线,推进国家医保平台运维和医保数据治理;落地智慧医保实验室各项系统平台的测试适配和试点上线;开展重庆医保信息平台运维管理,整体推进平稳顺利。二是承建重庆市医疗保障咨询服务中心。率先在全国组建专业化医疗保障咨询服务机构,提供包含医疗保障、药械交易、新冠肺炎疫情防控等咨询服务,为全市老百姓和行业提供便利服务。三是拓展"渝快保"一站式线上结算服务。受商业保险"渝快保"共保体委托,承担"渝快保"一站式线上结算清分服务,助力多层次保障体系建设。四是夯实供应链金融业务。加强对平台会员资金周转和企业发展的支持力度,全年服务70家市场主体,融资规模3.8亿元,助力实体经济和医药产业发展。

(四)未来展望

2023年是深入实施"十四五"规划的关键之年,重庆药交所将坚持以习近平新时代中国特色社会主义思想为指导,深入学习贯彻党的二十大精神,坚持党对企业的全面领导,坚持稳中求进工作总基调,紧紧围绕服务医改大局,坚定多元化招标采购交易服务平台定位,加快推进公司"4433"发展战略,深化"全国医药集中采购示范平台""全国供应链创新与应用示范企业"双示范引领作用,充分发挥"政府强监管、市场化运行、企业化管理"的体制机制优势,全面深化落实国企改革,不断推动平台做大做强,着力打造成为全国一流的医药交易服务平台、业绩一流的现代化管理企业。

1.聚焦主责主业,强化发展思维,提升行业影响力;持续高效落实药械采购政策

发挥平台支撑、落地实施和交易运营作用,高质高效地做好国、市两级药械集中带量采购政策的落地执行,加强全流程、一体化服务运营,对交易会员、产品资质、交易行为、供应保障、货款支付全程进行智能监测管理,维护市场秩序,保障全市医药稳定供应。推动交易品类与主体全覆盖。积极推进疫苗、中药配方颗粒、中药材等品类上线,做到"应进尽进";积极争取政策支持,进一步拓宽医疗器械特别是创新器械备案采购通道,提升挂网供给效率和网采率,同时积

极推动完善交易机制,促使社会办医疗机构等进驻平台,推动实现医疗机构使用的药械品类全覆盖和市场主体全覆盖。创新探索多元化交易服务方式。做实常态化药械电子挂牌交易运营和落实国市两级集采基础上,接受相关部门、医药机构等委托代理,实施多元化委托代理交易服务;结合中药材网上交易新业务,立足行业实际和市场主体需求,探索买方挂牌、卖方摘牌的价量撮合新方式,推动构建多元化的交易服务体系。持续加强交易平台的数智化升级。不断完善平台功能,优化"全流程网上办理"服务程序,健全交易服务标准,探索从"网上办"向"掌上办"升级,大力提升平台易用性和便捷性。积极推进健全与医保、卫生等部门以及会员单位的数据共享共用机制,推动国家市场监管总局的药械资质数据与平台合作,通过信息互联互通,提升服务效能,着力打造省级数字化、智能化、多元化医药交易服务标杆平台。大力提升医药大数据治理水平。以深化和拓展全流程电子交易为基础,依托大数据、人工智能、5G技术,开发"一套数据模型+多样化应用场景",持续推进平台医药大数据业务化和业务数据化,加快数据服务的标准化、规范化、便捷化建设,强化数据多维度的挖掘分析应用,积极服务行业监管和医改决策。

2.聚焦科技赋能,强化创新思维,提升市场竞争力;持续高质效服务智慧医保实验室和医保信息化建设

持续发挥智慧医保实验室的平台测验适配、科技孵化和人才培养三大作用,做好实验室的基础设施建设、实验平台运维管理、课题研究转化推广和信息化人才输送工作,持续高效地做好国市两级医保信息平台建设运维和医保数据治理服务,推动形成医保信息化建设运维的品牌影响力。积极承担医改科研课题研究与孵化。依托智慧医保实验室、药交所医药工程技术研究中心等科技创新平台,协同医药行业专家,积极申报和承担医保、卫生、药监、大数据局、科技局等科研课题,运用5G、区块链、人工智能等先进技术,推动其成果孵化应用,为"三医联动"改革提供智力支撑服务。深化医药信息全程追溯体系。依托《基于区块链的医保药品溯源与监管平台研究与应用》课题和数字健康应用场景孵化以及药交所现有药械追溯平台,开展医保药品溯源与监管平台建设,支撑实现医保药品全程追溯与监管,进一步完善平台供应链综合服务功能。不断拓展平台金融结算服务。加快系统改造优化,积极推动医保基金通过药交所平台直接结算落地运行;持续做好2023年"渝快保"结算服务,形成渝快保一站式结算

的规范性操作流程和工作机制,加强拓展与商保机构更广范围合作。持续拓展供应链金融业务,着重拉增量、保增长,论证探索医疗设备保理等新业务模式,积极服务实体经济发展。拓展市场化信息服务项目。基于行业信息化、数字化转型的知识、实践经验与技术专长,逐步形成"业务前台、技术中台和管理后台"的科技创新研发体系,拓展行业主管部门、市场交易主体、社会公众的信息化建设需求,孵化一批个性化、市场化服务项目,推动向行业信息化服务解决商转型。

3.聚焦安全发展,强化底线思维,提升现代化治企能力;优化公司治理机制

坚持把党的领导融入公司治理各环节,高效执行党总支研究决定,严格"三重一大"决策管理程序,规范层级治理结构,及时开展章程及管理制度修订工作,着力构建科学规范的制度体系。推进办公数字化升级。进一步理顺内部管理流程,持续完善内部管理制度体系与运行机制,加快推进办公数字化升级管理,提升企业数字化治理水平,进一步促进企业管控现代化、科学化、规范化。持续深化国企改革。按照市国资委及集团改革部署,对标对表落实国企改革任务;深入推进薪酬考核分配制度改革,不断完善以业绩为导向、综合能力素质全面考察的考核评价体系,建立并平稳落地实施职务职级双通道,实施项目创新激励,引导员工创新创造,激发公司发展活力。加强塑造企业品牌力。巩固立体化对外宣传机制,持续优化宣传渠道,强化品牌内涵总结与工作动态挖掘,持续加强与主流媒体单位合作,实施自媒体、政务信息、主流媒体、专业期刊等载体的联动宣传,重点项目打造与日常动态宣传融合推进,持续不断地提升药交所的品牌影响力,营造良好的外部发展环境。抓好风险管控与合规管理。持续深化监事会、法务、审计监督等融合监管机制,充分借助监事会监督检查、内外专项审计、法治建设及法务合规审查等,探索建设合规管理预警系统,推动合规管理融入业务流程,不断健全高效运行的风险防控及合规管理体系;加强内部督促检查与整改落实,确保公司内控体系严密、风险防控全面、运行合规顺利。强化安全经营发展保障。聚焦风险防护,不断优化完善各类安全管理规范,从严从细抓好交易安全、数据安全、网信安全、金融财经安全、生产安全、廉政安全等,强化风险排查与整改,不断提升安全保障水平,为保障公司平稳健康发展营造良好环境。

四、重庆农村土地交易所有限责任公司

(一)基本情况

重庆农村土地交易所(以下简称"土交所")成立于2008年,是国务院批准的开展地票等土地指标交易的要素平台,是重庆市政府批准的市属国有重点企业,是市金融监管局部署建设的全市农村产权抵押融资数据平台,是全国首批通过国务院清理整顿各类交易场所部际联席会议备案的交易机构。2020年9月,土交所公司完成事业单位转企改制;2021年7月,重庆市政府批准土交所公司为市属国有重点企业。

公司定位于"农村产权要素交易平台、农村土地市场化改革实践平台、自然生态价值探索平台、农业农村发展决策咨询平台",经营范围为交易所业务,具体包括开展农村产权和经批准的自然资源资产、生态产品交易,开展相关改革研究,提供相关配套服务等。土交所业务品种涵盖三大类:一是土地指标类,包括地票和耕地占补平衡指标交易。二是实物产权类,包括承包地经营权、林权、四荒地使用权、集体经营性建设用地使用权等流转交易、土地二级市场等。三是延伸服务类,包括各类农村产权抵押融资鉴证、项目策划、招商推介等。

党的十八大以来,围绕助力脱贫攻坚、乡村振兴、生态文明建设和城乡融合发展等目标任务,土交所持续推进以盘活土地要素为核心的农村市场化改革,着力发挥地票等农村产权交易对农村市场价值的先期发现、引导功能,不断拓展农村产权交易品种、规模,推动自然资本加快增值。截至2022年末,全市累计交易地票、耕地占补平衡、实物产权流转、农村产权抵押融资等超过900亿元,促进农村资源变资产、资产变资本,成效得到国家肯定、社会认可和基层群众欢迎。2014年时任国务院副总理汪洋同志来渝调研,评价地票"不碰红线、创造红利";2015年地票写入中办、国办发布的《深化农村改革综合性实施方案》;2018年入选全国改革开放40年地方改革创新40案例;2019年纳入中组部"新发展理念案例"丛书;2020年入选自然资源部首批《生态产品价值实现典型案例》。

(二)2022年运营概况

2022年,土交所坚持以习近平新时代中国特色社会主义思想为指导,全面学习贯彻党的二十大精神,认真落实中央决策部署和市委、市政府工作要求,始

终坚持两个"一以贯之",按照稳字当头、稳中求进工作总基调,锚定目标、提振信心、应对挑战,强力推动公司强党建、严监管,稳交易、促改革,保增值、促发展。全年完成地票等指标交易3.01万亩、27.67亿元,农村实物产权交易及融资鉴证29.24万亩、16.13亿元,工程伴采土石方资源公开出让9255万吨、11.72亿元。

(三)服务实体经济情况

1. 坚持综合施策,千方百计稳住指标交易基本盘

一是多措并举扭转地票市场下滑态势。强化需求侧衔接,赴重点区县和平台公司调研服务,多方式引导市场主体购买地票,努力克服房地产市场萎缩给地票交易造成的困难,全年完成地票交易8336亩、16.56亿元。二是协调供需推进补充耕地指标交易全面市场化。抢抓市场需求,强化耕地占补平衡指标供给组织,全年交易耕地占补平衡指标2.18万亩、11.11亿元,成交金额同比增加37%。完成全市首笔高标准农田建设产生的新增耕地指标交易,成交永川区该类指标488亩、0.26亿元。

2. 大力开拓农村产权流转交易市场

一是健全农村产权流转交易市场体系。推动出台《重庆市健全完善农村产权流转交易市场工作方案》(渝府办发〔2022〕93号)。指导梁平、城口等6个区县启动农村产权流转交易机构市场化改造,推动巴南、垫江、石柱3个区县开展交易体系建设示范。全年累计挂牌交易农村实物产权191宗、27.05万亩、5.03亿元。二是努力扩大助力乡村振兴的"朋友圈"。积极推进与央企、市内外企业的联动发展,在全域综合整治、生态修复、高标准农田建设、农村实物产权流转等领域开展合作。推动与梁平、垫江、城口、永川等区县开展战略合作,促进区县农村产权交易平台完善职能,为服务体系延伸夯实基础。

3. 深化改革创新,推动重点领域改革取得突破

一是积极争取要素市场化配置改革机遇。加强研究策划,多方汇报衔接,争取市域要素市场化改革以土交所为重要依托平台,努力在以市场机制促进生态产品价值实现等方面加大探索力度。二是认真落实《成渝地区双城经济圈建设规划纲要》。指导城口、巫溪、酉阳、彭水申报增减挂钩节余指标跨省调出规模2080亩,可获资金6.24亿元。推动与成都农交所签订战略合作协议,加强互访交流、建立沟通机制。三是谋划开展前瞻性研究和交易新品种开发。积极谋划推动以土石方票为牵引的资源分类利用和市场平衡改革,试点开展合川区土场镇、清平镇约9255万吨自然资源(工程伴采土石方资源)公开出让,成交金额11.72亿元。

4.积极联动农村产权金融服务

一是优化金融服务模式。探索建立农村产权进场交易、抵押融资供需对接、抵押融资交易鉴证、风险补偿金申报、抵押物处置一体化的服务模式。二是建设运营"重庆市农村产权抵押融资信息管理系统"。在市金融监管局支持指导下,汇集全市农村产权抵质押融资项目信息,完成抵押融资存量数据清理3.5万宗、合同总金额176亿元,为全市农村产权金融产品与服务的创新提供有效的数据支持。截至2022年末,累计完成农村产权抵押融资交易鉴证201宗、108935亩、19.85亿元。配合市财政局、市金融监管局,开展2011年以来的农村产权抵押融资风险补偿金审定及拨付,累计审核落实市区两级财政7940万元资金补贴。

(四)2023年重点工作

1.巩固拓展交易业务,不断做大交易基本盘

一是增强市场保障能力,努力实现指标交易企稳回升。强化供给侧调控,激发市场活力,努力稳住市场价格和交易规模。二是统筹增加补充耕地指标市场供给。衔接耕地占补平衡指标市场供需,力争全年交易补充耕地指标2万亩。三是健全农村产权流转交易市场,努力培育新增长极。落实农村产权流转交易"应进必进",确保全年农村实物产权进场交易不低于10万亩。

2.攻坚克难推动改革,打造一流产权要素交易平台

一是认真落实《重庆市土地要素市场化配置综合改革试点实施方案》。按照专项改革工作要求,抓紧制定具体工作方案,积极推进小范围试点。二是创新拓展业务领域。积极探索自然资源资产交易。完善土石方交易信息平台,完善业务交易和管理流程,推动建立土石方评估交易标准体系。围绕耕地保护新要求,探索建立耕地进出平衡指标的交易制度。三是持续深化地票制度改革。深化拓展地票功能内涵,探索推动地票指标拆分管理和交易,协调推动农村建设用地指标池改革试点工作。跟踪建设用地增减挂钩改革进展,同步加强配套政策研究。四是深耕建设用地市场板块,畅通要素流动渠道。上线运行全市城乡统一土地市场信息服务平台,基本实现城乡土地市场要素信息汇集整合。按照入市试点工作安排,有序开展集体经营性建设用地入市交易。开展闲置低效产业用地用房等产业空间资源资产清理,建立项目信息库,多方式引导存量产业用地用房进场交易、盘活利用。

3. 完善现代企业制度,提升基础管理水平

一是完善中国特色现代企业制度。加强董事会、监事会建设,进一步完善董事会向经理层授权管理机制,制定授权事项清单,落实监事会依据公司章程开展监督工作的法定职责。二是健全市场化经营机制。全面实行公司经理层成员任期管理,推进全员绩效考核。健全市场化用工机制,合理控制用工总量。三是强化财务服务保障职能。建立健全财务内控规章制度,推进线上交易结算,提升资金运转效率及服务水平。四是大力推动数字化转型。持续推动指标交易、登记、资金结算、地票使用等全面线上运行和纳入系统管理。完善土地市场信息服务平台,基本实现全市城乡建设用地市场要素信息汇集整合。

(五)未来展望

国家进入新发展阶段,乡村振兴战略全面启动实施,中央深化土地要素市场化改革,加快推进成渝地区双城经济圈建设,都给土交所发展带来了新的使命和机遇。为落实中央决策部署,"十四五"时期,土交所的总体工作思路是:高举促进共同富裕旗帜,牢记耕地保护、生态文明等国之大者,围绕市委、市政府"三农"工作安排,立足主责主业,不断完善市场运行机制,促进城乡自然资本增值、资源要素配置优化,努力为乡村振兴、城乡融合、生态文明建设贡献力量。

一是深化农村产权要素市场化配置改革。持续深化地票、耕地占补平衡指标市场化改革,加快农村集体经营性建设用地入市、土地二级市场平台建设,积极推动农村宅基地制度改革试点,增加更多农民财产性收入。拓展交易品种、扩大交易范围,开展耕地"进出平衡"、土石方等资源市场化配置,有序推动农村各类经营性资产市场化交易,以及社会资本参与农村产权要素配置的路径研究,促进乡村产业发展、农村集体经济增收,努力建设全国性农村产权交易市场。

二是健全农村产权流转交易服务产业链。聚焦市场主体下乡的痛点、难点,以保障合法合规用地为前提,以产业链利益共享为核心,精准对接区县政府项目需求,综合用好财税、金融、保险等支持政策,联动涉农企业、民营企业及经纪人队伍等,打造农村金融综合服务平台,探索形成以交易为核心,覆盖交易前端项目策划与合法合规审核、中端项目招商宣传与交易、后端项目融资及供后监管与产品生产销售于一体的农村产权交易服务生态圈,营造"找地就找土交所,合法合规支持多"的良好氛围,吸引更多工商资本下乡参与乡村振兴。

三是探索建立生态产品保值增值机制。按照产业生态化、生态产业化要求,着力构建自然资源资产生态产品价值实现市场化交易机制,探索绿水青山向金山银山转化的市场化路径。强化地票同山水林田湖草系统治理、国土综合整治相结合,进一步扩大地票生态功能。研究创设多生态产品,撬动更多市场力量助推山清水秀美丽之地建设。

四是全面推动数字化助力智慧乡村建设。立足交易各方市场主体需求,统筹联动相关数据资源,为农村要素盘活利用提供快捷、智能、精准的信息服务。运用大数据和智能化技术,对数据进行融合、治理、挖掘,为政府宏观决策和市场主体微观经营提供数据支撑。

第二十五章　私募股权基金公司

一、重庆产业引导股权投资基金有限责任公司

(一)基本情况

重庆市产业引导股权投资基金(以下简称"产业引导基金")是由重庆市政府批准,于2014年5月13日成立的自我管理型公司制母基金。产业引导基金的设立是重庆市2014年全面深化改革的25项重点改革任务之一,是重庆市落实十八届三中全会精神、创新财政资金分配方式的重大决策。目前,产业引导基金为重庆科技创新投资集团(以下简称"科创投集团")的全资二级公司。

重庆产业引导基金从成立之初,就定位为市场化母基金,坚持"政府引导、社会参与、市场运作、规范管理、防范风险"总体原则,坚持股权投资主线,着力工作机制创新,不断提高运作水平。摸索出适合发展需要,经受了实践检验的"四同""四化"利益分配机制和运作管理机制。

(二)运营情况

截至2022年12月末,产业引导基金已累计认缴168.08亿元用于发起39支子基金,参与出资2支政府主导的投资基金。实际已对外出资93.80亿元,其中,出资51.80亿元投向子基金,出资42亿元参与两支政府主导基金。

1.发起设立子基金情况

截至2022年12月末,产业引导基金参股的子基金39支,总规模434.10亿元,累计到位255.41亿元,其中,产业引导基金出资51.80亿元,社会资本出资203.61亿元。在参股子基金行业投向上,实现了六大产业全面覆盖,较好发挥了产业引导基金的"放大器"作用。

表25-1 按行业分布的子基金情况（截至2022年12月）

序号	行业	基金数量/支	基金规模/万元	产业引导基金认缴规模/亿元	资金放大倍数
1	工业	10	176.90	39	4.54
2	农业	4	19.95	8.94	2.23
3	科技	12	94.26	18.69	5.04
4	现代服务业	8	86.93	16.7	5.21
5	文化	3	31.01	4.75	6.52
6	旅游	2	25	5	5
合计		39	434.10	93.08	4.66

2.子基金投资项目情况

截至2022年12月末，子基金累计投资项目440个，投资金额248.31亿元，带动其他社会资本投资407.56亿元，合计投资655.87亿元，已投项目超60%具备硬核科技创新属性。其中，子基金累计投资重庆项目165个，投资金额154.37亿元，占总投资额的62.17%，带动子基金外的社会资本跟投187.62亿元，总计341.99亿元。稳步实现推动重庆产业发展，助力企业壮大的政策预期。

3.子基金回款及项目退出情况

截至2022年12月末，子基金完全退出项目69个，合计回款金额为48.78亿元，加上部分退出项目回款等，子基金累计回款70.80亿元。公司累计收到子基金分配回款14.75亿元，回款率为28.47%。

4.承接政府主导的投资基金运行情况

一是纾困基金，主体为重庆发展产业有限公司，注册资本29亿元，其中产业引导基金认缴出资25亿元，已实缴出资17亿元。截至2022年12月末，纾困基金累计发放24笔委托贷款，共计47.37亿元，帮助8家民营企业解决资金周转问题，已回收委托贷款本金17.8亿元，委托贷款余额为20.95亿元。

二是战新基金，由渝富资本管理，总认缴规模346.03亿元，其中产业引导基金认缴出资50亿元，实缴出资25亿元，已于2022年3月底将公司所持有的战新基金全部份额转让给重庆渝富集团。

(三)服务实体经济情况

1.产业引导基金子基金

(1)围绕科技创新,稳步推动子基金发起设立工作

全年,公司继续深入贯彻落实市委、市政府发展战略,围绕科技创新,有序推动基金发起设立及招募工作。

一是围绕重点产业,有序推进基金发起设立工作。增资参与盛景嘉成发起设立的首支成渝两地联合出资的成渝百景基金,主投科技文化、互联网+文化领域,规模5亿元。

二是启动科创引导基金子基金设立工作。按照印发的《重庆市科技创新股权投资引导基金管理办法》,结合公司实际情况,草拟《关于子基金管理人招募的分析报告》,总结梳理已合作子基金情况,提出全年招募思路和招募工作措施建议。参照科创引导基金管理办法,推动完成清研聚创基金的尽调和内部投决,启动并完成同创伟业绿色基金的内部初审投决。后因产业投资基金的整合,相关子基金设立工作暂缓。

(2)稳步推进投资,助力已投企业加速发展

全年,公司对7支子基金进行了7笔出资,合计出资金额为4.73亿元。截至2022年12月末,公司已累计向子基金出资51.80亿元。子基金层面,子基金单年新增投资项目59个,投资金额29.21亿元,获得资金支持后,企业发展加速。

一是一批本地企业获得资本青睐。全年,子基金新投资重庆企业27家,投资金额15.25亿元,带动子基金关联方新增投资13.81亿元,合计新增投资重庆29.06亿元。其中,投资特高压输配电装备的研发制造商重庆广仁铁塔,拟投金额1亿元。助力该企业持续扩大生产规模,扩展市场渠道。投资新能源锂电池负极分散剂材料研发与生产企业重庆硕盈峰,拟投金额0.29亿元。助力该企业持续为宁德时代、ATL、孚能科技等锂电池头部厂商提供核心材料,并与LG、松下等公司沟通交流,进一步布局海外市场。投资专注于研发高技术含量的精细化工产品的科技型企业重庆沃肯新材料,拟投金额0.35亿元。助力该企业持续为电子显示及半导体企业、医药企业等研发生产精细化工产品。

二是一批已投高新企业快速发展。例如,高强度、轻量化的汽车铝合金零部件生产商重庆新铝时代再获子基金红马智能化0.53亿元投资。全球超高精密3D打印领军企业重庆摩方精密完成3亿元C轮融资,该轮融资将主要用于进

一步在材料端及终端产品领域发力。车载激光雷达系统供应商北京亮道智能于日前完成超亿元B1轮融资,持续加大产品研发投入,完善全自动化产线。特种机器人生产企业重庆七腾科技及汽车小灯零部件行业领导企业重庆睿博光电凭借其良好的主导产品市场竞争力、专业化程度、创新能力,成功获评国家级专精特新"小巨人"企业。发动机零部件生产研发商山东浩信机械入选工信部第四批工业产品绿色设计示范企业名单。

三是一批优质被投企业陆续上市。2022年新增上市/过会企业共10家。其中,汇通达(09878.HK)、智云健康(9955.HK)、洪九果品(06689.HK)、铭科精技(001319.SZ)分别在港交所、深交所主板挂牌上市;菲沃泰(688371.SH)、国博电子(688375.SH)、甬矽电子(688362.SH)、灿瑞科技(688061.SH)在上交所科创板挂牌交易;柏飞电子(600850.SH)完成与电科数字重组,目前已上市过会;美信科技已通过深交所创业板审核过会。另外,纵目科技、鑫信腾、杰理科技、亿道信息4家企业的上市申报材料已获交易所受理。目前,子基金投资企业共有32家企业实现IPO、借壳或并购重组上市,其中本地企业8家,新铝时代、宇海精密、上海博泰等21家企业已进入上市辅导。

(3)以投促引,为本地带来新兴产业发展增量

公司通过股权纽带成功引进4个新兴产业企业落地重庆。引入AR/VR显示光学模组生产商深圳惠牛科技来渝设立子公司——重庆惠牛科技有限公司,注册资本2500万元;引进虚拟现实软硬件研发高新技术企业江西格如灵落地子公司重庆格如灵科技有限公司,注册资本3000万元。6月,引进专注于含氟电子特种气体等含氟新材料研发生产的国家高新技术企业福建德尔落地子公司重庆天甫电子材料有限公司,注册资本1亿元。9月,由重庆市经信委和北碚区招商,产业引导基金子基金协同助力,引进半导体领域先进工艺设备生产商中科光智的总部由西安搬迁至重庆。

(4)加强退出管理,持续做好项目退出回款

一是有序推进到期子基金清算。全年,战略性新兴产业基金已实现完全退出。持续推动西证渝富、首控文投、农产品流通等三支子基金开展清算事宜。其中,西证渝富基金已完成清算工作,于2022年8月16日注销;首控文投基金已聘请第三方机构开展清算工作,待出具清算报告供合伙人审议后,完成基金余款分配和注销;农产品流通基金已完成清算工作,基金已于2022年2月20日完成注销。

二是督促子基金做好项目退出和回款。全年,子基金有27个项目完全退出,退出金额16.24亿元,加上部分退出项目,子基金共计回款12.12亿元。全年,公司收到20支子基金的44笔回款(含战略性新兴产业1笔),合计回款金额27.97亿元(含战略性新兴产业25亿元)。

(5)持续优化投后管理,加强全流程风险控制

一是加强子基金投后运营综合绩效评价。年内完成对28家子基金管理人的年度访谈工作,编制《重庆产业引导股权投资基金有限责任公司2022年子基金管理人访谈报告》,汇总分析各子基金的募资、投资、运营管理和退出情况。根据子基金年度运营报告、公司内部统计数据以及管理人报送基础数据,结合子基金所处阶段,完成截至2021年末28支市场化子基金运营绩效评价报告。结合在评价过程发现的问题,完善绩效评价指标体系。

二是开展子基金年度运营风险分析。收集、整理、归档34支子基金2021年度运营报告和审计报告以及2022年一季度运营报告和财务报表,在年度运营报告、访谈报告和审计报告基础上完成2021年度专项基金风险分析报告,并就关注事项与基金管理人沟通。督促基金管理人积极履职,必要时主动应对,避免公司利益遭受影响。

三是开展子基金运营费用列支合规性检查。上半年,公司对10支子基金运营费用列支开展了专项检查,对于梳理出来的重点专注项目,与各家基金管理人进行沟通,要求基金管理人反馈关注项目列支基金运营费的背景情况、必要性和相关协议、发票等。下半年,公司对6支子基金投委会决议与项目投资协议一致性情况进行了专项检查,抽查了成渝百景基金发起设立过程规范性情况,针对检查发现问题提出完善建议。

四是持续优化公司内部业务流程及制度建设。公司根据持续股权结构变化,持续开展章程修订工作。同时,根据业务形态变化和调研情况有序开展《设立子基金初审工作准则》《子基金专家评审工作准则》《在管基金项目直投管理规程》等14项制度修订工作。同时,针对子基金合伙协议、募集协议和托管协议、委托管理协议等业务流程内容进行修订,持续优化公司内部业务流程,夯实内部制度建设基础。

(6)积极开展合作研究,提高服务效能

围绕区域战略部署开展相关研究工作,助市金融局完成了《政府股权投资基金促进产业创新发展情况报告》,并呈送市领导;按照市发改委要求,完成《产

业引导基金制造业及战略新兴产业投资情况报告》,并转报国家发改委;按照市金融局要求,主动收集并整理国家大基金运作案例,配合完善《西部陆海新通道股权基金方案》。配合集团完成《关于成渝协同发展投资基金方案的报告》,夯实两地基金合作的基础。

2.配合推动市产业投资基金工作

(1)推进产业投资基金设立及投资工作

一是协助产业投资基金相关注册备案工作。配合集团完成产业投资基金工商注册和中基协登记备案等有关工作;持续推动产业投资私募管理基金公司注册相关工作。

二是推动相关业务管理制度的制定完善。配合完成《重庆市产业投资基金管理办法》《重庆市产业投资基金管理办法实施细则(试行)》等制度起草工作;配合做好产业投资基金内部运营的《基金管理费计提办法》《专家评审办法》《超额收益管理》等制度起草工作。

三是稳步推动行业母基金设立工作。根据市财政的统一安排,加速推动总规模20亿元的汽车基金和10亿元的专精特新基金发起设立工作。目前已与市产业投资基金、永川区、合川区、江津区、潼南区和铜梁区签署汽车基金合伙协议;与市产业投资基金、江津区、合川区、铜梁区和巴南区签署专精特新基金合伙协议。完成两支行业母基金的工商注册流程,有序推动两支行业母基金的中基协备案工作。

(2)围绕重点产业,积极开展基金招募工作

按照重庆市产业投资基金投资运作及规范要求,围绕新能源汽车及专精特新等领域,积极开展基金管理人招募工作。

2022年8月,《2022年重庆市产业投资基金申报指南》正式发布,面向社会招募优质普通合伙人(GP),已接触同创伟业、鼎晖百孚、招商致远、复星创富、温氏投资、清研资本、国科京东方、佳沃大河(联想)、毅达资本、广发信德、弘毅投资、北汽产投、尚颀资本、广汽资本等数十家基金管理人。其中,清研资本、温氏投资完成子基金组建立项工作,10余支子基金进入立项阶段。

(3)多途径开展工作,储备对接优质项目

一是围绕汽车行业母基金和专精特新行业母基金拟直投项目情况。加速推进项目走访工作。全年,公司调研走访高新区、两江新区、璧山、铜梁、江津、合川、永川、沙坪坝、巴南等区县,现场调研新承航锐、精准生物、广域铭岛、特斯

联、平伟汽车、鑫景玻璃、中泰模具、创精温锻、金汇能、兴渝湘等企业,累计考察项目36个。其中,中泰模具、精准生物、新承航锐、鑫景特玻璃等项目重点推进中。

二是加大与基金管理人协作。挖掘已合作及拟合作基金管理人的项目资源,为汽车、专精特新母基金以及合作子基金输送更多本地及外地引进落地项目资源。已梳理中润化学、绿能纤材、三友机械、昆凌集团等重庆本地项目以及对接储备摩尔芯光、航天嘉诚、洛轲智能等10余个拟落地项目。部分项目已推荐子基金,并纳入储备项目库。

3.持续推动内部制度及团队建设,深化公司综合实力

一是积极推动公司内部制度建设。全年,公司有序推动内部管理制度修订,参照科创投集团印发的管理制度,结合公司实际情况,有序开展《固定资产管理办法》《差旅费管理办法》等制度的制定与修订工作,持续优化公司制度管理建设。

二是推进公司人才团队建设。讨论通过专项能力提升方案,积极组织全体员工参加各类培训,全年通过邀请子基金管理人及外部专家开展产业相关讲座,组织全体员工前往重庆两江半导体研究院等地学习交流,线上远程教学等形式,不断提高广大干部职工队伍综合素质能力。

4.做好对外衔接及宣传,强化服务效能展示运营成效

一是协助举办重大对接活动,搭建资企对接平台。协助科创投集团,与重庆股份转让中心共同举办"2022创投成渝·发现金种子"活动,组织成渝两地企业积极报名,历经海选、初赛、线上复赛、线上线下走访调研和决赛,最终评选出11家成渝获奖企业,进一步助力双城经济圈建设。协助市金融局举办智能网联新能源汽车产融对接会线上路演会,组织合作子基金管理人及已投企业北斗网联、锐驰智光等积极参加活动,助力全市智能网联和新能源汽车产业集群建设。配合重庆市信通院开展"绽放杯5G应用征集大赛(重庆赛区)"活动。

二是积极做好与清科集团、投中集团、融中集团、母基金研究中心、母基金周刊、CLPA等机构的对接,全年,共计获得"2021全球最佳表现母基金TOP50""2021年度中国最佳政府引导基金""2022年中国政府引导基金50强""2020—2021年度最佳政府引导基金管理团队50强""2021年度政府引导基金(省级)TOP10"等17项公司荣誉及12项员工个人荣誉。

(四)经营目标及未来展望

2023年,重庆产业引导基金将在科创投集团的统一部署下,围绕科技创新,结合全市"十四五"发展规划,抢抓成渝地区双城经济圈、西部科学城及陆海新通道建设等机遇,优化工作流程,完善工作机制,吸引更多社会资金参与科技创新领域投资,更好地发挥服务实体经济职能。结合现有子基金投资计划及资金拨付、回款周期,初步计划2023年新增子基金项目投资10亿元,回收资金7亿元,守住不发生重大风险底线。

1. 有序推进汽车和专精特新基金相关工作

一是持续推动汽车和专精特新基金招募及设立工作。全年已对接90余家管理人,其中50余家符合两支行业母基金招募方向。储备了温氏投资、清研资本、复星创富、招商致远等等一批具备合作意愿、条件成熟、符合招募要求的子基金,争取年内完成一批汽车及专精特新基金的子基金签约设立。

二是有序开展汽车和专精特新基金直投业务工作。根据汽车和专精特新基金拟直投项目情况,持续推动中泰模具、精准生物、新承航锐、鑫景特种玻璃等重点项目后期投资工作。做好本地及引进项目的梳理,持续开展项目走访工作,储备一批优质的直投项目标的。

三是加强项目库建设配合推动项目投资工作。加强本地优质汽车及专精特新领域企业项目库建设。对接市经信委、市科技局,主动走访区县及开发区,加强对全市汽车产业及专精特新企业分析,结合区县推荐,进一步梳理形成一批拟投资本地储备项目库。

2. 持续推进公司运营管理机制改革创新

一是推动市场化经营机制改革。结合公司的实际情况,加快推进公司市场化经营机制改革,积极推动公司激励约束制度的制定,不断释放发展活力。

二是完善管理及投资决策流程。按照新管理办法要求,完善产业引导基金管理及投资决策流程,加强内部管理信息化建设,不断优化基金设立及项目投资决策效率。

三是不断完善公司组织架构。根据公司业务发展需求,推动完善公司内部部门设置和职能职责,优化组织架构、绩效考核等,强化组织运作效率。

3.围绕创新驱动发展战略,加大科创项目支持力度

一是强化子基金投资重点,持续对重点领域的优质科创企业进行投资。围绕智能制造、人工智能、数字经济、新材料、生物医疗、节能环保等战略性新兴产业,挖掘更多优质科创型项目,做好项目对接推荐工作。

二是助力企业上市发展,促进全市经济实现高质量增长。重点抓好本地优质科创项目和引进落地具备上市预期的科技型企业股权支持力度,积极培育壮大本地上市企业队伍,持续提升本地经济资产证券化水平。

4.围绕管理高效化规范化,持续夯实基金投后及风控管理

一是重点抓好子基金的退出及项目回款。继续督导回收期子基金做好项目退出安排,积极挖掘合适的项目退出机会。持续做好子基金及投资项目分级分类管理,配合做好已投项目的回购、上市退出等回款工作,力争全年实现回款7亿元。

二是提高项目投资管理效率。探索子基金分类管理与项目投资分级决策相结合的管理方式。抓好重点基金、重点项目及拟投资引进落地项目的管理,加强业务部门协同,共同提高子基金投资决策效率。

三是强化全流程风险控制管理。持续做好子基金管理人走访约谈,强化子基金的运营管理分析,把好子基金运行风险预警关;结合科创引导基金绩效评价办法和公司子基金绩效评价操作规程,完善子基金绩效评价体系建设,科学把好子基金运营绩效评价观,为子基金投资期延长、发起设立续期基金提供决策支撑。

5.围绕综合服务能力提升,搭建多元化综合服务平台

一是搭建各类政策协同服务的平台。进一步推动"投贷担"联动,解决企业融资难、融资贵的问题;支持基金管理人申请私募投资基金支持科技创新奖励政策;积极协调政府各部门,为合作基金管理人及已投项目争取更多支持。

二是搭建资企高效对接的平台。配合科创投集团高质量办好重庆国际创投大赛,举办第四届发现金种子活动,举办子基金已投项目与本地产业对接活动,着力促成企业与资金及产业更便捷沟通合作。

三是搭建优秀企业的展示宣传平台。组织已投优质科技企业参展智博会的活动,策划媒体对本地企业的宣传报道,向大众展示被投企业新技术、新应用,进一步协助企业提升知名度和影响力。

6.围绕公司自身能力建设,强化团队打造及内部制度完善

一是不断完善公司内部制度建设。在科创投集团的统一部署下,结合产业引导基金工作实际,全面梳理、评估业务相关制度和流程,持续修订完善公司相关业务流程与内部管理制度。

二是持续推进公司人才团队建设。有针对性的组织开展培训工作,引导员工加强对投资行业及产业的研究,有效提升公司员工专业能力。同时,坚持以人为本的基本原则,积极开展各项团队建设活动,推进公司文化建设见实效,不断增强公司凝聚力。

二、重庆天使投资引导基金有限公司

(一)基本情况

2008年底,重庆市科技创业风险投资引导基金依据《重庆市科技创业风险投资引导基金管理暂行办法》(渝办发〔2008〕243号)设立,次年7月,重庆科技创业风险投资引导基金有限公司成立。2015年12月,根据市政府发布的《关于加快重庆创业投资发展的意见》(渝府办发〔2015〕155号)和市科委构建创投体系的战略部署,出台了《重庆市天使投资引导基金管理办法(试行)》(渝科委发〔2015〕130号,以下简称"天使引导基金管理办法"),重庆科技创业风险投资引导基金有限公司正式更名为重庆天使投资引导基金公司(以下简称"天使引导基金")。

天使引导基金按照"政府引导、市场运作、专业管理"的原则,结合重庆市产业基础和未来布局,持续吸引和集聚国际国内一流基金管理团队,引导区县、园区资金及各类社会资本,聚焦人工智能、大数据、智能制造、生物医药、新材料、节能环保等新兴产业领域,以参股设立投资基金的方式,实现财政资金的杠杆放大效应,增加创投资本的供给量,支持创新型中小微企业快速发展。

(二)运营情况

1.基金投资情况

截至2022年末,重庆天使引导基金累计投资组建29支创投基金,参股基金

目标规模221.28亿元,实际认缴规模197.04亿元,其中重庆天使引导基金认缴出资25.72亿元,实现7.66倍财政杠杆放大。2022年内,重庆天使引导基金新增投资额1.98亿元。

2022年内,重庆天使引导基金持续开展新基金组建筹备工作,重点推进以自身作为基金管理人的渝东北科创基金筹备组建工作。渝东北科创基金是为落实《重庆市支持科技创新若干财政金融政策》(渝府办发〔2021〕47号),在市财政局的统一部署下,依托市级科技创新投资平台拟设立。此外,重庆天使引导基金积极根据主管部门要求参与科创培育基金筹备工作,并结合过往经验、行业惯例和市场趋势对基金组建方案及管理办法征求意见稿提供参考建议。

2.基金项目投资情况

截至2022年末,重庆天使引导基金参股基金累计投资项目682个,投资金额160.58亿元,带动其他资本参与投资306.19亿元,实现财政资金三级放大约42.05倍。其中,投资重庆项目167个,投资总金额56.61亿元,26个项目成功进入多层次资本市场。

2022年内,重庆天使引导基金参股基金新增投资项目53个,投资金额10.50亿元,带动社会资本联合投资金额48.58亿元,主要投向生物医药、大数据、智能制造行业领域。

3.投资研究与协同创新

2022年,重庆天使引导基金连续第9年编制《天使引导基金年度管理报告》重点分析总结了投资基金财政杠杆效应,精准触达国家级"专精特新"小巨人,以及"以投促稳、以投提效"方面的经验成效;连续第8年编制《重庆天使引导基金价值评估报告》并首次尝试与专业第三方机构共同探索天使引导基金及参股基金估值体系搭建。

2022年,重庆天使引导基金继续推进协同创新相关工作:一方面,加大与本地区县及创新主体的协同互动力度,继续参与推动环重理工创新生态圈建设,与两江新区协同创新研究院等多个区县创新平台保持深度互动与交流;另一方面,继续跟踪国内政策发展动向与市场热点,持续关注保险、银行、券商等市场化资金投资创投基金的准入要求及发展趋势,为下一步公司市场化改革推进做前期知识、观念积累。

4.行业机构对接与荣誉

2022年,天使引导及基金与融资中国、清科沙丘学院、36氪、CLPA、中国风险投资研究院、IIR等行业权威三方机构和协会保持密切联系和良好沟通,依托机构的平台优势对接参与峰会、论坛、培训等数十场,在及时掌握行业资讯与产业动态的同时,切实提升团队专业管理水平;积极参与行业权威榜单评选,专业能力得到业界广泛认可,年内共计荣获行业荣誉12项。

(三)服务实体经济情况

1.高度聚焦战略性新兴产业领域,精选合作创投机构

党的二十大报告指出,坚持把发展经济的着力点放在实体经济上,推动战略性新兴产业融合集群发展。2022年8月,重庆市印发的《关于加强财政金融联动支持实体经济发展的通知》提出,发挥政府性投资基金引导作用,聚焦重大战略类、重点行业类、科创培育类项目,围绕重点行业和"专精特新"企业、科技型企业开展投资。

对重庆天使引导基金而言,聚焦战略性新兴产业的首要任务,就是要精选符合投资方向和投资逻辑的合作创投机构。近年,重庆天使引导基金一直高度重视对合作机构的筛选,在将投资领域锁定战略性新兴产业的前提下,秉持"坚持精品、聚焦头部、优中选优"的投资策略,对合作机构进行全方位考察,既需要兼具优秀的投资业绩和丰富的产业背景、行业资源,也需要有优质的投后服务和孵化培育经验。

基于这一策略,重庆天使引导基金与多家侧重战略性新兴产业领域、专注早期科技投资的头部创投机构展开深入合作,从源头发力提升服务战略性新兴产业质效,推动实体经济高质量发展。

截至2022年末,重庆天使引导基金已与IDG资本、北极光创投、德同资本、汉能创投、峰瑞资本、险峰等国内一流的创投机构发起设立共29支,总规模221.28亿元的创投基金,为人工智能、高端智能装备、大数据及生物医药等战略性新兴产业领域拥有核心技术、具有持续创新能力的企业提供了资金支持。

2.大力支持战略性新兴企业,精准触达"专精特新"

依托于优质合作机构丰富的产业背景、行业资源以及专业的投资眼光,重庆天使引导基金参股基金投资对象精准聚焦专注细分市场、聚焦主业、创新能力强、成长性好的战新企业,助力实体经济提升产业链、供应链稳定性和竞争力。

截至2022年末,重庆天使引导基金参股基金累计投资680个,投资金额160.58亿元。投资金额排名前五的行业分别为大数据、智能制造、生物医药、节能环保、人工智能。

其中,近100家企业被认定为"专精特新"企业、超30家企业被认定为国家级专精特新"小巨人",包括致力于推进人、机、物互联互通和协同决策的声智科技,专注代谢疾病领域创新药物研发的阿尔法药业,专注于微创手术医疗器械研发、制造和销售的西山科技等。

3. 深化市区协同联动,打造本地战新产业引育闭环

"支持战略性新兴产业"是重庆天使引导基金的首要工作目标;而"助力本地实体经济发展"则是其作为地方引导基金肩负的重要使命。对此,重庆天使引导基金始终牢记使命、明确定位,围绕重庆市扶持和鼓励发展的重点行业领域,通过支持科技成果转化、挖掘培育本地科创企业以及"市区协同、科创招商"等多项举措,为重庆高质量发展新动能蓄势发力。

在扶持本地科创企业发展上,一方面,高度重视科技成果转化,依托重庆科技成果转化基金,重点关注智能制造、生物医药和企业服务领域,投资了包括明道浩悦在内一批初创期科技型企业;另一方面,将培优中小企业与做强重庆优势产业相结合,深度培育并协调资源支持在战略性新兴产业领域拥有核心技术的本地科创企业,其中包括物奇微电子、西山科技等一批战略性新兴产业领域的优质企业。

在大力支持本地战新企业发展的同时,重庆天使引导基金还持续实施"市区协同、科创招商"的策略。在充分利用智慧资本资源优势的基础上,与各区县紧密协同,结合各区域产业基础和发展规划,充当沟通对接"桥梁",构建了高效、顺畅的"科创招商"机制,促成了一大批具有核心技术优势的战略性新兴产业领域科创企业落地重庆,有力促进了区域实体经济的优化升级。这些企业中,既包括落地渝北区的国内中高端Wi-Fi6芯片供应商希微科技、地下管道检验行业领跑者博铭维科技,落地渝中区的卓越软件定义存储产品及技术供应商大道云行,也包括落地沙坪坝区的一站式软件定义物联网平台服务商慧联无限,落地高新区的提供一站式MRO采购和供应链数字化解决方案的固安捷以及落地长寿区的人工智能基础设施型软件企业中科弘云等。

截至2022年末,重庆天使引导基金参股基金已累计投资重庆企业167个,投资金额56.61亿元,有26家企业进入多层级资本市场;引进落地企业46个,投资金额26.46亿元。

(四)产品、服务及模式创新情况

1.配合重点部署,探索向专业基金管理人转型

2022年,根据市委、市政府及主管部门重点部署,重庆天使引导基金作为基金管理人推动了渝东北科创基金筹备工作。这是公司在前期经营成果基础上,探索向专业基金管理人转型的重要举措:一方面,作为基金管理人筹备发起主动管理的科创基金,为公司自身的专业化转型展开了关键探索,另一方面,聚焦区域的科创基金架构切实加强了市区两级投资联动,在形成合力扶持区域重点产业、输出管理经验提升区域资本运作水平方面进行了关键模式创新。

2.聚焦早期科技创新,加强与创新主体互动

2022年,重庆天使引导基金持续加强与本地创新主体的互动,先后与两江协同创新研究院、上交成渝研究院、渝富中新等多次沟通交流,从大学院校、科研院所、区域创新等多个角度,探讨支持早期科技创新的可行性方案,提升早期科技创新孵化成功率。

3.完善价值评估体系,及时客观掌握资产状况

2022年,重庆天使引导基金首次引入专业第三方机构,共同探索天使引导基金及参股基金价值评估分析及估值体系搭建,完成《重庆市天使引导基金2021年价值评估报告》。过程中,重庆天使引导基金切实遵循客观、科学、审慎的估值原则,与三方机构深度配合,对基金估值方法的选用标准反复打磨,重新梳理估值管理思路,完善搭建现有估值体系,对参股基金进行分级分类评估,较好验证和完善了现有基金估值思路。

4.持续提升投后管理水平,强化基金分类管理

2022年,重庆天使引导基金持续坚持"积极型投后管理及服务"策略,切实履行合伙人权益,与子基金管理人建立长效沟通协调机制,同时针对基金不同运行阶段的管理侧重,对在管子基金按照投资期、退出期、清算期进行分类差异

化管理,在标准统一、流程规范的基础上,充分体现基金运行各阶段的管理特点,提升决策效率,专业性得到子基金管理人的认可。

5.加强主动风险管理,确保国资保值增值

2022年,重庆天使引导基金风控管理继续坚持"主动风险管理"的总体策略,对风险基金持续实施专项风控。针对基金风险管理个案处置中的难点、问题点,公司内部各部门高度协同配合,共同讨论制定风控方案;及时引入三方机构,加强与风险基金管理人的沟通,努力还原事实、明确管理责任,取得较好风控成效。

(五)经营目标及未来展望

1.配合"33618"重点产业布局,持续聚焦本地创新

紧密围绕市委市政府"33618"现代制造业集群体系战略规划以及天使引导基金关注早期、聚焦早期投资的定位,充分发挥团队专业能力,整合行业创新资源,持续强化基金产品设计、优化基金投资组合,以基金为纽带建立技术、资本、市场与政府资源的有效连接,支持形成基础研究、技术开发、成果转化和产业创新全流程创新产业链条,瞄准战略性新兴产业,聚焦重点产业关键环节,精准扶持"硬科技"和"专精特新"高新技术企业,推动本地产业结构调整、促进产业集聚,引导区域经济升级转型,继续为助力重庆科技创新及实体经济高质量发展贡献更大的力量。

2.重点推进渝东北科创基金落地设立

在主管部门指导和支持下,拟作为基金管理人积极推动渝东北科创基金落地设立及投资运作。加强与渝东北区县政府互动,积极探索市级引导基金资源与渝东北地区产业资源深度互动模式,加强区域产业基础调研,与地区招商部门协同配合,引入优质科创项目落地渝东北,切实提升渝东北地区科技创新素质与产业综合实力,推动区域产业转型升级。

三、重庆两江股权投资基金管理有限公司

(一)基本情况

重庆两江股权投资基金管理有限公司(以下简称"两江资本")成立于2013年

7月,注册资本1亿元。两江资本是在中国证券基金业协会备案(备案登记编码:P1009850)的持牌股权投资管理机构,主要负责直管基金管理制度起草、筛选调查拟投项目、制订项目投资方案及子基金设立方案、组织投资决策会议、执行投决会的决议、实施项目投资和投后管理等基金日常管理事务。公司内设综合部、投资部、金融市场部、法务风控部、财务部、战略基金部、投后部等8个部门,在册员工35人。2022年末,公司总资产3.76亿元,同比增长21%,全年实现营业收入1.2亿元,净利润0.85亿元。

2015年10月,为推动两江新区战略性新兴产业发展,从"有利于产业发展、有利于招商引资、有利于国有资本保值增值、有利于吸引社会资本"的目的出发,两江新区管委会批准设立"两江新区战略性新兴产业股权投资基金",在此基础上,根据两江新区产业发展需要,陆续组建了两江承为基金、两江科创基金等私募股权投资基金,由两江资本担任管理人。截至2022年末,两江资本共管理18支私募股权投资基金,统称"两江战略基金",认缴总金额达248.13亿元,实缴总金额222.68亿元,其中包括两江战略基金系母基金及子基金7支、两江科创基金1支、专项基金9支。

近年来,两江资本及两江战略基金影响力逐步提升,成为具有一定社会影响力的基金品牌。先后上榜清科"中国政府引导基金30强""中国国资投资机构50强""中国私募投资机构100强""中国先进制造领域投资机构30强",投中"中国最佳私募股权投资引导基金TOP20",全球PE论坛2021—2022年度"中国先进制造领域活跃投资机构20强""中国PE/VC十佳优秀投资案例",公司执行董事朱军同志获"2020十大重庆经济年度人物"、清科"2021年中国最具影响力投资人"称号。2022年9月,两江资本当选重庆市股权投资基金协会第四届会长单位。

(二)运营情况

两江资本成立以来,认真履行管理人职责,以投资、引进、培育优质战略性新兴产业项目为目标,努力发挥产业基金引导撬动作用,带动项目落地80余个,形成社会总投资约2400亿元,资本撬动比例约13倍,有效推动了两江新区战新产业快速发展。

(1)基金规模稳步壮大

2022年,两江资本新增主动管理基金4支,全年认缴和实缴总金额比上年分别增加41亿元50亿元,同比分别增长20%和29.2%。近年来,两江战略基金总规模年均增长约43%,在全市股权投资基金行业中位居前列。

(2)产业投资合理布局

两江战略基金围绕两江新区重点发展的战略性新兴产业开展投资。截至2022年末,累计投资项目62个,其中直投项目44个,子基金项目18个,累计出资186亿元。投资范围聚焦智能网联新能源汽车、电子及软件信息、高端装备、航空航天、新材料、生命健康、现代服务业等七大领域。其中,智能网联新能源汽车产业投资占比约60%,电子及软信产业投资比例约25%,高端装备投资比例约6%。投资了一批具有代表性的项目,包括赛力斯、力帆科技、极星汽车、万国半导体、紫光展锐等。此外,全年共接洽调研项目超过100个,纳入公司项目储备65个,涵盖新能源、软信产业、先进制造、专精特新、现代服务业等领域。

(3)投后管理规范有序

截至2022年末,两江战略基金体系在管项目53个,所有目根据运行情况划分风险等级,按对应风险级别实行分类管理,基金投资项目整体风险可控。累计退出项目或阶段性退出项目22个,退出资金约41亿元。根据第三方中介机构评估,截至2022年末,两江战略基金体系在管项目整体估值(收回资金+在管项目估值)约348亿元,总体增值约62%,年平均增长率约10%,基金运营实现了保值增值。

(三)推动企业上市成效初显

2022年,两江战略基金体系投资项目中2家成功实现IPO,其中极星高端新能源汽车项目6月在纳斯达克上市,西山科技12月成功过会,成为重庆第3家、两江新区第2家科创板企业。两江战略基金通过母子基金联动已投资上市公司约40家,其中直接投资上市公司7家。此外,为落实两江新区推动企业上市"扬帆行动"计划,两江资本通过摸排被投企业,梳理出拟上市企业29家,其中未来3年拟申报上市企业有16家,包括纵目科技、宇隆光电、优必选、马上金融、易宠科技等。

针对有意愿但近期上市困难的企业,主动出击,通过"投资+投行+中介"联合行动,协助其解决融资、改制、合规等方面的问题。例如协助万国半导体引入战略投资及客户资源,设计上市路线图推动其股改、协助象帝先完成2轮股权融资、为峰米科技引荐下游客户和投资机构、组织券商及中介机构为希迪智驾规划上市路径并推动其股改、引荐国家大基金投资伟岸测器、为海装风电引进子基金投资等。

(四)服务实体经济情况

1. 聚焦产业,社会经济效益明显

两江战略基金聚焦产业投资,基金投资拉动经济社会效益显著。近三年,投资项目在两江新区累计实现产值2627亿元,年均增长约32%;累计上缴各类税收总额130亿元,年均增长约33%;解决就业5.75万人,新增就业1.85万人。特别是重点推动智能网联汽车和电子软信两大万亿产业集群发展,一是围绕智能网联新能源汽车产业链,投资了长安、赛力斯、极星、力帆、阿维塔等一批重点车企,延伸投资太蓝新能源、赣锋锂电等电池企业,纵目科技、希迪智驾等智能网联科技企业,近三年累计实现产值1600亿元,上缴各类税收64.5亿元,解决就业3.06万人,企业产量产值同比显著提升,车型从低端迈向中高端,产品附加值明显提升。二是围绕电子软件信息产业链,投资支持了京东方、万国半导体、紫光展锐等10余个重点项目,近三年累计实现产值623亿元,上缴各类税收约53亿元,解决就业1.4万人,为两江新区电子及软信产业补链强链做出了积极贡献。

2. 攻坚克难,拯救重点上市企业

两江资本抽调精兵强将攻坚克难参与力帆重整,历经15个月,引入吉利集团战略投资,导入国家重点发展的换电新能源产业,出资15亿元撬动社会资本,组建30亿元满江红专项基金,顺利解决了273亿元债务,化解了2626家配套企业的次生风险和120家金融机构的外溢风险,稳定了6172人就业,圆满完成重整任务。项目入选《2020年重庆市优化营商环境十佳案例之特别案例》《重庆法院2020年度十大典型案例》,写入最高人民法院工作报告,创造了资本市场企业重组的样板。重整完成后,两江资本持续跟踪赋能企业生产经营,2022年力帆销售汽车5.7万辆,同比增长13.7倍,净利润预计同比增长1.7倍。

3. 深耕园区,助力科创企业成长

一是坚持投早投小,全力构建科技型企业全生命周期培育链条。2022年多次深入园区,调研科创企业180余家,储备项目130余个,先后投资了伟岸测器、峰米科技、易宠科技、博拉网络等一批具有核心技术优势和上市潜力的两江科创企业,包括区内专精特新企业9家。二是打造科创金融服务体系,发起成立"两江新区专精特新金融服务联盟"。联合投资、券商、银行、会所、律所等20余家国内一流机构,为专精特新、科创企业提供专业融资及上市咨询辅导服务。三是深度参与重大科创活动,助力新区科技创新升级。协助举办专精特新产业园授牌暨企业联盟成立活动,参与"明月湖国际创新创业大赛",设立明月湖种子基金重点扶持获奖企业。

(五)经营模式创新情况

1. 创新国资基金市场化募资模式

坚持"政府引导、国企主导、社会参与",两江战略基金共募集社会资本65亿元,占基金总规模的26%,是全市募资效果最好的国资基金之一。创新探索专项基金募资模式,带动社会资本共同投资重点项目。其中,力帆重整、长安新能源、阿维塔等项目共募集社会资本超25亿元,带动知名投资机构投资近60亿元。

2. 坚持科学管理发挥风控优势

两江战略基金建立了较为完善的运营模式,包括投资决策、投后赋能、风险管控、项目培育等。在项目论证上,坚持深入调查和专业判断,充分揭示风险,做到投得进、管得住、退得出;在项目决策上,组建由出资人、基金管理人和政府部门委派代表组成的投资决策委员会,严格规范决策程序。在投后管理上,坚持持续赋能,帮助被投企业解决融资、市场、上市等问题,助力企业快速成长;在项目退出上,制定有序退出计划适时退出,扶持企业同时增强国有资本流动性。在风险控制上,发挥本地国资产业基金"接地气"优势,协助被投企业防范和化解风险,充分发挥国有资本"看门人"作用。

3. 资本招商吸引高质量产业项目落地

一是依托产业基金平台,围绕关键产业全链条打造"引进团队—国资引领—项目落地—股权退出—循环发展"闭环,形成科技、金融与产业良性循环。近三年,累计向新区招商部门推荐项目113个,配合完成招商项目35个,助力实现项目签约总投资约1600亿元。二是通过直接投资引进拟上市项目落地。投资高端激光成像显示技术领军企业峰米科技,促成峰米项目总部搬至两江新区,投资全球先进智能3D精密打印项目摩方科技,促成企业拟上市总部落地两江。三是以资本为纽带,广交投资圈朋友,打造产业投资良好生态。通过认缴40亿元撬动15支子基金落户，聚集产业基金资本近150亿元，返投项目20余个。参股红马智能化基金、壹叁静远基金等子基金，助力引进一大批专精特新项目落地。

(六)经营目标及未来展望

2023年是"新时代、新征程、新重庆"建设开局之年，也是两江新区打造"六个升级版"的关键之年，两江资本将以新区"汽车整车龙头引领、软信产业建圈强链、科技创新企业集结登峰、企业上市扬帆行动"四大行动计划为引领，发挥国资产业基金主力军作用，助力新区产业高质量发展。

1. 继续做大做强产业投资基金

努力构建多层次产业基金投资体系。一是通过整合两江战略基金存量资源，新组建200亿元规模的两江高质量发展母基金，力争撬动400亿元社会资本，汇集形成总规模600亿元的产业基金集群，助推新区产业转型升级高质量发展。二是推进组建100亿元规模的卫星互联网产业基金，助力重庆数字经济及卫星互联网产业发展。三是联合市级平台及社会资本，组建两江专精特新科创基金和两江种子基金，服务两江新区专精特新企业及科创型小微企业。逐步构建完善包括"种子+天使+VC+PE+FOF"等的企业全生命周期基金投资体系。四是积极对接引进国家级投资平台和社会资本的资金资源，力争实现市场化1:2引进社会资本。

2. 围绕四大行动计划加大投资力度

一是锚定构建万亿级智能网联新能源汽车产业目标，力争2023—2025年再投资200亿元，5~10个重大项目，全面推进整车高端化、供应链高级化、创新自主化、生态协同化。二是优选200家科技创新和专精特新企业、100家早期科技企业，引育有成长潜力的创业团队和早期项目，力争2023—2025年，投入20亿~30亿元，扶持1000家初创企业，走出5~10家独角兽企业，厚植新区发展动能。三是围绕全市软信产业"满天星"行动，以数字经济产业园、金泰等园区为载体，力争2023—2025年，投入20亿元，吸引培育一批工业、汽车、新兴平台、行业应用等软件企业。四是围绕新区企业上市"扬帆行动"计划，发起设立10亿~20亿元拟上市企业战略配售基金，支持并参与拟上市企业融资，推动企业尽快走向资本市场。

3.增强责任意识,强化投后赋能

持续深入被投投企业加强调研,了解企业诉求和困难,积极协调相关部门,帮助企业解决问题,挖掘潜力,推动企业上规模、增产值,为新区经济发展承担更多责任。进一步强化被投项目投后管理,探索采取多种方式加快项目退出,实现资本滚动循环。

4.提质增效推动体制机制创新

一是总结经验努力探索,推动体制机制不断创新。在产业扶持、国有资本保值增值等多目标之间实现平衡。二是探索建立合理薪酬激励约束机制。委托专业中介机构,兼顾金融企业及国有资本属性,参考优秀市场化投资机构经验,逐步设立跟投、利润超分等激励机制,建立与同类机构相适应的薪酬体系,吸引优秀人才。三是探索建立容错及尽职免责机制。苦练内功,提升团队投资专业水平,同时提升对种子及天使期投资失败的容忍度,探索建立风险容错机制具体办法,建立科学的基金绩效评价体系。

四、重庆渝富资本股权投资基金管理有限公司

(一)基本情况

重庆渝富资本股权投资基金管理有限公司(以下简称"渝富基金")成立于2014年5月9日,是重庆渝富控股集团下属专业化基金管理公司,重点围绕战略性新兴产业、国企改革、新型城镇化建设、二级市场等领域开展投资。2014年7月22日,公司获得中国证券投资基金业协会私募投资基金管理人登记证书,证书编号P1004104。

截至2022年12月31日,渝富基金目前在管基金共18支,管理基金认缴规模546.07亿元,实缴规模336.95亿元;目前在管基金共投资63个项目,累计投资金额495.99亿元,1个项目实现上市(中创新航在港股完成上市),另有惠科股份在发行审核中。

(二)2022年运营情况

2022年渝富基金实现营业收入1.15亿元,同比增长42.92%,净利润8130万元,同比增长59.38%;战略性新兴产业基金实现净利润9.27亿元;。

(三)服务实体经济情况

近年来,渝富基金通过股权投资等方式,围绕新能源汽车、集成电路、新型显示、生物医药、电子核心零部件、物联网、机器人及智能装备、新材料、高端交通装备等战略性新兴产业,先后组织资金投向 AOS 芯片、京东方 B12、长安新能源汽车、金康新能源汽车等实体经济项目 30 余个。截至 2022 年 12 月 31 日,渝富基金在管基金共 18 支,管理基金认缴规模 546.07 亿元,实缴规模 336.95 亿元;在管基金共投资 63 个项目,累计投资金额 495.99 亿元,1 个项目实现上市(中创新航在港股完成上市),另有惠科股份在发行审核中。所投项目中京东方 B12 项目年产 200 多亿元,重庆万国项目年产 13 亿元,惠科项目年产 360 亿元,并正推进万国、惠科上市进程,助推构建功率半导体产业的供应链,为重庆市打造中国功率半导体中心并形成产业集群奠定了良好基础,进一步推动了产业集聚和转型升级,对重庆进一步发展手机、穿戴设备、车载显示等新一代终端显示器产业集群和中国半导体芯片制造有着重要的推动作用,带动了重庆区县区域经济发展,起到了产业基金的带动示范效应,有力支持了实体经济发展。

(四)服务模式情况

1. 服务国家和重庆战略,组建优化 2 支母基金

一是受托管理、优化重庆战新产业母基金,二是贯彻落实成渝双城经济圈建设战略,联合川渝两地国有企业,共同组建成渝地区双城经济圈发展基金,围绕产业、资产证券化、产城一体化等方向,以母子基金进行投资。发挥市战新产业投资平台功能,进一步整合各级各类资源,多渠道募集投资资金,提升项目投资效益,发挥国有资本引导放大功能,持续助力重庆战略性新兴产业发展。

2. 聚焦战新产业赛道,构建 5 类产业盲池基金

聚焦集成电路、新型显示、新能源及新能源汽车、高端制造及其相关行业等细分赛道,依托已投龙头企业,整合产业及资本资源,分别构建相关产业链盲池基金,围绕产业链上下游投资优质企业,深耕细挖,加快形成行业专业投资的竞争优势。适时探索设立创业投资子基金、资本市场相关基金,延伸投资链条,提升盈利能力及资本市场影响力。

3.投资"N"个有影响力的项目

坚决落实上级交办的战略性项目,助推重庆高质量发展。加强投资市场化的优质项目,积极为投资人创造收益。依托"2+5"基金群,加大市场化项目开拓力度,充实项目库、构建项目梯队,挖掘优质项目,储备一批、推进一批、投成一批。加强基金投资组合管理,合理配置成长早期、Pre-IPO、定向增发等不同阶段项目比例,强化基金现金流管理,持续提升战略产业基金自身造血能力,力争为投资人创造合理收益。

(五)经营目标及未来展望

1.发展愿景

通过市场化运行、专业化管理、品牌化打造,致力于成长为优秀的基金管理人,成为重庆市重要的战略性新兴产业投资平台。通过基金管理服务重庆战新产业发展,服务渝富控股集团高质量发展,专注提供专业基金解决方案,满足投资人多样化需求,为股东和投资人创造价值。

2.发展目标

到2025年,通过市场化募资组建2~3支母基金,基金管理规模力争突破600亿元,市场化募资能力显著提升;形成一套行之有效的子基金运管机制,落地一批子基金,基金投资能力显著提升;建立市场化项目储备库,直投一批优质项目,推动一批被投企业上市,项目投资能力显著提升;更加有效地服务重庆及集团产业布局,为投资人创造合理收益。

第二十六章　小额贷款公司

一、重庆度小满小额贷款有限公司

(一)基本情况

重庆度小满小额贷款有限公司(以下简称"度小满小贷")成立于2015年11月,是一家依托人工智能、大数据等技术开展信贷业务的互联网小额贷款公司。度小满小贷以"服务实体经济、践行普惠金融"为理念,致力于让金融服务更加平等、便捷、可及。

度小满小贷于2022年将注册资本金增至74亿元,为度小满集团旗下全资子公司,亦是度小满集团的重要组成部分。借助大数据和人工智能等先进科技能力,重点服务用户在日常消费、创新创业、小微经营等方面的金融需求。

(二)运营情况

1.公司治理及内控措施

合规经营是重庆度小满小贷贯穿始终的发展理念。2022年度小满小贷持续强化消费者权益保护,切实维护金融消费者的八项权利,承担法律义务,践行社会责任,配合政府开展为民办事服务工作,妥善处理消费者投诉事宜,化解消费者纠纷矛盾,推动多元化解决机制建设,维护公平竞争市场环境,促进小额贷款行业健康发展,增强消费者在普惠金融服务方面获得感与安全感。2022年度,度小满小贷协助重庆等多地12家监管机构办理相关案件3万余起,针对宏观环境下行业普遍面临的投诉迅猛增长的问题,度小满小贷优化投诉处置流程机制,洞察用户真实诉求,统一处置策略,在下半年有效控制投诉增长;在打击代理维权、恶意逃废债投诉方面与重庆市区两级监管单位有着深入交流,为识别恶意信访,扰乱正常金融秩序的"黑灰产"提供线索3000余条,结合工作实践,为重庆市监管机构提供消费者投诉纠纷多元化调解机制建设方面的框架性建议;为积极配合国家相关部门的需要,引领行业保护消费者合法权益,为构建和谐有序的金融环境贡献了力量。

2. 不断夯实金融科技硬实力

度小满小贷利用人工智能、大数据、区块链等技术优势,探索金融数字化转型,先后打造了包括风险名单、生物识别、反欺诈、语音机器人、资产证券化平台等创新产品,参与人民银行科技司牵头的"机器学习金融应用""金融科技创新"等15项行业标准制定;智能风控产品入选中国人民银行、国家发改委、科技部等六部委发布的金融科技创新试点,小微企业智能风控项目入选了中国人民银行金融科技创新监管试点(监管沙箱)。在毕马威与澳大利亚知名金融科技风投机构H2Ventures发布的《全球金融科技百强榜》中,度小满小贷排名全球第四。度小满小贷智能化征信解读中台获得2022年吴文俊人工智能科技进步奖。

(三)服务实体经济情况、服务及模式创新情况

1. 深耕小微金融服务,提升服务质效

度小满小贷的企业愿景是"成为小微客户终身信赖的金融伙伴"。公司建立了针对小微企业群体的用户调研体系和机制,研发设计了NLP小微识别、小微企业OCR等一系列技术产品。通过人工智能、大数据等数字化技术应用,度小满小贷小微企业信贷服务的风险降低了25%,平均利率下降20%,平均放款额增加100%,不断提升小微企业客户的使用体验和服务质效。人民大学课题研究显示,在获得度小满小贷的服务后,52.1%的小微企业经营总流水得到明显增加,48%的小微企业经营范围得到显著扩大,切实有效支持了小微企业经营发展。目前度小满小贷已累计服务小微企业、个体工商户、小微企业主1200万户,小微企业用户在全部用户占比超过70%。

同时,针对服务过程中发现的一些小微企业经营中的痛点,度小满小贷也进行了一些创新尝试。例如针对小微企业年关囤货的资金难题,度小满小贷在2020年12月31日启动了"小微加油站"计划,为小微企业主提供日利率0.01%(年化利率3.65%)的便捷信用贷款,不需要任何抵质押担保。22~55周岁的个体工商户、小微企业主,均可凭个人身份证件及营业执照申请加入"小微加油站"计划,审核通过后即可获得低息贷款用于生产经营,切实为小微企业雪中送炭。

为帮助小微企业缓解新冠肺炎疫情期间的经营压力,度小满小贷为重庆地区小微商户提供多项帮扶措施,助力小微生产经营,渡过难关。2022年12月,度小满小贷为重庆地区的小微用户提供总额1000万元的免息贷款,通过发放免息券的形式实现。用户通过线上方式申请,通过审核的用户,最高可享受10万元的免息额度,免息期限为12个月。与此同时,度小满小贷还会继续通过"小微加油站"为重庆地区小微用户提供年化利率4.9%的低息贷款。截至11月末的数据显示,度小满小贷已为275名重庆小微用户发放年化利率4.9%的低息贷款,放款金额达1177万元。

2. 发挥智能金融力量,支持乡村振兴发展

当前,数字技术的飞速发展为普惠金融注入了新动能,让数字普惠金融开启了新局面。这为解决乡村产业落后、资金短缺等难题提供了新路径,为更多偏远地区的群众带去了致富新希望。而作为数字普惠金融的推动者,度小满小贷不断创新普惠金融助农新模式,通过精准支持乡村产业带头人等方式激发乡村内生动力,支持乡村振兴可持续发展。

"小满助力计划"是度小满小贷2019年推出的公益助农免息贷款项目,通过科技力量,解决农户在乡村产业发展过程中的资金问题。"小满助力计划"是通过企业贴息的方式,为有资金需求的农村人群提供免息贷款,帮助其发展特色种植、养殖、民宿旅游、农产品加工销售等特色乡村产业,探索绿色助农新模式。精准帮扶有内生动力、有带动效应的农户,助力致富。

经过三年多的运行,度小满小贷发起的"小满助力计划"在重庆已覆盖了秀山县、万州区、丰都县、石柱县、巫溪县等地区的超50个行政村,累计发放超过2000万元助农免息贷款。如今,"小满助力计划"扶持的产业已涵盖了68个种植业、23个养殖业及乡村民宿、乡村电商等多个新兴产业。而在全国范围内,"小满助力计划"已覆盖31个省(自治区、直辖市)的242个行政村,间接辐射超15万名农户。

在给农户带去资金支持的同时,度小满小贷联合友成基金会启动"乡村振兴·领航员人才培养计划",项目分别在贵州雷山县和湖南安化县落地,为当地人才培养和建设赋能,组织开展专业培训课程,从产业资金和技能提升的双重维度,促进乡村带头人发展产业致富。2022年11月,"乡村振兴·领航员人才培养计划"第二期在湖南省安化县落地,项目开启为期5天的培训,围绕经营管理、短视频营销等课程授课,安化县当地50名乡村产业带头人参加了本次培训。在第二期课程设计上,新增了线上营销和直播带货的技能培训。

为拓宽销售渠道,提升农产品知名度,度小满小贷先后联合央视财经、新华网客户端、央视网开展公益直播带货。在2022年9月23日农民丰收节这天,度小满携手央视网发起了"恰逢好时光"公益助农直播,为20款农产品直播带货,全场直播累计观看人次超过166万,直播间点赞数达220万次。通过开展此次公益直播活动,度小满小贷一方面希望助力优质农产品"出圈",打造区域品牌影响力,带动产品销售;另一方面也希望借助直播镜头,推广优秀的农耕文化和乡村传统文化,传播大美乡村。公益助农活动在权威媒体与网络达人的带动下,创造了新的农特产品消费模式和销售渠道,更好地带动当地农民增收、致富,为乡村注入新活力。"金融科技+直播带货"为农户提供从产到销的全面帮扶,用数字化方式助力当地特色产业发展,促进乡村振兴。

2022年,度小满小贷还与联合国开发计划署、中国国际经济技术交流中心共同启动了"可持续发展金融助力乡村振兴项目",该项目拟在县域层面搭建"可持续发展创新服务中心"和数字化产业服务平台,使金融机构能够为农村小微企业和农户融资提供有效支持,并通过激励机制引导当地农村产业的绿色转型和高质量发展。"可持续发展创新服务中心"还将特别面向农村小微企业主和农户,尤其是返乡青年、留守妇女等弱势群体进行能力建设,组建以之为主的数字化合作社,为乡村振兴提供新思路,缩小不平等差距,为更可持续的发展注入新活力。度小满小贷为项目提供资金和数字金融技术等方面支持,目前项目已在重庆酉阳、福建古田、陕西西乡三地落地。

(四)经营目标及未来展望

1. 坚持普惠理念,履行社会责任

度小满小贷将继续发挥金融科技优势,通过技术和创新,力争为更多小微企业主和个体工商户提供值得信赖的服务,帮助他们走出资金周转困境,扩大小店规模,助力小微企业和实体经济发展。同时也将继续助力乡村振兴,精准帮扶有产业带动作用的乡村经济带头人,帮助越来越多人实现梦想,创造更美好的生活。度小满小贷也将继续积极参加社会公益活动,持续通过公益捐赠、扶贫救助等方式履行社会责任。为中国的小微企业和经济的发展贡献力量。

2. 深度参与重庆金融发展建设

未来,度小满小贷将继续发挥自身技术优势和科技力量,在不断夯实自身

业务的同时，基于重庆多样城市形态、多元应用场景的城市特点，深入探索更切合各类小微企业、各类实体经济多元需要的金融服务，积极参与大数据和智能化为引领的创新驱动发展战略行动计划和政府引导公益扶贫联动项目，打造重庆数字金融样板，为重庆建设内陆国际金融中心、西部金融中心建设和成渝地区双城经济圈建设添砖加瓦。

二、重庆小雨点小额贷款有限公司

（一）公司基本情况

1.机构及人员情况

重庆小雨点小额贷款有限公司(以下简称"小雨点信贷")成立于2015年12月11日，并于2016年6月27日获得中共重庆市委金融委员会办公室(时称重庆市金融工作办公室)下发的开业批复，其中包含了网络小额贷款经营资质。

小雨点信贷成立时的注册及实缴资本为5000万美元，后经监管部门批准增资，目前的注册及实缴资本为3亿美元。小雨点信贷的唯一股东为注册于香港的数网金融有限公司(TechCredit Company Limited)，实际控制人是以李家诚为代表的香港李兆基家族。

截至2022年末，小雨点信贷在岗员工总数为262人，其中博士、硕士学历人员24人，占比9.2%，35岁及以下青年员工181人，占比69%，科技类岗位人员78人，占比30%，多数高管及重要职能部门骨干人员具有国内外大型、知名金融机构或互联网科技企业的从业经验。

2.业务情况

小雨点信贷坚持通过创新科技手段解决小微企业和"三农"群体的融资难、融资贵、融资慢问题的初心，基于多年数字普惠金融实践经验，成功打造了"一横多纵"的全线上、纯信用的信贷业务模式，为小微客群提供多层次、有纵深、有广度的金融服务。

凭借在数字普惠金融领域的创新成果和卓越贡献，小雨点信贷在2020年10月荣获全球普惠金融领域最高奖——全球中小企业金融论坛"年度产品创新"铂金奖，此奖项被誉为该领域的"诺贝尔奖"。

3.科技实力

小雨点信贷以打造一个"负责任的科技平台"为愿景,提供"端对端普惠金融解决方案"为使命,坚持科技自主、自立、自强,实现了供应链信贷业务及核心系统、风控决策引擎、资产及资金对接平台100%自主研发,并通过自建、自营平台向客户提供网络小额贷款产品。因此主张以科技立本,且极为重视自身科技实力的提升。2021年和2022年,小雨点信贷的研发费用投入合计约3500万元。

2019年7月,小雨点信贷获批博士后建站资格,目前已有博士后在站从事人工智能的研究工作。

2019年12月,小雨点信贷通过国家知识产权管理体系认证,成为当时全国知识产权贯标达标企业中唯一一家小额贷款公司。截至2022年末,小雨点信贷共获得软件著作权23件,共申请专利180件,其中包含涉外申请36件、国内申请144件、获得正式专利授权50件,并入选重庆市知识产权局组织的"2022年度重庆市知识产权优势企业"。

(二)2022年公司经营情况

小雨点信贷在2022年年内累计放款98.49亿元,服务客户14.34万户。其中,消费类贷款累计放款12.74亿元,服务客户11.51万户,经营性贷款累计放款85.75亿元,服务客户2.84万户。

截至2022年12月末,小雨点信贷历史累计放款254.62亿元,服务客户123.93万户,在贷余额为36.82亿元。其中,消费类贷款历史累计放款106.05亿元,服务客户119.83万户,在贷余额为6.96亿元;经营性贷款历史累计放款148.57亿元,服务客户4.10万户,在贷余额为29.86亿元。

(三)服务实体经济情况

小雨点信贷现有两款经监管部门备案的网络小额贷款产品,分别是"雨花贷"(消费类贷款产品)和"雨商贷"(经营性贷款产品)。

作为金融科技企业,小雨点在数字普惠金融领域耕耘多年,坚持科技自主、自立、自强的战略,基于人工智能、大数据、云计算、区块链等全球前沿科技自主研发金融科技平台,联合银行等金融合作伙伴,直接或间接为小微企业、"三农"群体提供多场景、差异化的金融科技服务,全方位践行以科技创新推动普惠金融发展。在受新冠肺炎疫情影响的3年中,小雨点信贷亦持续加大对雨商贷的投放。雨商贷所服务的客户涉及众多领域,包括绿色塑化、农村出行、医药行业等,并已经辐射至30多个省、市、自治区,包括重庆、四川、河北、北京、山西、辽宁、吉林、黑龙江、江苏、浙江、安徽、福建、江西、山东、河南、湖北、湖南、广东、海南、贵州、云南、陕西、甘肃、内蒙古、广西、宁夏、新疆等地。

截至2022年末,雨商贷对接合作的核心企业近1500家,其中不乏行业头部及知名企业。

(四)产品创新情况:物流+科技+金融

1. 政策背景

2022年5月26日,人民银行印发《关于推动建立金融服务小微企业敢贷愿贷能贷会贷长效机制的通知》。通知指出,要提升金融供给与小微企业需求的适配性;强化金融科技手段运用,合理运用大数据、云计算、人工智能等技术手段,创新风险评估方式,提高贷款审批效率,拓宽小微客户覆盖面。

2022年4月16日,银保监会印发《关于金融支持货运物流保通保畅工作的通知》。通知指出,要加大资金支持,将普惠型小微企业贷款适当向运输企业和个体工商户倾斜,主动跟进并有效满足其融资需求。要创新担保方式,充分利用行业主管部门动态监控数据,鼓励创新符合陆路、水路运输企业特点的动产质押类贷款产品。

2022年9月20日,银保监会和人民银行联合印发了《关于推动动产和权利融资业务健康发展的指导意见》,提出支持深化动产和权利融资业务创新,提升应收账款融资服务质效,发展基于供应链的应收账款融资等业务,积极开发体系化、全场景的数字供应链金融产品。

保物流就是保防疫、保民生、保经济,物流+科技+金融之业务模式将积极推动物流行业纾困和发展。

2. 市场需求

中小微物流企业数量庞大,总体呈现出小、散、弱、乱的特征,且处于物流供应链的中下段,上游货主普遍存在较长账期,下游最终承运项目的司机或网络货运平台却需要运费现付或预付,因此,物流企业在接单时垫付运费是行业常态,融资需求具有刚性、长期性、普遍性等特点。但受限于风控和运营管理方面的痛点,传统金融机构通常不敢贷、不愿贷,导致物流企业被迫通过民间借贷筹措资金,不仅融资渠道极不稳定,也容易滋生高利贷、暴力催收等社会问题。

3. 业务模式

小雨点信贷智慧物流解决方案以核心企业物流服务的场景为切入点,针对货主—合同物流商—物流分包商的背靠背物流运输交易,通过区块链、物联网等技术手段,结合国家权威交通监管平台数据对运输轨迹信息的校验,物流供应链交易数据管理系统将物流承运合同的执行情况充分还原,实现合同、运单、轨迹、账单、发票及回款信息的全流程匹配,从而得以基于真实交易及运输动态监控、预警开展运力应收账款融资业务,并有效控制风险,实现"自偿性融资管理"。智慧物流解决方案不仅是为承运商提供以区块链技术驱动的金融服务,还能深度挖掘货主、物流合同商、承运车队以及其他相关角色的交易和物流场景数据,从而加快多元数据融合,促进金融产品和服务创新,培育经济发展新动能。

有了充足的授信额度,物流企业在展业时可以根据其当前流动资金储备任意搭配自有资金垫付比例,筹措少量的启动资金也可承接优质新业务并正常开展运营,以便其成长。

(五)经营目标及未来展望

小雨点信贷会继续以打造一个"负责任的科技平台"为愿景,提供"端对端普惠金融解决方案"为使命,致力于通过创新科技手段解决小微企业和"三农"群体的融资难、融资贵、融资慢问题。对内以专业化、标准化、自动化、智能化为抓手,专注于传统银行业金融机构无法有效触达和服务的客群,坚持小额分散的经营理念,为市场提供端对端普惠金融解决方案。

三、重庆美团三快小额贷款有限公司

(一)基本情况

重庆美团三快小额贷款公司(以下简称"美团小贷")是美团旗下网络小额贷款公司,于2016年12月在重庆市沙坪坝区注册成立,股东为北京三快在线科技有限公司,公司主要依托美团平台开展全国网络小额贷款业务,服务对象为平台上的小微商户和消费者,为其提供线上金融服务,助力普惠金融和实体经济发展。

(二)运营情况

2022年,是极其不平凡的一年,美团小贷经受住了新冠肺炎疫情冲击、经济下行、外部复杂环境等多重考验,持续加大信贷支持力度。截至2022年12月末,美团小贷注册资本75亿元,净资产78.42亿元,表内贷款余额85.15亿元;坚持"风险为本"稳健经营理念,不良贷款率0.61%;资产证券化融资余额201.2亿元。

(三)"美团生意贷"服务模式创新

美团小贷积极响应国家政策,牢牢把握"金融服务实体经济"这一本质要求,以金融科技为核心,依托美团生活服务场景,大力发展普惠型小微企业贷款,为小微商家提供无需抵押、无需担保的经营性贷款服务——"美团生意贷",有针对性地解决小微商家融资难问题。

美团生意贷通过"场景+金融"双向赋能,把小微金融服务精准滴灌变成了现实。当商户主动申请且完成授权以后,美团生意贷可根据商户经营信息,结合经营者个人信用情况,快速完成全面评估,并给予相应的授信额度。系统自动审批时间仅15秒,从申请贷款到放款所需时长仅为1分钟。同时小微商家在通过信用评估后还享有循环额度、提高授信额度等线上化服务,低成本、高效率实现信贷可持续性。既有效满足小微商户"短频快"的融资需求,又有效降低金融机构的客户经营成本。

(四)2023年工作重点

2023年,美团小贷将在监管部门的指导和帮助下,依法合规经营,做好3个"坚持":坚持"场景+金融"模式、坚持科技驱动、坚持小额分散风险原则,为小微企业发展、扩大内需做出新的贡献。

1.坚持"场景+金融"模式

"场景+金融"模式是美团小贷和同业其他机构的显著差别。截至2022年9月30日,美团交易用户数目达6.87亿,活跃商家数目达930万户。美团小贷为美团平台上的C端消费者和B端商家提供线上金融服务。在贷款投向上,结合国家政策导向和扩大内需战略规划,持续加大对小微企业、消费需求的支持力度,在绿色金融、乡村振兴等方面探索创新。

2.坚持科技驱动,提升核心竞争力

将充分发挥科技方面的优势,以科技为核心,充分利用大数据、生物识别、云计算等科技手段,持续加大科技投入,构建涵盖智能获客、智能客服、智能风控、智能贷后管理等覆盖全服务流程的智能化、线上化产品与服务体系,优化和提升金融服务运行效率并防控风险,提升核心竞争力,为用户提供更高效、便捷的金融服务。

3.坚持小额、分散定位,有效控制风险

坚持"风险为本"经营理念,在额度管理方面,秉承小额、分散的审慎理念经营,严控授信额度。风险管理策略方面,基于强场景优势构建客户风险识别体系。通过实施有效的风控手段并持续迭代,确保不良率在行业处于较低水平。

四、重庆两江新区长江三峡小额贷款有限公司

(一)基本情况

重庆两江新区长江三峡小额贷款有限公司是由重庆三峡担保集团和重庆旅游投资集团于2013年3月27日联合组建的一家国有小额贷款公司,是重庆市大型融资担保机构和大型产业实体集团产融结合的产物。公司注册资本50000万元,经营范围是在重庆市范围内开展各项贷款、票据贴现、资产转让和以自有资金进行股权投资。公司以"支持实体、扶助微小、金融普惠"为服务宗旨,主要为重庆市中小微企业、个体工商户提供短期融资、小额贷款等金融服务。

(二)运营情况

截至2022年12月31日,公司贷款余额51137.01万元,本年累计发放贷款24251.53万元,收回贷款22136.31万元,共计实现营业收入4100.72万元,其中贷款利息入3977.98万元;实现利润总额811.97万元;累计计提贷款损失准备5053.37万元,贷款减值准备金率为150.26%。

(三)服务实体经济情况

1.贷款结构分析

贷款对象分析:截至2022年12月31日,贷款余额51137.01万元,其中个人贷款余额4351.78万元,占比8.51%;企业贷款余额46785.23万元,占比91.49%,总户数74户,户均691.04万元。

客户产业占比分析:企业贷款余额46785.23万元,其中,第一产业贷款余额299.41万元,占比0.64%;第二产业贷款余额16492.19万元,占比35.25%;第三产业贷款余额29993.63万元,占比64.11%。

信用形式分析:信用贷款余额447.85万元,占比0.87%;抵押贷款余额16996.79万元,占比33.24%;质押贷款余额5398.94万元,占比10.56%;保证贷款27005万元,占比52.81%;贴现余额1288.44万元,占比2.52%。

期限利率分析:新增贷款审查、审议、放款迅速,及时满足客户资金需要,贷款期限不超过12个月,年化利率不超过12%,符合小贷公司"短频快"的业务特性。

从以上数据情况来看,公司贷款主体以实体企业为主,贷款金额占比91.49%,服务的产业类型主要以第二、第三产业为主,合计占比99%,年化贷款利率不超过12%,切实履行了"支持实体、扶助微小、金融普惠"的服务宗旨。

2.履行国企社会责任担当

公司作为小额贷款公司不但在主业上服务实体经济,在履行国企社会责任方面也紧紧围绕实体:一是始终贯彻公司宗旨积极履行社会责任,加大力度支持渝东南、渝东北等原国家级贫困地区企业及政府平台的发展,为重庆鸿钻国际商贸进出口有限公司提供商业承兑汇票最高额授信,授信金额1000万元,并于2022年8月对重庆耀乐富商贸有限公司贴现1000万元,助力巩固脱贫攻坚成果,为乡村振兴办实事;二是按照市国资委要求,对受新冠肺炎疫情影响较大的租赁户进行租金减免,公司认真梳理并落实抵债资产租金减免措施,截至2022年12月,减免对象12户,减免租金总额约75.22万元。

(四)产品服务及模式创新

为贯彻落实习近平总书记关于"成渝地区双城经济圈建设"的系列指示精神,2022年公司积极响应号召,贯彻普惠金融和为群众办实事的精神,经过公司前期的走访、调研,切实支持中小微企业及个体工商户客户而设计创新"信用贷""成渝联动贷"产品,新产品研发后,公司上下齐心协力,利用一切可能的关系和方式主动开拓市场,在保证贷款质量的前提下做好了有效投放,确保了公司资金安全,促进了公司业务可持续发展。2022年12月,已完成两笔"成渝联动贷"的贷款发放,有力地推进了公司创新产品的应用。

(五)2023年经营主要目标

1. 完善产品创新,加大市场占有率

公司2022年推出了"成渝双城联动贷"新产品,公司将继续加强公司业务创新力度,开发个性化、差异化、定制化的信贷产品。切实为支持中小微企业及个体工商户客户的发展贡献力量,公司2023年计划推出"税务贷",继续按计划开展调研,逐步落实产品的适用范围、流程、规范等细则设计,在保证贷款质量的前提下有效投放,拓展资金投放渠道,确保公司资金安全,进一步加大公司在市场上的占有率,促进公司可持续发展。

2. 强化风险管理,确保资产质量

面对经济形势下行的困境,一是公司继续加强信贷管理,提高信贷工作质量,树立风险、责任意识,做到不要旧的没化解,新的又产生。二是在确保新增贷款质量上,认真开展贷前调查,准确预测借款人收益,确保贷款按期收回,严格审查贷款投向,合理制定贷款期限及还款方式以及担保人是否具备担保实力等,拓展"小额分散"业务有效防范和减少信贷风险,确保信贷资金的安全性、流动性和效益性,实现各类贷款的平稳发展,确保信贷资产质量保持在较高水平。三是公司将继续严格按照《贷后管理办法》开展贷后工作,对已有的项目,科学研判,重新评定风险等级,履行好贷后监督职责,将贷后检查职责落实到位,对有风险苗头企业,加大贷后监督频率,制定切实可行的风险化解方案,确保贷款安全回收,进一步促进公司贷款工作规范化。

第二十七章　商业保理公司

一、重高铁发(重庆)商业保理有限公司

(一)基本情况

公司成立于2019年12月,注册资本金10亿元,注册地重庆市江北区,系中国铁建和重庆高速集团共同投资设立的产业金融公司。公司属重庆市首家央企与地方国企结合的大型国有商业保理公司,也是自2018年4月起商业保理类金融机构监管职责由中国银保监会接管以来重庆市首家获批的商业保理公司。

公司作为股东产业金融板块的重要组成部分,坚持以"服务主业、创新金融、产融结合、以融促产"为宗旨,通过传统产品+创新业务的组合,助力客户实现优化资产负债结构、平滑企业经营性现金流。同时,作为重庆市首家大型国有产业金融公司,公司致力于提升区域金融产业环境和配套金融服务优势,全力助推重庆内陆国际金融中心建设。

成立三年多以来,公司总结出了适合自己的业务经营、融资方式、合规风控的企业管理方法,经营成效显著,累计业务投放达150亿元,保持零逾期记录,取得了AA+主体评级,呈现出良好的发展势头。

(二)运营情况

1. 强化政治引领,从严治党纵深发展

(1)强化标准建设,做好全局统筹

2022年,公司组织编制支部党建工作要点、纪检检查工作要点和年度理论学习中心组学习计划,实行党风廉政建设和反腐败工作分工责任制,全面指导党的建设工作、纪律检查工作、党风廉政建设工作及党内学习工作的开展,充分发挥党的基层组织主体作用。

(2)强化纪律建设,落实责任分工

一是坚决落实全面从严治党主体责任,明确领导班子"党政同责""一岗双责"。二是严格执行重大事项报告制度,尤其针对重大风险及合规风险事项严抓落实。三是坚持每季度开展研判,结合业务工作,公司党支部主要负责人对意识形态、党风廉政建设工作常研究、常部署。四是将党风廉政建设和反腐败工作分工责任制压实到个人,在抓好业务工作的同时,对分管部门和人员落实党风廉政建设的情况加强监督管理,时刻以党规党纪约束公司党员干部。

(3)强化思想建设,严抓理论武装

公司党支部围绕党的二十大、市第六次党代会,严抓党员思想建设,提升理论武装,切实推进"三会一课"学习制度。同时,与中共重庆市国资委资本运营与收益管理处支部委员会共同举办"三进一助"主题党日活动,针对党建工作与中心业务相结合这一主题开展交流研讨,进一步丰富了党建活动形式,提升党建工作质量。

2.不断优化业务模式,探索商业保理新领域

(1)传统业务

一是持续优化保理产品、加强营销力度,投放近60亿元,同比增长35%,涉及服务股东13个成员单位;二是助力服务绿色金融,完成对14个项目7亿元的绿色保理投放,占全年比重的13%;三是助力"成渝双城经济圈"建设,属地川渝投放超10亿元,占全年比重的19%;四是ETC保理稳健发展,年发卡量突破6000张,年结算量近2.5亿元,无任何风险事件发生。

(2)创新业务

公司依托股东强大产业背景和丰富产业资源,积极开展各类特色产业保理业务,2022年成功落地物业费保理项目2300万元。该产品针对物业公司管理的各物业项目,就已经形成应收账款或在预期内可持续在物业区域内提供服务并收取物业费(未来应收账款),结合物业费回款记录设定统一的资产入池的标准模型,开展无追索权保理融资服务。

该产品具有以下几个特点:①产品设计方面,该产品拓展了除传统工程款应收账款以外的其他类型应收账款保理业务,也属保理行业在物业服务领域的开拓。通过对核心企业下属物业管理公司经营情况调查,充分挖掘该类主体融资需求及保理业务开展潜力,结合物业费稳定现金流回笼及物业费市场空缺情况最终落地;②业务模式方面,通过摸排债务人及物业费收取的基本情况,设定统一标准的债务人准入条件,利用未来应收账款对资产额度进行补充,帮助物业公司快速回笼应收账款;③业务领域方面,该产品针对近年来融资能力较弱的物管服务领域,拓宽了该行业的融资渠道。公司通过开展该业务,协助物业公司完成费用清欠,帮助物业公司快速回笼资金,服务了实体经济。物业公司通过本方式融资可以更好开展物业服务,提升业主满意度和物业费收缴率,促进业务良性循环。

3. 不断夯实财务管理,打造融资新平台

2022年,公司在完善财务管理制度的同时,不断加强业务规范管理,夯实了财务工作基础,提高了财务管理质量。公司围绕主营业务需求,公司立足于加强资金管控和统筹,全力协调、对接银行融资工作,取得AA+主体评级,为资本市场融资打开通道,努力打造公司融资新平台。

(1)加强税务管理,依法合规纳税

公司认真学习和执行税法相关规定,加强与税务主管部门的沟通,规范了税务管理。2022年,公司按时完成税务申报和缴纳工作,全口径缴纳税款超3000万元。

(2)加强资金管理,疏通经营血液

一是继续加强银企合作,提高银行端授信额度,全年合作银行数量实现同比增长28%;二是盘活公司资产,实现保理资产银行融资率100%的目标,提高公司资金运转效率;三是防范资金流动性风险,通过获得股东增款、法透等手段,全面解决大额资金错配问题;四是积极拓展融资渠道,本年公司获得东方金诚国际信用评估有限公司出具的AA+主体信用评级报告,为下阶段债项融资打下坚实基础;五是为满足业务需要,积极开展融资工作,2022年累计融资同比增长26%;六是积极与授信银行沟通并签订协定存款协议,提高利息收入。

4. 不断明晰风险责任,完善合规风控体系

(1)完善风控制度体系

2022年,公司继续完善合规风控制度体系建设,构建牢固的风险防护墙,为日常经营工作依法合规开展保驾护航。全年公司结合实际合规风控工作管理需要,完成了5项制度的修订和新建,涉及授信、重大风险管理、合规审核、项目贷后管理等内容,进一步弥补了合规风控管理短板,夯实了制度体系建设。公司的风控制度体系已涵盖内控管理、项目管理的各个关键环节,有效地指导了合规风控工作的开展。

(2)抓好风控审查工作

2022年,公司继续深化风控审查工作,为企业运营提供风控支持,全面提高发展质量。一是联合常年法律顾问律所对签订的经济合同、公司的制度等开展法律审核,保障公司的合法权益;二是强化项目审查工作,从监管依法合规、业务资料真实性、转让资产计算的准确性、内部制度的合规性全面进行审核,提高资产质量,减少审核差错。三是通过参与公司制度和决策文件的审查,梳理公司风控流程,降低公司经营风险,保障公司各类重点工作合规开展。

(3)落实风险监督职责

一是信息及时报送,2022年按规定向监管单位报送了信息近40份次;二是积极配合监管、股东开展专项检查;三是完成物业费保理产品备案、高管变更及增资申请、监管评级指标测算与修改等专项监管工作;四是积极参与市金融监管局、中国商业保理专委会、重庆商业保理协会等单位组织的各项活动。

(4)强化项目贷后管理

加强项目的投后管理,及时跟踪项目投后合同履行情况,实现贷后检查客户全覆盖,投后管理得以夯实。一是提高现场贷后检查频次,深入项目第一线,全面掌握项目的真实状况;二是加强贷后书面检查,提高了投后项目检查覆盖率,做好项目投后的跟踪分析;三是每季度对在保项目工程、回款进度跟踪,持续保持对投放资金安全的随时关注和紧急应对。2022年,公司各个投放项目均正常开展、按期回款,贷后管理均为正常类。

5.不断提升内控管理水平

(1)公司治理规范化

一是"三会一层"方面,公司制定并严格执行相应议事规则,决策程序更加规范、高效。二是在治理结构方面,顺利完成股东增资和章程变更,并同步完成工商变更及营业执照更换,为公司经营及业务开展打好基础。三是在完善制度体系方面,根据企业管理实际持续更新夯实企业制度,为公司治理提供基础保障。

(2)新冠肺炎疫情防控常态化

一是形成新冠肺炎疫情防控工作常态化管理台账、应急措施台账、每日消杀台账、来访人员登记台账等,做到精准管控。二是严格按照国家和属地新冠肺炎疫情防控政策,开展员工行程排查、健康打卡,强化外来人员管理及办公区域的防控。三是坚决落实防疫物资后勤保障,防疫物资储备充足。2022年开展各类防疫措施20余项,在保障员工安全的同时,有力保障了公司正常经营,最大限度降低新冠肺炎疫情影响。

(三)未来工作展望

2023年是全面贯彻落实党的二十大精神的开局之年,是加快构建新发展格局、全面建设社会主义现代化国家的重要一年。社会经济面在2023年逐步得到修复并呈现向好态势,基础设施建设仍将是拉动经济发展的主要动力之一,作为股东产业金融的重要板块之一,公司发展潜力大,创新动力足,市场影响力逐步显现。在新的一年,要坚持以习近平新时代中国特色社会主义思想为指导,全面贯彻落实党的二十大精神,增强"四个意识",坚定"四个自信",做到"两个维护",牢记国企使命,坚持"两个一以贯之"。要以信心凝聚力量,以实干谱写华章,发挥"入木三分"的狠劲,保持"水滴石穿"的韧性,围绕股东双方产业链,全力以赴开展各项工作。

2023年,公司全员要以"风险为先、稳健经营、适度创新"为原则,围绕"经营是一线、资金是血液、合规风控是底线、行政效率是马达"的总体思路,以敢为人先、敢谋新篇、敢于担当的精神作风,为客户提供综合服务能力。

1. 围绕节点,努力实现业绩新高

公司将继续深入研究股东产业链,稳住传统业务,不断创新产品,扩大客户覆盖面,持续提升服务质量,努力实现公司经营业绩再创新高。

(1)努力拓展主营业务

经营工作要理思路、分层次,按"抓好重点、稳步提升、寻求突破"三部曲开展工作,即保持存量大客户的投放余额,加大对合作规模仍有较大潜力客户的挖掘力度,加强营销新客户和重点项目。具体来看,一是要抓好重点,做好在京单位的营销;二是要稳步提升,积极对接投放余额较低的单位;三是要寻求突破,尽早落实新客户的投放。

(2)谋划业务总体布局

要围绕不同客户的特色特点,谋划有前瞻性、计划性的总体布局。一是要针对客户需求,尽早抓好业务布局,并针对性适度超前优化和梳理人员配置;二是要依托好股东,紧密跟随股东参与客户拜访,客户经理要"走出去"与客户多见面;三是要提前梳理项目尽调的相关细节,加强贷前走访,提升现场尽调成果,了解项目真实情况、回款情况,实现现场尽调流程标准化;四是要践行现场走访机制,加强与客户的面对面交流,努力提升客户亲密度;五是要稳固投资类业务规模,要重点关注到期业务趋势,做好已投放业务的跟踪;六是要有序推动ETC保理业务发展,增加相关联产业应用场景的研究;七是要加强资产筛查,提高资产质量,强化与融资方的沟通,充分了解、掌握和运用银行端授信、审批条件;八是要借助股东信息平台,适时推动业务、财务、风控方面的信息化建设,提升工作效率;九是要积极对标同业先进,学习好的服务客户的做法。

2.紧盯业务,抓好经营风险防控

(1)深化项目全周期管理

一是要抓牢重点项目的现场贷后检查工作,认真落实全年检查计划,提前做好检查规划,真正做到有风险必提示;二是要尽快整理出台尽调审查和贷后检查资料的统一模板,提高贷前贷后项目管理的规范性;三是要充分利用后评价工具,总结和归纳项目特性,为新项目审查做可靠参考。

(2)完善合规风控体系

一是深入完善风控管理制度,对风控体系运行过程中存在的问题要及时纠正,对现有合规风控制度要进行查漏补缺,强化风控制度的准确性;二是要强化培训教育,抓好制度、民法典、案例等方面的培训,重点组织制度培训并长期坚持,加强全体员工制度的执行力,提升全员合规经营意识。三是要重点关注操作性风险,通过列清单方式,逐项不定期开展操作性风险事项的检查。

二、重庆宗申商业保理有限公司

(一)运营情况

在面对2022年市场经济环境整体下行和新冠肺炎疫情防控双重压力的情况下,截至2022年12月31日,重庆宗申商业保理有限公司实现销售收入1601万元,实现净利润824万元,在贷余额1.91亿元。公司从成立至今累计发放保理融资金额23.69亿元,服务中小企业逾300余家。

(二)服务实体经济情况

公司利用宗申集团内部及外部积累的客户进、销、存以及交易数据,构建了客户画像评分卡模型,对客户进行授信,围绕产业链上下游,应收、应付、原材料库存、销售产品库存等构建创新金融产品,并为接入的其他金融企业从风控数据的获取、黑名单客户的共享、贷后预警、贷后催收、坏账处理等方面提供保障能力。发挥公司成熟稳健的信贷经验,开展基于大数据的保理业务服务。实现传统保理模式向互联网+模式的转变,为中小企业提供更加有效、更加广泛的普惠金融服务。

同时,为实现宗申集团战略目标,创新产业链融资,公司推出并持续优化多元化的金融产品。根据产业链客户的具体情况和需求,推出并持续优化应收贷、质保金贷、存货融资、订单融资等多款金融产品,针对不同的客户需求,采取单一、组合等多种保障措施,满足客户需求。简化了手续,提高了效率,深受产业链上游企业好评。针对小额贷款公司业务区域限制的问题,为进一步控制风险,公司扩大了业务规模,适应了产业链客户需求,持续开展以"现在和未来应收账款转让方式"保理业务品种,此举也为进一步扩大规模,增加效益发挥了积极的作用。

(三)产品模式创新情况

为适应产业链金融发展需求,公司在产品设计及营销各环节推出了以下几点创新。

(1)和供应链各线密切结合,拓展市场。将金融服务融入产业经营各环节,挖掘商机,并针对性设计个性化产品,满足产业链客户各环节融资需求。

(2)在应收账款办理质押登记的基础上,创新了应收账款核心企业"确认函"和供货方、保理公司和核心企业的"三方监管协议",把"三力"落到实处。

(3)利用集团产业链数据信息资源(供应商、经销商信息系统)建立产业链客户数据库,利用对产业链交易环节信息、资金流的掌控优势,真正做到了解客户,利用数据分析配备额度实现有效风险控制,提供独有的融资解决方案,大大缩减了业务流程,产业链客户从申请到审批放款,一般情况下不超过三天,这是很多银行都办不到的。此举为提升集团公司金融投资与资本运作的能力,实现集团产融结合战略目标迈出了重要的一步。

（四）风险控制管理创新情况

民营机构的信贷资金均来源于股东投入或股东借款，因此对贷款风险容忍度低，风险控制是进行业务拓展的首要措施。为适应日益严峻的经济环境和风险事件频发的小额贷款行业市场，公司通过认真研究和分析前期部分银行和同业机构的失败案例，对风险管理模式进行了创新。

(1)实行宏观上行业分级，微观上需求分类，手段上创新灵活，底线上确保退出。充分研究各类金融模式，建立较银行更加灵活、丰富、实用的风控手段，设计完善的退出通道，每笔贷款发放前必须设计好极端情况发生时的退出通道，确保终极损失可控。

(2)借助集团资源，发挥自身优势，做实产业链风险控制。深入研究产业链上下游企业资金运行规律、需求模式，有针对性地进行产品研发、设计风控手段；利用程序化、标准化的技术手段进行风险分析和管理，实现对产业链客户的规模化、批量化的风险控制。

(3)建立产业链客户数据库，利用对产业链交易环节信息、资金流的掌控优势。真正做到了解客户，利用数据分析配备贷款额度实现有效风险控制，提供独有的融资解决方案，大大缩减了业务流程，提升集团公司金融投资与资本运作的能力。

(4)健全风险管理机制，提升风险把控能力。推行平行调查机制，实现风控前移，达到更加务实、有效的风控效果。

宗申产业链平台业务快速发展，将成为集团产业链条的黏合剂和助推剂，随着后续业务规模的扩大，将更好地为产业链中的中小企业提供融资服务。

第二十八章　融资租赁公司

一、重庆市交通设备融资租赁有限公司

(一)基本情况

重庆市交通设备融资租赁有限公司(以下简称"交通租赁公司")由重庆市交通局发起,经重庆市人民政府特批,于2008年3月成立,2009年12月被商务部、国家税务总局确认为国内第六批内资融资租赁试点企业。2010年、2011年经重庆城市交通开发投资(集团)有限公司两次增资扩股后,交通租赁公司注册资本金达到10亿元人民币。2014年,经市国资委批准,交通租赁公司进行混合所有制改革。2021年7月、2022年2月,重庆城市交通开发投资(集团)有限公司分两次收回了原民营控股股东持有的交通租赁公司全部股权。至此,交通租赁公司正式回归国有体系,成为重庆城市交通开发投资(集团)有限公司(以下简称"集团")控股的国有企业,为受重庆市地方金融监督管理局监管的地方金融组织。

交通租赁公司坚持贯彻服务实体经济、民生工程、绿色金融的发展理念,以绿色民生工程为基础,大力拓展城市交通、环保水务、教育产业、健康医疗、乡村振兴等业务领域。积极推进直接融资租赁、售后回租、经营性租赁等业务模式,结合已经构建了适应于行业、市场和自身特征的全面风险管理架构,通过全方位的融资租赁风险管理机制、专业的设备运营能力、规范化的尽职调查,以及完善的租后管理体系,立足成渝地区双城经济圈,辐射全国,为广大客户提供专业化、特色化、量身定制的一站式金融服务。

(二)运营情况

2022年,交通租赁公司在集团党委的坚强领导下,积极调整重塑企业发展

功能定位,围绕集团"一体五维、两化融合"的格局,交通租赁公司以"赋能集团、增收创利"为出发点,对标国内外优秀融资租赁公司,践行"内部创新赋能、外部增收增利"的业务发展规划,对内以创新为内生动力,对外以资本、技术等多种生产要素为纽带多方合作,打造内外双驱动的发展模式,深入践行创新发展理念,切实以融入集团产业生态、赋能实体产业经济发展。2022年,在城市交通、教育、医药、环保、民生、乡村振兴等领域实现规模投放,利润总额较2021年增长22.28%。公司经营效益持续增长,发展能级大幅提升,国有资产保值增值成效显著。

(三)服务实体经济情况

1.全方位服务小微实体企业

金融是现代经济的核心,也是实体经济的血脉。面对小微实体经济融资难、融资贵的问题,为贯彻党中央、国务院关于提升金融服务实体经济质效的决策部署,交通租赁公司坚持以服务供给侧结构性改革为主线,持续优化金融资源配置,重点加强对中小企业的金融支持和服务,从而激发更多的经济活动,为实体经济的发展增添动力。

交通租赁公司与成渝地区众多优质化工、医药、装备制造等小微企业保持了良好的合作关系,充分考虑客户生产经营的需求,充分结合客户经营特点及现金流状况,更新理念、创新产品,为其量身定做租金还款计划,合理确定租赁期限、还款模式等。2022年,服务小微实体企业6户,及时有效地满足了小微实体企业融资需求,实实在在地帮助实体企业渡过难关,切实提升金融服务小微实体水平。

2.助力民生,发展绿色金融

交通租赁秉承以"服务民生体系,助力实体经济"为使命,紧跟党中央提出的关于"稳就业""保民生"的政策方针。积极响应国务院"长江保护修复攻坚战"行动,突出环境保护、绿色发展、生态建设,大力发展绿色金融。将企业社会责任与公司发展战略紧密相融,立足实际,强化内生驱动,发展社会事业,筑牢保障底线。针对民生工程项目多样化的融资需求,交通租赁公司不断增强金融供给适配性,通过不断完善专业化经营,将自身业务高质量发展与履行社会责任有机结合,加大金融对民生、环保项目的发展支持。2022年,交通租赁公司在水务、环保、教育、公交等重点民生领域加强业务投放及政策支持力度,以有机的金融协同、有力的金融创新、有为的金融服务、有效的金融投放,服务民生企业9户,为实体经济发展提供了强有力的支撑,为城市建设、人民生活安稳祥和而做出了不懈努力。

3.金融支持,推动乡村振兴蓬勃发展

乡村振兴是国家战略,交通租赁公司始终坚持农业农村优先发展的原则,深耕基础民生行业。近年来,交通租赁公司在成渝两地开展了一批扶农助农特色产业项目,为带动村镇农户致富的农业企业提供了金融扶持,在乡村振兴领域累计实现1.44万元投放。2022年向云阳县投放两笔助农业务,间接提供诸多就业岗位,助力乡村脱贫攻坚,以实际行动服务成渝两地乡村振兴。

4.深耕城市轨道交通建设,助力"交通强国"战略

"交通强国"是国家发展的核心战略,交通租赁公司持续推进"产业+金融"战略,聚焦集团轨道交通建设、运营主业,全面把握重庆第四轮轨道交通建设市场机遇期,深度挖掘城市轨道交通上下游产业链。2022年,以轨道交通建设产业链为着力点,加强产业链上下游研究,强化自身专业水平,深化与央企等相关企业深层次合作,大力推动轨道交通建设大型装备发展,在重庆轨道交通建设领域投放2.67亿元。立足成渝、面向全国,深耕细作,既有效服务交通建设实体产业发展,也为交通租赁公司下一步"产业运营+资产金融"战略打下坚实基础。

(四)产品服务及模式创新情况

在产品服务方面,面对复杂、多变的市场环境,交通租赁公司积极应对当下发展、转型、创新的挑战。为确保传统核心租赁业务持续运转,继续提供优质传统融资租赁产品服务,夯实传统融资租赁基本盘,交通租赁将进一步精耕融资租赁与售后回租业务,深入挖掘城市交通、教育、医药、环保、民生、旅游等现有经营领域,积极拓展新领域的融资租赁业务机会,标准化业务流程与融资流程,加强风险管理建设,提质增效稳住公司发展基本面。

在模式创新方面,交通租赁公司持续探索产业化转型发展之路,坚持市场化改革和提升自主创新能力"双轮驱动",推动金融资本与产业资本协同发展,推动融资租赁与集团产业共生发展。重点围绕集团上下游产业链,加大创新产

品研发力度,强化创新主体地位、创新成果孵化、创新成果战略布局及创新平台升级,加强集团产业链融资租赁和供应链金融"租投联动"等一系列"产业+金融"产品研究工作,探索出了轨道交通建设领域结构化经营租赁产品,建立了多方战略合作关系,并成功实现项目落地,有力助推公司转型、创新发展及重庆轨道交通行业快速发展。

后续交通租赁公司将进一步推动公司"赋能实体、产融结合"战略赋能增效,为服务集团主业、重庆市经济社会发展及成渝地区双城经济圈建设贡献"租赁力量"。

(五)工作思路及未来展望

交通租赁公司明确战略发展定位,以"产业+金融"战略为立足点,持续深化集团金融业务版块战略发展,积极融入集团产业"一体化",不断推进集团"产融结合",围绕城市交通产业链,打造金融供应链、构建产业生态圈。坚持以市场化导向为基础的改革发展方向,对标全国、市内融资租赁行业领先企业,打造集团系统市场化标杆企业。

1.把牢高质发展思想引领,狠抓党建责任

坚持以习近平新时代中国特色社会主义思想为指导,全面学习贯彻党的二十大精神,认真贯彻落实中央、市委、市国资委党委、集团党委党建工作各项决策部署。加强党的领导,强化使命意识和责任担当,充分发挥党组织在国有企业"把方向、管大局、保落实"的作用,严格落实党建工作主体责任,全面构建政治建设、思想建设、组织建设、纪律作风建设、宣传思想建设、群团建设"六位一体"的党建工作新格局,为实现交通租赁公司"十四五"战略规划提供坚强的政治和组织保证,推动交通租赁公司在高质量发展征程中展现新气象、迈上新台阶。

2.深化改革多重发力,推动治理效能提质增效

统筹推进全面深化改革。进一步巩固董事会职权试点、三项制度改革等重点领域改革实践成果,持续完善现代企业管理制度,加快健全市场化运营机制。树立标杆实现跨越赶超。持续开展对标世界一流管理提升行动、创建示范项目和价值创造行动,着力打造产品卓越、品牌卓著、创新领先的优秀融资租赁企业。强化合规管理体系建设。进一步建立完善法制建设实施方案、合规体系

建设实施方案,细化责任清单、落实主体责任,不断提升合规经营水平。坚决防范化解重大风险。严格落实企业防风险主体责任,筑牢底线思维,强化风险意识,完善风险防控体系,持之以恒抓好项目、投资、金融等各领域风险防范化解工作,防止国有资产流失。

3.回归租赁本源,融入集团主业、深化产融结合

2023年,交通租赁公司将继续回归租赁服务实体经济本源,依托集团立足于交通主业的强大产业资源优势,强化与集团战略协同,积极融入集团产业生态圈,深度挖掘集团在轨道交通领域投资建设与运营管理两大产业机会,深挖集团产业上下游产业链发展机遇,大力推进新基建,碳中和新能源领域研究开发,坚持"以产带融、以融促产、产融结合"的指导思想,以融资租赁和经营性租赁"双租赁"模式为手段,顺应监管趋势,提高经营性租赁专业化水平,为集团链上实体参与者提供高效优质的供应链多元金融服务,为加快建设"轨道上的都市区"贡献力量,推动公司转型创新发展。

4.助力成渝地区双城经济圈建设战略

坚持抓好产融结合,立足交通产业价值链,面向双城经济圈,提升金融业务能级,新增租赁投放在川渝地区占比。持续加大在成渝两地城市交通基建、民生幸福、医疗教育、装备制造等行业项目拓展力度,力争实现新突破。大力提高直租业务占比,积极探索轨道交通建设大型装备经营性租赁业务,统筹整合产业生态链,深度赋能成渝双城经济圈轨道交通基础设施投资建设与地下空间开发,推动成渝双城经济圈融资租赁行业转型升级。探索开发"租赁+基金"租投联动创新商业模式,发挥好股权投资业务产业引导功能与租赁债权业务杠杆放大效应,打造"产业+金融"特色金融发展模式,推动成渝双城经济圈产融结合水平进一步提升。

二、中垦融资租赁股份有限公司

(一)基本情况

中垦融资租赁股份有限公司(以下简称"中垦融资租赁")是为服务实体企业和农业产业链企业,在农业农村部大力支持下,由重庆农投、成都农发投、沙区迈瑞等10家企业共同发起成立的全国性融资租赁平台。

公司成立于2016年8月,注册资本10亿元,实收资本金10亿元。公司注册地位于重庆市沙坪坝区土主镇土主中路199号附618号,公司办公地位于重庆市渝北区金渝大道85号汉国中心B座22楼。

企业目标:打造成渝地区具有核心竞争力和市场影响力的实体产业企业增值服务商,建成成渝地区本土融资租赁领军企业。

业务定位:支持和服务实体企业,成为小微企业、农业全产业链、制造业及大健康行业的金融服务及增值服务商。

(二)运营情况

1.2022年主要经济指标

2022年受宏观经济下行、房地产市场持续低迷、叠加新冠肺炎疫情反复等影响,中垦融资租赁坚持"一切以市场为导向,一切为了用户,一切服务于用户,一切服从于用户",严格按照年初下达的重点管控事项及对标世界一流企业管理等专项任务,对照本公司"十四五"发展规划目标,公司克服各种困难、经受各种挑战,坚持以"稳"的主基调,控风险、拓市场、筹资金、严管理、强保障,切实谋划好、实施好党建经营各项工作,实现公司可持续、健康、稳定发展。在全体员工共同努力下,2022年实现营收目标的107.5%、经营利润目标的100%,公司资产规模和市场影响力进一步得到提升。

2.2022年重点工作运营情况

(1)以"稳"为主,创新推进业务发展

一是继续深耕成熟业务领域。继续围绕互联网大数据智慧化产业链金融、环保大健康产业资源、先进制造业等国家鼓励的行业和股东产业项目的"3+1"业务方向着力,做好业务转型,开展好"小、精、专"业务。严格按照动态更新"四个一批"项目库推进业务,实现了全年业务稳步增长。

二是精细设计业务模式,从源头上减少风险源。按照项目研判"五化一率一控一看"的标准,无法进行"五化"运营的项目不做,投资回报率达不到预期要求标准的项目不做,从源头上辨别风险,避免盲目投资导致的经营风险。

(2)预防为主,风险控制保驾护航

一是内控制度的不断优化和完善,从根本上建立风险管控。根据公司经营需求,不断优化完善和重构制度流程,全面风险管理体系更为完善,风险控制更为有效。持续更新全国融资平台近年违约情况、多维度跟踪预警承租人及担保人异动信息、累计推送预警信息300余次,进一步降低开发新业务时可能出现的风险,确保更为全面、及时地对在租项目进行风险管控。

二是多维度开展项目尽调,确保项目尽调真实、可靠。业务运营部和风险控制分别从不同的角度对项目所处行业、项目运营、项目资产、项目管理团队、项目风险等角度进行尽调,为公司决策提供一个正确的结论和结果。

(3)多措并举,提升租后管理水平

2022年,公司始终坚持以"稳"为主基调,着力提升全员风险意识。贯彻、落实投放出资金只是融资租赁业务的第一步,后续的租后管理、资产管理是重中之重的经营宗旨,公司紧紧围绕安全及时收回在租项目租金这条主线,通过信息化手段、现场租后检查、风险提示、突发风险及时应对等方面开展租后管理。

通过电话访问、网络查询、现场调查等方式定期对在租项目实施检查,对重点项目、关键项目进行非定期租后现场检查,并形成租后检查报告,既确保了租后管理的全面覆盖,也实现了对重要风险点和关键风险点的有效管控。新开发的融资租赁系统正式上线运行,使租后管理更加便捷、更为高效。

(三)服务实体经济和支持成渝经济圈情况

1.实体经济贡献方面

中垦融资租赁一直以来均坚守服务实体企业的初心和使命,持续为涉农企业、环保大健康、先进制造业等三大市场化业务提供资金支持和金融服务。新冠肺炎疫情期间,为支持客户经营发展,公司对多个在租项目租金根据企业现金流回款节奏重新匹配了还款方案,携手客户共渡难关,有效支持了客户发展;2022年公司更是加大了对受新冠肺炎疫情影响较大但基本面良好的实体企业客户的开拓力度,逆势增加对实体企业和小微企业的支持力度,全年在实体企业和小微企业项目上投放比例超过70%。

2.社会贡献方面

公司一直注重回馈社会,与实体企业互利共赢。坚持依法纳税,2022年向重庆市沙坪坝区贡献税收2200余万元。积极支持新冠肺炎疫情期间困难的民营企业和公共事业企业,根据实际情况,分别对受新冠肺炎疫情影响收入降低的合作项目提供资金融通和展期等金融服务支持。积极向所在社区开展金融反诈骗宣传,看望慰问养老院孤寡老人,主动购买扶贫产品帮助贫困地区群众,为建设和谐社会贡献企业的绵薄之力。

3.服务成渝经济圈建设方面

成渝地区双城经济圈建设上升到国家战略高度。作为一家本土融资租赁企业,中垦融资租赁深刻认识到成渝经济圈是国家"西部大开发"战略的重要组成部分,拥有着广阔的发展前景和巨大的经济潜力,因此公司一直扎根成渝地区,积极融入和支持成渝经济圈的发展。2020年以来,公司新增业务份额的80%都集中成渝经济圈,竭尽全力支持成渝双城经济圈建设和西部金融中心打造。

(四)产品、服务及模式创新情况

1.业务结构创新

中垦融资租赁坚持"一切以市场为导向,一切为了用户,一切服务于用户,一切服从于用户"的经营理念。继续按照"3+1"业务发展目标的同时,探索直租、经营性租赁等业务模式,逐渐形成多元化业务体系,优化项目结构。同时增加二三类医疗器械经营范围,拟逐步开发医疗器械直租、经营性租赁,进一步优化业务结构。

2.数智化管理,提升效能效率

充分运用信息化、数字化、智慧化手段,提高效能、提升效率。一是信息集成,提升效率。不断优化完善公司OA功能,使公司关键业务管理等全过程实现全覆盖、可追溯,充分实现"流程表单化",信息流转及处置效率较传统方式大幅提升。二是资产监控,提高效能。自主改写监控设备装、校、验运行规则,突破原规则被动管理的局限,达到按需求密切监控并瞬时侦测远程资产问题并实现报警的目的。三是创新运用,保障运营。开发的云视频工具,满足了业务尽调的远程支持,扩展了新冠肺炎疫情环境下的业务运营。

3.融资模式创新

在拓宽融资渠道,强化资金保障方面,公司积极与银行沟通协作,让银行提前介入项目,搭建创新融资途径,积极推进业务拓展与融资的深度融合;同时优化公司业务结构,为未来发行资产证券化做好基础工作。

(五)发展定位及未来展望

1. 发展定位

继续贯彻落实《成渝地区双城经济圈建设规划纲要》,牢固树立一体化发展理念,主动融入成渝地区双城经济圈建设,服务服从于西部金融中心建设,打造成渝地区具有核心竞争力和市场影响力的现代农业企业增值服务商。继续"稳"字当头,合规经营,继续坚守服务实体经济和小微企业的使命,力争到"十四五"末租赁资产规模达到30亿元,收入规模和利润水平进一步提升,为成渝地区的实体企业发展和基础设施建设提供强有力的金融服务和有力支撑。

2. 主要措施

(1)逐步调整业务结构

一是公司根据银保监会对项目融资标的物、关联交易、业务占比等方面的要求,推进业务实施。二是严格按照新的监管要求,创新服务股东项目以及股东产业链合作项目,重点推进服务股东产业链发展的合作项目上寻求具体业务,服务股东产业链发展。三是密切跟踪市场变化,及时优化经营策略。在符合监管要求的前提下,大力拓展现金流充足的医院业务,同时探索新业务模式,开拓水务、旅游业、"高精尖"产业等方向。同时,以成渝双城经济圈建设为契机,探索与成都地区融资租赁公司深入合作。四是力争业务微创新。以重庆市建设绿色金融中心、科创金融中心、普惠金融中心、数字金融中心为契机,探索绿色金融、知识产权、数字技术专利等融资租赁业务。

(2)多渠道筹措资金保障经营

一是确保存量经营性项目资金按时回款,保障公司正常经营活动。二是创新推进多种融资模式,继续深耕"去担保化"融资渠道,与银行等金融机构合作,及时掌握最新授信政策,积极推动保理业务、应收账款质押加租赁项目增信的融资模式。

(3)风险控制保驾护航

一是做好风险防范预警措施。从多维度跟踪预警承租人及担保人异动信息,从源头上杜绝风险。二是主动化解在租项目潜在风险。对存在逾期风险的项目,加强租后管理,逐步降低风险敞口。三是提高公司全员法务意识。全年对公司员工进行针对性法务培训,增强全员风险防控能力;法务审查全面渗透项目实施各环节,实现全年风险管理。

(4)扎实开展租后管理防止出现不良

一是利用融资租赁管理系统,每日对承租人、担保人进行全方位预警,如涉诉情况、负面新闻、工商信息变更等信息排查。二是对涉及合作金额较大、行业波动频繁等重点项目增加现场检查频次,对在租项目的现场检查实现全覆盖。三是对已进行调整支付节奏、行业受经济下行或新冠肺炎疫情影响较大的客户采取重点关注,主动化解风险,防止出现不良。

(5)党建经营融合发展

一是继续全面推进党的建设与生产经营深度融合,强化党建保障。二是加强党风廉政教育,提高政治站位与政治敏感性,党的规章制度红线坚决不能碰。三是严格执行"党组织前置研究"等制度,落实全面从严治党主体责任和监督责任。

三、华科融资租赁有限公司

(一)基本情况

华科融资租赁有限公司(以下简称"华科公司"),成立于2013年6月,注册资本8亿元,注册地位于重庆高新技术产业开发区,是由重庆市科学技术研究院牵头,联合香港上市公司中渝置地等企业共同发起设立的,由外商投资、国有参股、员工持股的混合所有制企业。

华科公司系科技部认可的国内首家以"科技融资租赁"为主要服务手段的全国性综合金融服务公司,西部地区首家直接兼营商业保理的融资租赁企业。2015年11月完成首轮增资扩股,引入重庆高新开发投资集团有限公司。2018年10月完成第二轮增资扩股,引入重庆市政府产业引导基金旗下"振渝九鼎"基金作为战略投资者,成为中西部地区资本实力位列前茅的融资租赁企业。

公司担任中国外资租赁委员会副会长、重庆市外商投资企业协会租赁业委员会会长。2015年至今,每年荣膺"中国融资租赁榜年度公司""中国融资租赁榜杰出成就奖"等行业大奖,成为资本市场认可、在全国具有影响力的融资租赁公司。

(二)运营情况

华科公司运行10年来,盈利能力、资产质量、资金营运及发展指标等在中西部地区名列前茅,公司立足融资租赁主业,深度融入实体产业,不断向业务专业化、收入结构多元化、资产管理精细化方向迈进,聚焦科技创新的专业化特色更趋明显。

1. 积极响应"成渝地区双城经济圈"国家战略

深耕"专精特新"、高科技高成长型和细分领域市场龙头企业,重点关注中西部地区尤其是成渝地区双城经济圈范围内,深度挖掘客户需求,创新产品研发,产业金融业务高质量、高速度、高效率发展,着力打造新能源、新材料、医疗健康等产业集群,全年支持数十家企业发展,累计投资同比增长23%。

2. 汽车金融业务成功实现业务转型

2022年零售代理业务恢复势头良好,与长安汽车金融、民生金租、平安银行、奇瑞金融等机构合作,构建起多维度汽车金融产品矩阵,全年新增投放同比增长16%,服务个人客户新增6000余户。后续还将与海发宝诚租赁、安吉租赁等机构合作,为汽车消费者提供更加丰富的金融产品和全方位的增值服务。

3. 坚持"修炼内功",提升风险管控能力

(1)2022年在市金融监管局组织的第一次融资租赁公司监管评价中,华科公司获得评价等次A级。

(2)2022年10月,华科公司对成立以来的所有制度办法进行清理、自查,共清理制度办法323个,新增制度办法6个,修订38个,发文废止70个,纳入制度汇编80个。

(3)2022年12月,华科公司《岗位说明与履职手册》编制工作初步完成,进一步完善公司人力资源体系建设,规范和固化各部门现有岗位的工作职责、任务、流程、成果,更好地服务于公司的人才招募、培训、绩效考核和职业晋升等领域。

4. 坚持打造良好企业形象,提升行业影响力

(1)作为中国外资租赁委员会副会长单位和重庆市外商投资企业租赁业委员会会长单位,华科公司主动向市金融监管局、市商务委、市中新项目管理局等汇报融资租赁行业经营情况,组织开展保税租赁等专题调研,参与筹建租赁行业协会,配合《重庆市地方金融条例》、京津冀等区域融资租赁政策调研。全年参与各类调研10余次,组织供稿20余篇,为相关部门行业政策、监管措施的出台或调整建言献策并提供有力支撑。

(2)2022年5月,华科公司加入"中新互联互通金融服务联盟",成为联盟第二批成员。该联盟于2021年9月成立,可进一步借助中新战略合作的新机遇,会同联盟各成员单位,发挥服务平台作用和自身优势,立足重庆实现新的发展。

(3)2022年11月,华科公司蝉联"中国融资租赁榜成就奖",连续9年获得行业大奖。

(4)2022年12月,华科公司当选中国外资租赁委员会第六届理事会副会长单位。继担任第五届理事会副会长单位之后,公司再次当选中国外资租赁委员会副会长单位。

(5)2022年12月,华科公司当选"重庆西部金融商会"副会长单位,进一步提升公司在西部金融领域知名度,聚合金融资源,拓宽投融资渠道,提高投融资效益,促进公司租投联动战略更好实施。

(三)服务实体经济情况

华科公司累计服务各类企业1000余户,累计服务零售客户25000余户,累计投放业务规模逾百亿元。服务企业全部为实体企业,其中50%以上为高新技术企业,累计向重庆市内企业投放融资租赁款63亿元,其中民营企业556户,金额42亿元。尤其是针对智能制造、交通运输、健康管理、化工新材料、分布式光伏发电等行业领域实现融资租赁投放总额5.3亿元;公司小微企业、中型企业客户融资租赁资产总额占比86%。

(四)产品、服务及模式创新

1.租投联动、股债协同初显成效

一是公司从单一融资租赁债权类业务,扩展到"债权+股权"双轮驱动,为客户提供债权、股权和财务顾问等综合服务,满足成长期客户对各类融资产品的需求,优化和改善客户融资结构。二是通过股权投资识别潜力客户,形成租赁与投资互相促进、互为支撑的有利局面,增强服务优质客户的能力。全年完成8户租投联动项目,并与九鼎投资、美的资本等众多知名创投机构达成战略合作关系,在项目互荐、协助募资方面持续深入合作。

2.实施金融科技和数字化驱动战略

(1)产业金融核心系统华科易租二期项目2022年6月正式启动。全年易租二期项目上线常规版本及紧急版本共21个;新增功能、优化及缺陷修复共139个。"华科易租产业租赁核心业务系统V1.0"获颁计算机软件著作权证书,公司累计已获5项专利和29项计算机软件著作权。

(2)"易库融"供应链金融业务管理系统升级完成。系统具备业务管理、标的物监管、资金管理、动态库存管理和二手车市场SAAS管理五大功能板块,利用物联网技术实时监控标的立体动态位置、自动评估项目风险等级、通过搭载不同模块可实现不同市场场景运用,可接入市场经营数据、车商数据、资金数据,实现各方资源优化配置,为二手车供应链金融产品投放提供技术支撑。

(3)二代征信数据采集切换9月完成,并顺利通过人行征信中心验收,实现了个人和企业全业务场景征信的自动上报,切换过程中的数据核对指标、数据加载成功率均达到100%,成为重庆市第一家完成个人和企业征信报送系统切换工作的融资租赁公司。

(4)业务系统与财务系统实现成功对接。业财一体化的达成,为华科公司经营管理决策、统筹资源、优化配置、提升效率和改进绩效等方面提供了有力的支撑。

3.成功搭建以供应链金融为核心的综合服务平台

2022年5月,针对二手车经销商设计的创新型线上库存融资产品——易库融1.0,正式在安徽省合肥市阿里二手车市场完成首笔投放。该产品立足二手汽车交易产业链现状,深入分析二手车交易市场、二手车经销商等核心参与主体的需求与痛点,打造供应链金融,构建业务新生态。2022年12月,华科公司升级完成"易库融"2.0正式上线运行。

4.坚决推进新一轮引战增资,取得重大进展

华科公司于2021年四季度启动新一轮引战增资工作。2022年三季度,两家战略投资者出具《战略合作意向书》,均对投资意向和资源协同提出了意向性方案,展现了较强的投资意愿。2022年末,股东层面考察洽商、方案设计等工作正在有序组织推进。

(五)经营目标及未来展望

华科公司将按照"4321"的发展思路,即:按照"科技金融、产业金融、资产金融、创新金融"四位一体的发展格局,启动实施引战增资上市、产业金融"一体两翼"、数字金融三大战略,打造供应链综合服务和科技金融生态两大战略性平台,逐步建成以融资租赁为基础,覆盖汽车金融、股权投资、金融科技、贸易、投融资咨询服务多元金融业态、国内一流的科技金融和产业金融服务集团。

四、重庆银海融资租赁有限公司

(一)基本情况

重庆银海融资租赁有限公司(以下简称"银海租赁")成立于2005年,2006年4月经商务部、国家税务总局批准,成为全国第二批、西南地区首家内资试点融资租赁公司,截至目前公司股东实缴出资额25亿元,其中13亿元为2023年新增出资(正在办理相关变更手续)。本次增资后,银海租赁是实收资本全国前50、西部第一的融资租赁公司(不含金租)。增资后的股权结构为:重庆渝富控股集团有限公司(以下简称:渝富控股)持股86.19%、重庆百盐投资(集团)有限公司持股10.90%、金科地产集团股份有限公司持股2.91%。公司员工共88人,其中,硕士研究生学历及以上的12人,本科学历66人。部门16个,其中前台业务部门8个,中后台支撑及保障部门8个。公司设党总支及三个支部,党员40名。公司建立了"三会一层"现代企业治理结构,形成了科学、制衡、高效运转的决策体系。

截至2022年末,公司注册资本12亿元,总资产72亿元,合同规模114亿元,租赁余额70亿元。公司成立至今,租赁业务累计投放金额近260亿元,服务客户210户,实施项目233个,上缴各类税收近4亿元,累计实现净利润13.5亿元,分配股利8.2亿元。

银海租赁作为渝富控股核心实控子企业,目前已成为渝富控股各子公司的高质量发展标杆、改革创新标杆和党建工作标杆,公司连续六年全面完成经营目标任务,净资产收益率等核心指标达到全行业优秀值,连续五年获得行业权威大奖,公司党组织被重庆市国资委评为"先进党组织"。当前,公司正在积极申报"双百企业",致力于打造全国融资租赁行业标杆。

(二)主营业务及运营模式

1. 主营业务

公司成立至今,专注融资租赁主业,已形成了直接租赁、售后回租、经营性租赁和商业保理四大类经营产品,主要业务集中在交通物流、文化旅游、装备制造、医疗教育、能源环保等领域。

2. "四项服务"发展模式

公司围绕习近平总书记关于重庆"两点"定位、"两地两高"目标,聚焦融资租赁赛道,不断探索创新发展方式,提出"四项服务"发展模式:成渝地区双城经济圈建设、服务山清水秀美丽之地建设、服务高质量发展和服务西部大开发,切实助力地方经济发展。

一是实施"走出去"战略,服务成渝双城经济圈建设。为扩大业务范围,公司于2017年提出"走出去"战略,成立四川工作部,全面服务成渝发展,2020年成渝地区双城经济圈建设升级为国家战略,提前布局的四川业务迎来重大发展机遇。目前四川工作部已成功实施项目12个,累计投放资金16亿元,无逾期等不良项目。公司在成渝双城经济圈累计投放项目已达114个,规模突破100亿元。现存续项目89个,个数占比为70.08%;投放规模共计85.66亿元,规模占比为74.37%;租赁余额共计50.13亿元,余额占比为69.38%。

二是实施品牌工程,服务山清水秀美丽之地建设。为夯实公司竞争力和建立护城河,2020年以来公司启动品牌工程,打造拳头产品,大力推进文旅业务发展。公司先后实施了奉节白帝城、云阳龙缸等5A级景区项目,武隆芙蓉江、彭水蚩尤九黎城等4A级景区项目,累计投放规模35亿元,项目31个,实现对主城都市区、渝东北和渝东南优质景区的全覆盖。

三是围绕先进制造业,服务高质量发展。围绕服务高质量发展,通过实施万国半导体4.75亿元、国际复合材料2.69亿元、四联集团2.85亿元等项目,助推重庆"高质量"发展,获得市国资委、市金融监管局、市政府办公厅及行业媒体的关注,极大地提升了公司的知名度和品牌影响力。目前,公司在战略产业领域存续项目14个,个数占比为11.02%;投放规模共计14.47亿元,规模占比为12.56%;租赁余额共计7.00亿元,余额占比为9.69%。

四是加大"走出去"力度,服务西部大开发。公司抓住国家推进西部陆海新通道高质量建设、云南建设多样化物种基地和第十五个国家级开发区——滇中新区建设的契机,于2021年成立云南工作部,"走出去"战略开辟新战场。目前云南工作部成立不到两年,已投放项目5亿元,达成战略合作30亿元。通过设立云南工作部,强化了公司在西部地区的业务布局和竞争优势,为新时代西部大开发贡献渝资国企的智慧和力量,助力国家"双循环"新发展格局,实现重庆总部、四川和云南形成7∶2∶1的业务布局。

公司"四项服务"模式获得各界高度认可,2020年公司荣获"中国融资租赁服务地方经济建设杰出成就奖",是截至2022年末全国唯一获此殊荣的融资租赁企业,2022年公司成功实施长寿慢城融资租赁项目,重庆日报以重庆国企融资租赁项目助力乡村振兴对公司进行了专题报道。

(三)2022年运营情况

1.主要经营指标

2022年,公司充分发挥国有资本的资金聚焦效应,资产负债实现健康扩表,关键指标正向联动,核心效益指标净资产收益率达到行业优秀值,实现"四升两降"。

"四升":年末总资产72.07亿元、净资产15.24亿元、租赁余额69.64亿元、全年项目投放22.76亿元均创新高。

"两降":年末不良率0.66%,较上一年降低0.14%;全年加权融资利率较2021年降低66个BP,近两年公司融资利率已累计降低约120个BP。

2.业务发展情况

(1)业务总量。2022年公司立项项目90个,同比增长25%;评审通过规模35.13亿元,同比增长65%;实际投放22.76亿元,同比增长25%;投放项目数44个,同比增长42%;单笔投放规模0.52亿元,同比降低12%。截至2022年末,公司存续项目合同规模114.12亿元,同比增长10%;存续客户合计95户,同比增长25%;存续项目数127个,同比增长31%。

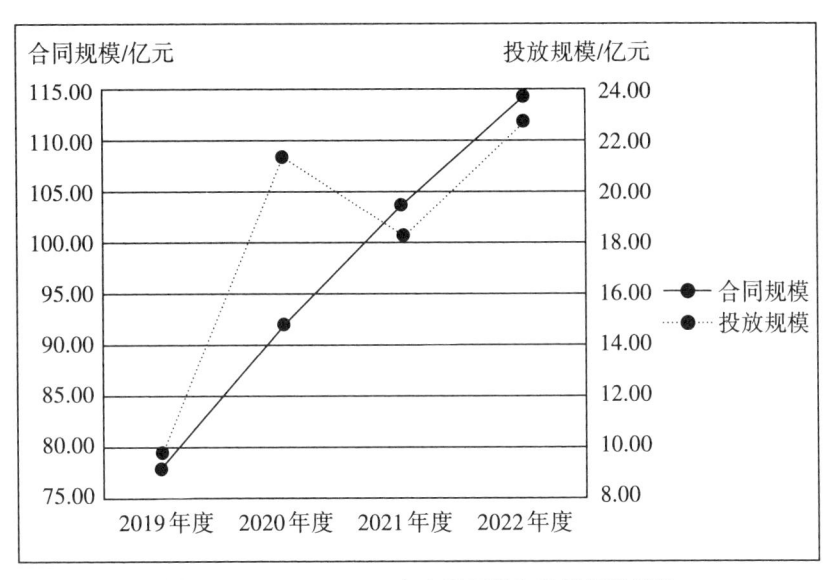

图28-1　2019—2022年合同规模和投放规模情况

（2）业务分布。从行业分布分析，公司存续项目主要分布在交通物流、文化旅游、装备制造、医疗教育和能源环保五个业务领域，基本覆盖了国民经济的主要经济部门。作为公司优势业务领域的文旅业务稳中提质，特别值得一提的是，2022年7月文化和旅游部发布的12家升级为5A级景区中，川渝各有一家，均为公司提供资金支持改造后实现升级的景区（分别为奉节县白帝城景区和成都市安仁古镇景区）。从区域分布分析，公司存续项目主要位于成渝双城经济圈（重庆和四川）和西部陆海新通道（云南），占比分别为90%、5%。

3. 风险防控情况

公司持续推进内部控制、合规管理和全面风险管理三个体系建设，业务发展和风险防控统筹推进，面对异常复杂、潜在多变的经营环境，在规模持续增长的情况下，公司实现了2022年风险项目零新增的总目标，不良率控制在行业优秀水平，足额计提风险拨备，保障了资本充足率。在市金融监管局对融资租赁企业的监管评价中，银海租赁获得A等第一名。公司通过司法裁定、破产重整、强力追索等方式，强化存量风险项目处置工作，全年回收风险项目资金9791万元。创新不良资产处置方式，成功在重庆联交所通过债权转让的方式化解成都巨辐项目不良债权。

4. 国企改革落实情况

公司围绕高质量发展,聚焦改革重难点,2022年在全面完成国企改革三年行动的基础上,不断深化改革成果,优化市场化经营机制。公司作为渝富集团首批落实子企业董事会职权试点单位之一,在中长期发展决策权、经理层成员选聘权等六项职权方面取得实效,以制度建设为主线,建立完善了《经理层成员任期制和契约化管理细则》等13项制度,充分发挥董事会经营决策主体作用。持续推进用工市场化,全面实施任期制和契约化管理,公司在员工"进、出"、干部"上、下"、收入"增、减"等方面构建了系统完备、贴合实际的"工具箱",实现考核结果强制分布、刚性兑现,市场化经营机制更加精准高效。

5. 党建经营融合情况

公司以高质量党建引领高质量发展,紧抓"1251"党建工作思路(围绕一条主线,深化两个融合,落实五新举措,形成一个模式),搭建党建工作体系,切实助推公司经营发展。特别是党的二十大以来,公司将学习贯彻党的二十大精神落实到完成经营目标的具体工作中,以"党员先锋队""党员示范岗"发挥带头作用,带领公司各个业务团队攻坚克难,奋力拼搏,为完成公司发展目标做出了突出贡献。2022年以来,以党员为主的项目团队、党员先锋队、实现投放项目金额超过8亿元,储备项目超过5亿元。公司深入推进经营党建两融合,严格执行"四步工作法",落实"一把手"末位表态制,公司党总支对38项拟提交股东会、董事会决策的议题先议。经营层严格落实向董事会、董事长定期报告机制,保持信息畅通。

(四)未来发展思路

党的二十大报告指出,未来五年是全面建设社会主义现代化国家开局起步的关键时期,高质量发展是全面建设社会主义现代化国家的首要任务。银海租赁坚持以习近平新时代中国特色社会主义思想为指导,全面贯彻落实党的二十大和中央经济工作会议精神,以及重庆市委经济工作会部署,推动公司高质量、跨越式发展。

1. 发展目标

银海租赁以资本为引擎,以增资为契机,将公司打造为全国知名的融资租赁集团。公司2023年力争注册资本增加至30亿元,租赁规模突破100亿元,

2024年注册资本达到50亿元,2025年租赁规模突破200亿元,2027年,公司租赁规模突破400亿元,累计投放规模达到1000亿元。

2."3114"发展思路

根据当前经济形势,围绕全市发展战略,公司不断优化完善发展战略。为更好服务"新重庆"定位,抓住资本金增加的发展机遇,优化"投资+租赁"商业模式,深化"四项服务",形成3114"战略发展思路,具体为:

3:即"3新",银海租赁的发展紧密围绕新时代(中国式现代化)、新起点(公司增资至30亿元)、新银海(租赁余额超百亿的全国知名融资租赁集团)。

1:即优化一个商业模式——投资+租赁,股东赋能公司发展,发挥渝富系企业资源优势,在资金端为公司提供融资、增信等方面的支持,在业务端建立"融融协同""产融协同"机制,在投资领域和区域高效联动、资源共享;发挥"股""债"协同优势,在投研建设、风险防控、风险处置等方面建立协同机制,提高投资效率。以"投资+租赁"商业模式打造公司形成差异化竞争优势,建立企业发展"护城河"。

1:即一个变革驱动——数字化,强化数字赋能,抓住产业数字经济发展机遇,推动公司业务向科技创新、战略新兴、专精特新等赛道拓展;将数字化融入公司治理,以决策流程信息化、提高"三会"议案审核质量和效率,以业财管理一体化、提高信息系统集成化程度,以风险防控数据化、提高风险预防和监管效能。

4:即深化"四项服务",具体为:服务成渝双城经济圈建设、助力区域协调发展,将落实重庆市委"一号工程"作为公司高质量、高速度发展的总抓手;服务西部陆海新通道建设、助力西部大开发形成新格局,聚焦港口物流等基础设施建设,畅通国际物流大通道;服务现代先进制造业发展、助力现代产业体系建设,提升新经济领域在公司业务中占比;服务乡村振兴、助力农业农村现代化,持续打造"文旅业务"品牌,挖掘特色农业发展机遇,打造下一个拳头产品。

3.2023年重点工作

一是发力融资融通。以增资到位为契机,推动公司主体信用评级由AA提升至AA+,进一步发挥国有资本聚焦作用,引导社会资金投向实体经济,助力地方发展。

二是发力飞机租赁。加快推进空客整机、飞机发动机业务落地,推动租赁行业含金量最高的飞机租赁在重庆落地实施。

三是发力战新产业。抓住公司参与筹建氢能源产业创新联盟的契机,推动氢能源业务领域从氢能源汽车租赁,向氢能源装备制造、终端运用等领域拓展;与重庆高速集团、四川蜀道集团、庆铃集团建设多品牌共享性开放式换电站,积极参与成渝高速重卡换电走廊建设,全年实现先进制造业租赁余额占比提高不低于10%。

四是发力成渝双城经济圈建设。聚焦成渝区域协同和重大项目推进,在先进制造业、交通物流、节能环保等领域拓展上取得新成绩;加强与成渝金融机构合作,促进资金融通,加快项目投放。全年计划成渝双城经济圈新增投放10亿元左右,业务占比约20%。

五是发力西部陆海新通道建设。在"中老铁路"已成功投放5000万元(签订合同1亿元)基础上,发挥云南工作部桥头堡作用,加大重要基础设施、特色优势产业、民生工程等领域拓展力度;深化公司与滇中新区战略合作,推进昆明空港集团、中建七局等单位30亿元战略项目落地实施;与富滇银行、红塔银行等金融机构加强协作,实现合作共赢。全年计划西部陆海新通道区域新增投放7亿~9亿元,业务占比不低于10%。

五、重庆明德融资租赁有限公司

(一)基本情况

重庆明德融资租赁有限公司成立于2015年3月,位于重庆自贸区核心区域两江新区,注册资本金20亿元人民币,是重庆对外经贸(集团)有限公司(以下简称"重庆对外经贸集团")二级企业,由重庆对外经贸集团及其全资子公司明德国际控股集团有限公司共同出资成立,是重庆市融资租赁行业协会(筹)发起人副会长单位、重庆市外商投资企业协会理事单位、重庆市外商投资企业协会租赁业委员会副主任委员单位。2021年、2022年连续两年荣获中国外商投资企业协会租赁业委员会颁发的"中国融资租赁榜成就奖"。

公司成立以来,紧紧围绕成渝地区双城经济圈建设、构建现代化产业体系、促进城乡融合发展、打造内陆开放高地等国家战略,积极发挥自身投融资模式设计优势,以及股东在国际工程、国际贸易、现代金融、跨国投资板块融合发展的优势,大力开展城市基础设施建设、民用航空、绿色节能、医疗健康等方面的融资租赁,先后在重庆、贵州、四川、云南等地成功实施了多个融资租赁项目。公司积极响应党中央"打好防范化解重大风险攻坚战"的号召,全力以赴化解存量项目风险,确保了全部在租项目风险可控。

党的二十大召开以来,公司以业务数字化转型带动企业高质量发展,进一步回归融资租赁本源,服务实体经济、服务中小微企业,推出医疗设备线上融资租赁创新业务模式。下一步,公司还将开发服务于口腔诊所、宠物医院创业者的一站式整体解决方案,通过定制化的融资融物服务,纾解创业者在资金和设备采购方面的困难,进一步服务经济发展。

(二)运营情况

2022年,公司实现营业总收入509万元,年末资产总额2.01亿元。具体开展了以下工作:

1.业务"五化"转型取得突破

按照集团党委提出的"功能化、本地化、一体化、专业化和数字化"业务转型要求,融资租赁公司经过对市场的多方调查和实地研究,结合自身的行业服务沉淀、股东业务生态和区域发展前景,推出小型医疗设备线上融资租赁业务。该业务深度切入医疗设备融资租赁场景应用,聚焦成渝双城经济圈市场增长潜力较大的口腔医疗、宠物医疗细分领域,以中小型诊所机构为承租人,医疗设备为租赁物,与国内头部场景金融科技平台合作,融入互联网+、大数据、物联网、分布式存储、聚合支付等先进技术,提高效率、降低成本、强化风控。该业务模式的首个项目已于2022年11月9日在两江新区因新冠肺炎疫情加强社会面管控、公司全员居家办公前1天完成项目投放,并如期收回首笔租金。

2.开放合作建设共赢平台

一是与重庆进出口担保有限公司等一批已经率先在业务"五化"上取得成效的企业广泛开展交流学习,找准差距,有针对性地引入进出口担保公司的成熟系统,重点对自身较为薄弱的风险控制环节进行加固。

二是与国内多家知名专业平台洽谈合作事宜,最终与国内头部场景金融科技平台上海即科集团达成合作意向,并在第五届进博会期间签署了合作协议。通过接入即科集团在医疗健康行业成熟的业务系统,融资租赁公司业务开拓效率得到极大提高。

三是与浙商银行、重庆银行等就小型医疗设备线上融资租赁业务进行了融资洽谈,获得银行对于业务模式的认可,获得浙商银行1000万元授信。

3. 企业知名度大幅提升

加强公司经营发展的正面宣传,2022年初,公司荣获"2021中国融资租赁榜成就奖"得到人民网等13家中央和地方主流媒体聚焦报道;11月,公司在第五届进博会上与即科集团签订合作协议,又得到6家主流媒体报道;11月重庆本地新冠肺炎疫情暴发期间,公司党支部号召党员干部下沉社区志愿服务新冠肺炎疫情防控工作,得到市国资委专报信息、市地方金融监督管理局微信公众号和新华财经的报道;12月,公司蝉联中国融资租赁榜成就奖的新闻又得到9家中央和地方主流媒体的报道。重庆日报、华龙网还分别对公司复工复产的情况进行了专题报道。

在市地方金融监督管理局大力支持下,重庆市融资租赁行业协会即将成立,公司作为发起人副会长单位参与了协会筹建工作,得到监管机构和同业企业的广泛赞誉。

4. 内部管理水平更上台阶

一是进一步加强日常费用支出管理,采取多种措施积极响应集团降本节支特别是节约用电的号召,进一步压降办公成本。

二是贯彻依法治企,制定公司"八五"普法计划,成立法制建设和合规体系建设的领导小组,落实主要负责人的法制建设第一责任人责任;完善内控制度体系建设,结合实际修订制度6项、新增制度3项,相关工作开展更加规范高效。

三是聚焦人事"三项制度"改革,完成改革自查评估,不断完善公司《经理层成员任期制和契约化管理工作方案》,并及时与公司经营层成员签订岗位聘任协议和责任书。

四是积极配合集团巡视巡察整改、经济责任审计,及时开展自查自纠。

五是抓好安全、新冠肺炎疫情防控等工作,严格落实上级关于安全、新冠肺炎疫情防控等工作的各项规定,完善公司有关工作预案,确保安全零事故、员工零感染。

5. 基层党建工作更加扎实

一是加强思想政治建设,以多种形式迎接党的二十大,学习贯彻党的二十大精神,做好党的二十大期间安全稳定工作;认真学习集团各项重要会议精神,落实工作部署,营造良好政治生态,围绕经营抓好党建。

二是认真落实全面从严治党责任,制定年度责任清单,督促责任落实,印发廉洁风险防控工作实施方案,完善廉洁风险防控体系建设,开展内部监督检查,深化落实中央"八项规定"精神。及时开展"以案四说"警示教育,提倡更加高效务实的工作作风,发挥问责问效作用,督促经营业务落实落地。

三是在11月重庆新冠肺炎疫情期间,积极号召党员干部下沉社区服务新冠肺炎疫情防控工作,应下沉率达100%,公司下沉社区服务事迹得到市国资委专报信息报道。

(三)服务实体经济情况

2022年公司与即科集团在进博会上签署合作协议前后,已通过即科集团业务平台接收到多笔业务信息推送,经精心选择匹配,2022年完成首笔项目的顺利实施,截至2023年3月10日,累计完成5笔项目投放,金额合计74.47万元,另有审议待投放的项目2笔,金额合计60.01万元。项目区域范围涵盖重庆、云南、山西、四川、广西等,单笔金额从几万元至几十万元不等,融资租赁物涉及口腔影像设备、牙科综合治疗机、血细胞分析仪等,真正实现了"小而分散",服务实体经济的工作宗旨,充分发挥融资租赁"融资"+"融物"的优势,为公司后续在实践中摸索出一套服务于口腔医院、宠物医院创业者的整体解决方案创造了条件。

(四)业务创新情况

2022年,公司围绕业务"功能化、本地化、一体化、专业化和数字化"转型,开展科技创新工作,推出医疗设备线上融资租赁业务。主要的做法措施有:

1.依托股东业务生态和自身业务沉淀

公司的股东重庆对外经贸集团,是重庆市市属大型重点国有企业,重庆市委、市政府确定的全市扩大开放、实施"走出去"战略的综合平台。集团围绕医疗健康进行了多年的业务布局,旗下的重庆对外建设集团、明德国际控股集团、重庆对外贸易进口公司等具有30年左右的医院建设、医疗设备贸易经验,在医疗健康服务领域有着较高的品牌地位。公司成立以来,服务于集团产融结合,也多次参与了集团兄弟单位相关医疗健康贸易、建设业务的前期工作,积累了较为丰富的医疗健康行业经验,储备了一批熟悉医疗健康行业的融资租赁业务人才。对外经贸集团也给公司赋予了"回归租赁本源、创新业务模式,成为西部大健康领域融资租赁专业服务商"的定位。

2.借鉴类金融同业先行经验和引入成熟系统资源

公司确定业务"五化"转型方向后,选择了一批已经率先实现业务功能化、本地化、一体化、专业化、数字化的重庆本土国资系统类金融企业,广泛开展沟通交流,学习借鉴他们的跳出原有发展模式,拥抱新经济、新技术、新模式,走高质量发展道路的转型经验,并多次组织内部研讨,对学到有益经验进行消化吸收,内化为公司自己的制度和文化。在交流借鉴的过程中,公司找准差距,有针对性地引入相关企业的成熟系统,重点对自身较为薄弱的风险控制环节进行加固。在业务开拓方面,公司放眼全国,与多家知名专业平台洽谈合作事宜,最终与国内头部场景金融科技平台上海即科集团达成了合作意向,并在第五届进博会期间签署了合作协议。通过接入即科集团在医疗健康行业成熟的业务系统,公司业务开拓效率得到极大提高。同时,公司也在逐步准备自有业务、风险系统的建设,构筑差异化优势。

3.坚持党的领导和激发职工内生动力

公司推进业务"五化"转型方向的过程中,始终坚持党的领导。党支部始终保持对业务转型的高度重视,不定期研究业务推进情况,在人、财、物方面给予业务转型大力支持。公司领导深入业务一线,带队项目调研,多次组织业务研讨会议,指导相关部门不断优化业务条件和流程。在业务推进过程中,党支部注重发挥基层一线和人民群众的首创精神,倡导更加积极的进取精神,弘扬更加务实的工作作风,鼓励员工摈弃等靠要心态,破除僵化思维,杜绝"躺平""摆烂"和假话空话,解放思想、群策群力,做到思想上高度统一,行动上步调一致,工作上齐抓共管,上下一心把"五化"转型做实做好。

(五)经营目标及未来展望

(1)把线上融资租赁业务做深做细。进一步践行实质风控、精准风控,优化业务模式,扩大业务规模,逐步探索一套服务于口腔医院、宠物医院创业者的整体解决方案,通过定制化的融资融物服务,解决创业者在资金和设备采购方面的困难。加强数据积累和分析,树立小微医疗机构融资租赁服务商标杆品牌。适时进入医美设备融资租赁领域,积极融入"乡村振兴"战略,把成熟的线上业务模式向乡镇诊所推广,并向绿色农业、养殖业进一步延伸。

(2)进一步落实数字化转型,探索引入业务、风控、客户管理等线上智能一体化管理系统,以适应"互联网+"金融科技创新业务的不断发展。

(3)进一步拓宽融资渠道,加强与银行金融机构合作,获取银行资金支持。同时,积极开辟新的融资渠道和方式,打通资产端和资金端通道,通过资产证券化手段,进一步优化公司债务结构,充分利用杠杆倍数扩大业务规模,灵活调整公司资金,使融资所得与项目资金规模相匹配,实现资金利用效率最大化。

(4)进一步围绕经营抓党建,抓好全面从严治党"两个责任"落实,认真学习贯彻习近平新时代中国特色社会主义思想和党的二十大精神,坚持和捍卫"两个确立",增强"四个意识",坚定"四个自信",做到"两个维护",持续提升"政治三力"。

第二十九章　典当公司

一、重庆鑫业典当有限公司

(一)基本情况

重庆鑫业典当有限公司成立于2017年5月9日,注册地位于重庆市渝北区红锦大道609号,公司注册资本9000万元,实收资本9000万元。公司自成立以来,在上级主管部门及公司领导的正确指导下,认真学习、严格执行《典当管理办法》,规范管理、规范经营、在合规前提下积极拓展业务品种,并努力做好风险控制,保障资金的安全回收,公司经营状况及内部管理持续向好。

(二)运营情况

2022年公司全年新增典当4256万元,本年收典当10679.80万元。业务比较稳定,基本完成公司年度经营目标和风险控制指标。现对经营数据进行详细分析。

(1)房地产抵押典当发生额437万元。公司克服了新冠肺炎疫情带来的不利影响,在民营经济状况相对恶化的情况下,继续以支持小微企业、个体工商业主为己任,向市场注入流动性支持。同时,为降低公司经营风险,公司在续当过程中,严格审查客户的还款能力,2022年收回房产抵押贷款6206.80万元,大大降低了公司的经营风险。在后续经营中公司将继续,坚持房地产抵押业务。

(2)财产权利质押典当业务新增典当3819万元,2022年收回质押典当4473万元。公司一开始以房地产抵押业务为主导,而后为了适应经济环境的变化以及可持续发展,进行了积极的业务探索,也勇于尝试新的业务产品,2022年在财产权利质押业务中取得一定的进步。财产权利质押业务方面,公司重点开展的是国内主板上市公司股票质押典当业务,这类业务是一个尝试,后续公司会在上级主管部门的大力支持下开展更多的业务创新及尝试。

(3)财务情况:公司2022年实现营收1643.38万元(房产抵押典当收入946.25万元、财产权利质押典当收入697.13万元),净利润1044.24万元,缴纳税费474.72万元。公司建立了各项财务管理制度,当票、续当票、原始凭证管理有序,明细账、现金账分门别类登记清晰。

(三)经营目标及未来展望

(1)房地产抵押典当业务。公司将延续房抵典当业务政策,继续向实体经济投放流动资金贷款,但是在借款用途、还款来源、当品质量、出典人信用等业务考察方面将会更趋严格。2023年贷资金投放量计划与2022年大致相当,目标7000万元,实现收入1000万元,不良率力争控制在2%以内。

(2)股票质押典当业务。通过2021年的尝试和2022年的拓展,公司对该业务产品有了更深刻的理解,业务渠道更广,风险控制手段更多,但受行业行政法规约束,质押类业务典当余额受限在公司注册资金50%以内,因此公司2023年的放款目标是4500万元,收入700万~800万元,力争不良率为0。综上,公司2023年年度放款目标为1.15亿元,收入目标为1700万~1800万元。

过去的三年,新冠肺炎疫情反复,叠加国际贸易战等因素,国内经济发展遭受了严峻的考验,公司也经历了新冠肺炎疫情封控、业务停滞和风险骤增等不利的经营状况。公司股东和经营管理层在上级主管部门的关怀和支持下,迅速调整思路,积极行动,最终确定了房地产抵押典当业务和股票质押典当业务双产品线的经营策略,目前虽取得了一定的成效,但要想企业长期良性发展还得具备居安思危的心态和准备,因此公司还会继续研究各类新产品、新市场,力争在更大范围内服务经济实体。

二、重庆市涪陵区国融典当有限责任公司

(一)基本情况

重庆市涪陵区国融典当有限责任公司(以下简称"国融典当")是重庆市涪陵国有资产投资经营集团有限公司(以下简称"涪陵国投集团")和重庆市涪陵区城乡资产管理有限公司(以下简称"涪陵城乡资产公司")共同出资成立的国有金融服务企业,隶属于重庆市涪陵区国有资产监督管理委员会。

截至2022年12月末,公司在册人员11人,在岗员工10人;其中:高级管理人员3名、董事长1名、总经理1名、副总经理2名;中层干部3名;一般员工5人。设办公室、财务部、风控部、业务部四个部门。中共党员3名。

(二)运营情况

1. 主要运营指标

截至2022年12月末,公司资产总额为17237万元,其中:流动资产13852万元,非流动资产3385万元。负债总额为148万元,净资产总额为17089万元。累计实现营业收入19228万元,累计实现利润总额13714万元,累计实现净利润总额11337万元,累计增发放当金102542万元(其中:房地产抵押金额69722万元,财产权利质押金额30276万元,动产质押金额2544万元)。

2. 工作开展情况

(1)重管理,发展能力不断增强

一是坚持党建引领,推进内部管理、队伍建设和企业文化同向发展,铸灵魂、促规范、强能力、聚合力的能力和水平不断提高。全年全体党员参加"三会一课"、主题党日、组织生活会33次。签订《党风廉政建设责任书》3份、《廉洁从业承诺书》11份,建立监督对象廉政档案11份。常态化开展廉政警示教育,组织开展"以案四说"警示教育2次,观看警示教育片《蜕变的末路》等警示教育片8部,学习案例27篇和以案为鉴教育45篇,开展干部职工廉政谈话提醒17次,发送重要节点廉洁提醒通知6条。

二是抓内部管理,工作实效显著提升。年初拟定覆盖各部门各条线工作计划。每周召开周例会、每月提交工作台账、每季召开经营分析会、每半年召开总结会,分析问题、查找原因、检查进度和实效,及时纠偏正向、固化标准。结合新规定新情况新问题,及时修订完善管理制度和业务流程,新制定安全检查等5项制度、修订完善业务操作手册等3项制度、优化完善安全管理应急预案等5项流程、新建还款承诺书模板等3套表单。在集团公司10项考核指标基础上,自建经营分析评价模型,优化至3大类(风险性、流动性、收益性)20项指标,多维度全视角实时反映公司经营状况。建立各类表单62张、内外部报表88份、台账7大类48项、专项报告6份、专题会议7类。实现业务审批"一张表",一表流程全集成,一表审批可视化。继续发挥数据透视表交互式数据分析和汇总功能,补充当物估价、折当率等数据,制作数据看板。持续提升管理水平,为公司高质量发展提供基础保障。

三是抓队伍建设,干部职工整体素质显著提升。坚持全方位统领、全周期学习、全身心体悟,常年开展干部党性教育、廉政教育、法律知识培训。采取"划片包干""多岗位轮岗""一专多能""一岗多责"等模式,给青年职工"加担子""压任务"。全年组织参加政策类、业务类、安全类、财务类、公文写作类培训15场78人次。

(2)强经营,发展质量稳步提升

一是抓目标管理,经营任务全面完成。实现营业收入1256.02万元,人均创收139.56万元;实现利润总额829.58万元,人均创利92.18万元;实现净资产收益率4.30%,不良资产余额变动比率实现下降7.44%。

二是抓息费清收,经营效益大幅增长。实现营业收入1256.02万元,同比增加176.2万元,增长16.32%;利润总额829.58万元,同比增加95.47万元,增长13%;净利润719.02万元,同比增加96.8万元,增长15.56%。净资产收益率达到4.30%,同比增长11.11%;资本金利润率达到8.30%,同比增长13.08%。

三是抓风险控制,资产安全整体提升。清收3户共计556.7万元,其中:本金522万元,息费34.7万元。结案3户。绝当余额同比减少477万元,下降7.44%;绝当率同比减少3.09个百分点;绝当户数同比减少3户。绝当余额、绝当率、绝当户数均实现连续四年下降。折当率为26.51%,同比下降13.93个百分点;抵押贷款率86.85%,同比增长12.77个百分点;担保覆盖率100%。贷款拨备余额3981.4万元,贷款拨备率29.73%,同比增长2.41个百分点;不良贷款覆盖率78.86%,同比增长7.23个百分点。

四是抓精细管理,资产质量持续向好。总资产达到1.72亿元,同比增加696.65万元,增长4.21%;净资产达到1.71亿元,同比增加719万元,增长4.39%。资产负债率下降至0.79%,同比下降22.88%。国有资产保值增值率104.39%,同比增长0.35%。

五是抓品牌建设,龙头地位持续稳固。4项主要指标中3项稳居全市第1位,1项位列全市第2位,其中2项指标位列全国前30位。2022年度仅用全市6.06%的运营资本,实现了全市全行业7.55%的营业收入、16.99%的利润总额,贡献了17.32%的净利润、15.05%的税收。连任重庆市典当协会副会长单位,并有望于2023年担任协会会长单位。

(三)服务实体经济情况

(1)抓政策落实,纾困惠企成效显著

为贯彻落实国务院扎实稳住经济的一揽子政策措施重要指示,助力企业克服新冠肺炎疫情冲击、经济下行、政策调控诸多不利因素影响,结合行业特色聚焦"续、延、缓、降、减"五字诀措施,打造援企纾困金融护企体系,全力帮助企业缓解还款压力、降低财务成本、稳岗渡难关。一是"续"。10户企业无还本续当5782万元。二是"延"。5户企业延期还本2307万元。三是"缓"。9户企业缓交息费388.01万元。四是"降"。4户企业享受33.56万元息费率下调政策。五是"减"。减免11户企业评估费3.57万元;减免2户小企业、个体户房屋租金3.28万元。解决客户实实在在的困难。

(2)抓政策导向,始终紧跟区域发展

围绕"坚持'科创+''绿色+',加快建设'三高地三示范区'"目标定位,聚焦科技创新、城市更新、乡村振兴等领域布局信贷支持,积极支持中小企业发展,发放贷款2360万元,将金融活水精准滴灌到经济社会发展的重点领域和薄弱环节。

(四)产品、服务及模式创新情况

(1)产品创新

公司产品目前只涉及房地产抵押、财产权利质押业务,随着经济下行和产业政策调整,房地产受限。公司拟调整结构,由传统的房地产、财产权利典当向民品典当回归。

(2)服务创新

2022年一位"要得急"的客户当日受理其申请,次日上会,两天便完成放款,"救急济需""方便快捷"的优势充分释放。推出"部分还款、部分解押"产品,广受客户赞誉,"灵活简便"的特色充分展现。

(3)模式创新

为适应数字化发展趋势,提升大数据风控能力,促进典当行业的数字化转型。公司与重庆进出口融资担保有限公司进行多次接洽沟通,拟引进该公司开发的金融科技智能运营平台,采用大数据、人工智能、物联网、区块链和云计算等技术,在不同业务场景对客户开展信息查询、监测,提供精准并产出标准化大数据报告,为经营提供重要风险支撑,实现运营提升、风控提升、业务提升、服务提升。推动商业模式创新、管理创新。

(五)经营目标及未来展望

(1)经营目标

2023年公司将紧紧围绕上级部门工作部署,突出抓好不良清收、业务转型、创新发展等中心工作,精准施策,勠力奋发,力争实现量的合理增长和质的稳步提升。一是营业收入实现850万元;二是利润总额实现200万元;三是不良清收本金800万元;四是不良资产余额变动比率实现下降10%。

(2)未来展望

紧紧围绕公司"产品卓越、品牌卓著、创新领先、治理现代"总体要求,奋力实现打造"国融典当"成为全市乃至全国一流典当企业战略目标。

一是聚力产品卓越。打造"1+2+3"产品矩阵,"1",即稳住传统典当业务这一基本盘,夯实房地产抵押典当、股权质押典当的业务基础,全面排查风险,采取增加抵质押物、追加担保人、置换押品等方式来实现信贷资产优质化;"2",即聚焦新领域,开拓"科创+""绿色+"两大领域,加大专精特新企业、小微企业扶持力度;"3"即探索三种新兴业务,力争应收账款质押典当、票据典当、民品典当落地见效。丰富产品线,巩固竞争优势,铸就卓越品质。

二是聚力品牌卓著。秉承"品牌就是形象,品牌就是效益,品牌就是竞争力"经营理念,"典"亮"国融"金字招牌,继续发挥在业界的领导力、影响力、号召力,在巩固当前市内龙头地位的基础上,朝着成为"全国典当行业引领者"大步迈进。

三是聚力创新领先。在政府呼吁典当行回归民品本源的大背景下,在95后、00后甚至10后为代表的"Z世代"逐渐成为消费和文化主流的趋势下,在互联网思维潜移默化地改变着当代商业品牌传播模式的深刻影响下,尝试开展潮玩、奢侈品、贵重金融等民品业务,开通抖音直播,经营好私域流量,打造"国融"版网红经济。让"时尚化""年轻化"成为国融品牌最靓丽的标签、创新发展的重要方向。

四是聚力治理现代。坚决把党的领导有机融入公司治理,切实落实前置程序,严格执行"三重一大"事项集体决策制度,构建权责明晰、运转顺畅的决策体系。在纾困助企、减费让利和经济效益中找寻平衡点,努力实现商业利润与社会责任的有机统一。探索市场化分配机制,激发员工活力。汇聚治理现代化强大合力,促进公司健康持续发展。

第六篇　重要事件篇

第三十章 2022年重庆市金融业重要事件

1月11日,市金融监管局召开"重庆英才计划"金融领域入选人才座谈会,传达中央和市委人才工作会议精神,并为2021年10名重庆金融英才颁发入选证书,为2020年入选重庆金融英才代表颁发专属纪念品。

1月,国家外汇管理局重庆外汇管理部、国家外汇管理局四川省分局联合印发了《外汇管理服务成渝地区双城经济圈建设的指导意见》。

1月29日,市政府印发《重庆市金融改革发展"十四五"规划(2021—2025年)》,明确了构建产业金融中心、贸易金融中心、绿色金融中心、科创金融中心、普惠金融中心、数字金融中心等"六个中心",以及打造金融机构体系、金融产品体系、金融市场体系、金融创新体系、金融开放体系、金融生态体系等"六大体系"的发展目标。

1月,川渝两地人民银行、外汇管理部门联合印发《关于金融支持川渝毗邻地区跨省域示范区发展的指导意见》。

2月,重庆三峡担保集团电子保函系统在"辽宁省建设工程领域电子保函保险基础公共服务平台"正式上线运行,并于2月10日成功为客户开具首笔电子投标保函。

2月8日,重庆银保监局召开城市定制型普惠商业医疗补充保险"重庆渝快保"专项工作推进会。

2月22日,中国银行重庆市分行与市教委签署《助力重庆职业教育高质量发展战略合作协议》,双方将在职业院校校园建设、职业院校信息化水平提升、现代制造业人才培养、职业院校技能大赛、教师培训、开展专属金融服务、建设产教融合实训基地、推动职业院校毕业生高质量就业等方面开展深度合作。

2月23日,建设银行重庆市分行与渝中区人民法院举行数字金融纠纷银企易诉平台启用暨云上共享法庭揭牌仪式,双方线上贷款诉讼创新机制试点取得突破。

2月28日，第十三届全国人民代表大会常务委员会第三十三次会议审议通过了《全国人民代表大会常务委员会关于设立成渝金融法院的决定》。成渝金融法院成为中西部首家金融法院、全国首家跨区域管辖案件法院。

3月，由市发展改革委、重庆银保监局联合打造的"信易贷·渝惠融"平台正式上线，标志着重庆率先融入全国一体化融资信用服务平台网络。"信易贷·渝惠融"平台是重庆市针对中小微企业融资难融资贵的问题，利用大数据、人工智能技术打造的以信用为驱动的融资服务平台。

3月15日，重庆银保监局正式发布启用中西部第一个"数据共享＋业务协同"的金融综合服务网——"金渝网"。

3月29日，重庆银行成功发行130亿元可转换公司债券，成为全市首家具备可转债发行条件并成功发行的银行。本次可转债发行规模3.5倍于A股IPO募资，发行后当期即可按比例计入核心一级资本，在实现转股后全额补充核心一级资本。

3月31日，由重庆三峡担保集团、民生物流有限公司、重庆洭通科技有限公司联合打造的"智企云链"供应链金融服务平台正式上线运营，并完成首笔"供应链运单贷"业务资金发放。

4月7日，市金融监管局、人民银行重庆营管部、重庆银保监局联合印发了《金融支持新市民安居乐业实施细则》。

4月15日，市政府召开全市数字人民币试点工作动员部署会，全面启动重庆市数字人民币试点。

4月，2021年度全国金融领域企业标准"领跑者"名单正式公布，重庆农商行制定的"网上银行服务质量规范""移动金融客户端应用软件管理规范"和"商业银行应用程序接口"三项企业标准成功入选，成为全国农村金融机构和西部地区银行中入选数量最多的银行。

4月，市财政局、市金融监管局、人民银行重庆营管部、重庆银保监局联合印发《关于实施财政支持普惠金融发展示范区奖补政策及开展2022年示范区申报工作的通知》，决定自2022年起，每年择优选择3个区县作为普惠金融发展示范区，先行先试探索财政支持普惠金融发展的有效模式，并对入选的3个区县按预算安排给予2500万~4500万元的奖补资金。

4月，人民银行重庆营管部发布了《2022年重庆市金融支持全面推进乡村振兴工作要点》。

4月,中国银行重庆市分行与高新区管委会、重庆科学城融资担保有限公司共同推出"高新贷",并成功向市内某高新技术企业发放贷款400万元。"高新贷"针对科技型企业科研资金需求量大、项目周期长、资本占用高、轻资产缺乏融资抵押等特点,引入担保公司全额担保。

4月22日,市金融监管局举办"担保制度相关法律法规"线上专题培训,标志着重庆市2022年度优化营商环境"获取金融服务"系列培训项目正式启动。首场培训采取线上直播的方式,培训对象包括区县金融工作管理部门、在渝金融机构、律所和会计师事务所等中介机构、民营企业等。

4月25日,市金融监局召开全市商业保理行业监管和发展工作会议,系统总结了商业保理行业监管与发展工作成效,客观分析了行业发展面临的形势,明确提出了2022年监管工作目标、任务和要求。

4月28日,重庆银行成功直连接入数字人民币平台,在自营手机银行、网上银行提供数字人民币个人、对公"钱包"的产品服务,成为全市首家实现直连接入的地方法人银行。

5月,人民银行重庆营管部、重庆外汇管理部联合印发《重庆市金融服务疫情防控和经济社会发展工作方案》,制定6个方面26条措施,加大金融对新冠肺炎疫情防控和市场主体的纾困支持。

5月10日,重庆银保监局印发《重庆银保监局"稳企业保就业"金融直达若干工作措施》。

5月12日,美国《福布斯》杂志发布2022年全球企业2000强榜单。重庆农商行再次入选上榜,排名第815位,位居全国农商行第1位、西部银行第1位、重庆企业第1位。

5月12日,重庆银保监局党委、重庆市江北区委举行共建"江北嘴金融党建先行区"签约仪式,打造"红金渝"金融党建品牌。

5月18日,北京证券交易所、全国股转系统(新三板)重庆服务基地在重庆股份转让中心(重庆OTC)正式揭牌。市金融监管局、重庆证监局、北交所、全国股转公司共同签署了战略合作协议,明确北交所、全国股转系统将通过重庆服务基地与重庆OTC开展业务合作,推动重庆市创新型中小企业在北交所上市、新三板挂牌。

5月19日,举办2022年"保险暨银行理财资金入渝"重大建设项目线上对接会。

5月20日,重庆银保监局等8家市级有关部门联合印发《推进重庆普惠保险高质量发展指导意见》。

5月23日,重庆银保监局开展涉企乱收费专项整治行动。

5月,重庆银保监局印发《重庆银行业保险业2022年绿色金融工作要点》。

5月30日,国家外汇管理局决定扩大支持高新技术和"专精特新"企业开展跨境融资便利化试点。重庆作为2021年首批试点城市之一,试点区域由重庆自贸试验区、两江新区、国家级高新区及经济技术开发区扩大至重庆全辖;符合条件的"专精特新"企业可享受与高新技术企业同等的试点政策,且高新技术和"专精特新"企业便利化额度由等值500万美元提高至1000万美元。

5月31日,中国银行重庆市分行与中国出口信用保险公司重庆分公司联合签署了《"银保携手助企兴业"支持培育"专精特新"外贸企业联合行动宣言》,以"惠如愿·中银专精特新普惠行"和"中国信保小微客户服务节"等普惠系列活动为抓手,共同助力重庆市"专精特新"外贸企业成长。

6月2日,市金融监管局、市财政局联合印发《重庆市政府性融资担保机构融资担保业务尽职免责工作指引》,建立"敢担、愿担、能担"的长效机制。

6月,市金融监管局、市财政局、人民银行重庆营管部、重庆银保监局、重庆证监局联合印发《重庆市金融支持稳住经济大盘若干措施》,出台14项具体措施。

6月16日,市上市办(市金融监管局)正式印发《重庆市进一步推动企业上市工作实施方案(2022—2025年)》,制定17条措施助力推进企业上市。

6月23日,重庆银保监局纪委指导银行保险机构签署《清廉金融自律公约》并发布主题宣传专刊《廉金渝》。

6月28日,重庆银保监局开展经营贷、消费贷置换存量房贷专项治理。

6月30日,重庆银保监局纪委为"重庆清廉金融文化教育培训基地"挂牌并举办"清廉金融文化进校园"大讲堂第一讲。

6月,重庆市申报的国金铁建重庆渝遂高速公路封闭式基础设施证券投资基金("渝遂REITs项目")获证监会准予注册批复,正式进入基金询价发行阶段,成为西部地区首个获批注册的基础设施REITs项目,标志重庆市基础设施直接融资打通新路径,存量资产盘活获得新进展,投融资模式创新取得新突破。

7月6日,市工商联与工商银行重庆市分行共同举办金融服务民营企业高质量发展行动启动仪式,并签署"战略合作协议",联合发布"金融服务民营企业高质量发展行动方案"。

7月8日,国金铁建重庆渝遂高速公路封闭式基础设施证券投资基金(简称

"国金中国铁建REIT")在上海证券交易所上市,成为首个连接成渝两大中心城市的基础设施REITs项目,同时也是西部地区首单REITs项目。

7月12日,市金融监管局印发《关于进一步发挥小额贷款公司和典当行作用支持实体经济稳定运行的通知》,提出助力新冠肺炎疫情防控和地方经济社会发展的10条政策举措。

7月21日,农业发展银行重庆市分行成功投放全国首笔农发基础设施基金5亿元,用于支持云阳县建全抽水蓄能电站项目建设,助力撬动水利基础设施建设投资。

7月27日,2022江北嘴新金融峰会在江北区江北嘴举行。峰会以"赋能'两高'发展、新金融汇聚新动能"为主题,围绕数字经济新趋势与金融数字化转型、宏观经济新格局与金融中心建设、绿色产业与绿色金融融合发展等话题展开探讨。

7月28日,市政府印发《关于加强财政金融联动支持实体经济发展的通知》,推出5方面27条举措。

7月28日,农业发展银行重庆市分行印发《关于用好政策性金融资金支持稳经济促增长的指导意见》,全面明确了10大重点支持领域,积极落实优惠政策,持续强化保障机制。

7月29日,重庆经开区与重庆银保监局签订《金融赋能重庆经开区高质量发展共建"绿色创新智慧之城"战略合作框架协议书》,并于12家金融机构签订金融服务协议,涉及金额约39.25亿元。

7月29日,重庆市保险学会、重庆市保险行业协会联合发布《重庆市农业保险发展指数报告》("农险指数报告")《重庆市商业健康保险发展指数报告》("健康险指数报告"),两份报告均是重庆市首个该领域指标的监测和评价报告。

8月,重庆农商行成功接入中国外汇交易中心银企外汇交易服务平台,成为全市首家成功接入银企外汇交易服务平台的法人银行。该平台为中国外汇交易中心推出的境内首个对客多银行电子交易平台,可为企业提供实时询价、点击成交、即期及衍生品等多种交易模式。

8月,市金融监管局印发《重庆市拟上市企业后备库管理办法》。

8月12日,农业发展银行重庆市分行与涪陵区、九龙坡区、綦江区、永川区、璧山区、梁平区、酉阳县、石柱县、铜梁区、合川区、开州区等11个区县政府举行农发基础设施基金投资意向集中签约,累计签约13个重大建设项目,金额16.48亿元。

8月23日,2022"智博杯"青年大数据智能化创新创业大赛("智博杯"决赛)在渝进行了决赛,重庆进出口融资担保有限公司金融科技智能运营平台荣获一等奖。"智博杯"决赛是2022中国国际智能产业博览会("智博会")的重要组成赛事,累计吸引了全国28个省市678个项目报名参赛。

8月25日,重庆银保监局党委发布关于投身战疫抗灾的倡议书。

8月25日,人民银行、发展改革委、财政部、生态环境部、银保监会、证监会等6部门联合印发《重庆市建设绿色金融改革创新试验区总体方案》,从培育发展绿色金融市场体系、建立绿色金融与绿色产业融合发展体系、建设数字化绿色金融基础设施、加强绿色金融跨区域合作、建立绿色金融改革创新保障体制5个方面提出15项举措。

8月26日,重庆银保监局推动重庆市成为全国首批铁路运输单证金融服务试点。

8月26日,重庆银保监局推动实施员工行为管理"线上智能化、线下网格化"模式。

8月29日,市金融工作局、市经济信息委和市科技局三部门联合印发《关于开展2022年拟上市企业后备库企业入库申报的通知》,拟集中开展一批企业入库申报,扩大上市企业后备梯队。

9月1日,重庆银保监局和四川银保监局联合发布《推动四川省重庆市银行业保险业高质量发展更好服务于成渝地区双城经济圈建设的意见》。

9月1日,重庆银保监局参加银保监会"银行业保险业这十年"系列主题新闻发布会。

9月6日,重庆银保监局发布行政许可信息,批复同意重庆市银行业协会、重庆市保险业协会、重庆市保险中介行业协会作为发起单位,筹备设立成渝银行业保险业消费者权益保护中心(重庆),重庆银保监局为业务主管单位。

9月13日,市金融监管局联合市发展改革委、市财政局、市高级人民法院、人民银行重庆营管部、重庆银保监局、重庆证监局印发《关于加快优化金融信贷营商环境的意见》,提出6方面14条专项举措,持续优化重庆市金融信贷营商环境。

9月14日,重庆银保监局组织开展"六个100五进"活动,组织党代表、人大代表、政协委员、社区党委书记、银行保险机构党委书记、金融先锋队员各100名,深入乡镇、企业、社区、商圈、学校宣讲金融知识

9月16日,重庆银保监局印发方案开展"喜迎二十大 奋进新征程"系列主题活动。

9月16日,市工商联召开重庆市民营企业上市服务工作推进会。推进会为20名民营企业上市专家委员会委员颁发了聘书,市金融监管局、重庆证监局相关负责人和上市专家委员会委员为60多家民营企业负责人开展了民营企业上市专题培训。

9月20日,重庆银保监局指导重庆市银行业协会启动重庆市银行业金融人才库建设相关工作。

9月21日,重庆银保监局党委、重庆市江北区委在江北嘴举办"党建引领促发展 银企对接稳大盘"活动。

9月22日,市金融监管局、市财政局、市农业农村委、市乡村振兴局、农业发展银行重庆市分行联合印发《重庆市政策性金融服务乡村振兴实验示范区建设工作方案》,围绕实行差异化信贷政策、创新金融服务措施、探索有效的金融支持模式和途径三个方面出台21条重点措施。

9月27日,重庆银保监局召开全国首个跨区域消保社会团体——"成渝银行业保险业消费者权益保护中心(重庆)"创立宣讲会。

9月28日,成渝金融法院揭牌仪式在重庆、成都同步举行,标志全国首个跨省域管辖的法院正式成立。成渝金融法院设在重庆市,按照直辖市中级人民法院设置,分别在重庆市、四川省成都市设立办公区,重庆办公区位于渝中区。

9月,市发展改革委、重庆银保监局印发了《关于建设完善重庆市融资信用服务平台网络促进中小微企业融资的实施方案》。

10月14日,重庆银保监局上线试运行"行政处罚业务管理系统与综合监督防控平台"。

10月27日,重庆银保监局召开全市银行业保险业学习贯彻党的二十大精神·稳金融稳经济大盘工作会议。

10月28日,重庆银保监局开展重庆市保险业"代理退保"黑产乱象整治。

11月2日,交通银行重庆分行行史馆被银保监会中国金融思想政治工作研究会正式命名为中国"红色金融教育基地"并授牌。

11月2日,由市金融监管局、市农业农村委、重庆日报报业集团共同发起的重庆金融助力农村致富带头人行动计划正式启动。

11月3日,面向重庆3200多万基本医保参保群众推出的城市定制普惠型商业补充医疗保险——2023年"重庆渝快保"正式发布上线。

11月,重庆银保监局以"消费新动能,金渝惠万家"为主题,启动"金渝惠"2022年冬季金融支持消费主题活动,同时发布了金融支持消费特色品牌"金渝惠",推动银行保险机构落实助企纾困、促进消费持续恢复的各项政策措施,助力重庆培育建设国际消费中心城市。

11月16日,市融资担保协会、市商业保理协会分别发表了《关于号召全市融资担保机构投身疫情歼灭战的倡议书》《关于协力投身打赢疫情歼灭战的倡议书》。

11月21日至25日,上海证券交易所联合市科技局、市金融监管局、重庆证监局,依托上交所在西部地区与地方共建的第一个资本市场服务基地——上海证券交易所资本市场服务重庆基地,在两江新区举办"上交所资本市场服务周重庆行"系列活动。

11月,重庆银行获中国电子信息行业联合会发布的DCMM数据管理能力成熟度稳健级(3级)认证,标志着数据管理能力达到国家标准要求,成为川渝地区首家获评该项认证的金融机构。

12月6日,重庆银保监局印发《关于做好银行业保险业支持复工复产工作的通知》,出台四个方面16条措施。

12月8日,人民银行重庆营管部发布了《金融支持个体工商户和小微企业纾困解难恢复发展专项行动方案》,制定出台加大信贷支持力度、落实好阶段性金融支持政策、加大重点领域支持力度、优化跨境及支付服务、强化政策保障和宣传督导五个方面的21项措施。

12月,重庆农商行在全国银行间债券市场成功发行20亿元绿色金融债券,期限3年、票面利率3%,主体评级和债项评级均为AAA,本次发行的绿色金融债券对标中国绿色债券支持项目目录标准、中欧可持续金融共同分类目录标准,募集的资金将用于清洁能源产业、基础设施绿色升级、生态环境产业等绿色产业项目。

12月12日起,重庆正式启动本外币合一银行结算账户体系试点。本次试点将在工商银行重庆市分行、中国银行重庆市分行部分营业网点开展,以人民币银行结算账户为基础,统一本外币银行账户业务规则,适当实现"资金管理"与"账户管理"分离。

12月16日,市金融监管局发布《2022年重庆市融资担保公司监管评级结果公告》,全市101家融资担保公司年度监管评级结果为:A级11家,B级27家,C

级22家,D级11家,E级30家,从A到E表示等级越低。这是重庆金融行业首次公开发布的监管评级结果,在全国融资担保行业监管评级发布工作中处于领先水平。

12月20日,最高人民法院发布《最高人民法院关于成渝金融法院案件管辖的规定》,自2023年1月1日起施行。《规定》共设置了11条内容,对成渝金融法院管辖的金融民商事案件、涉金融行政案件、执行案件等三大案件类型进行了全方位明确,对四川、重庆两地各级法院金融案件的审级关系做出了划分。

12月21日,重庆市人民政府、四川省人民政府联合发布《成渝共建西部金融中心规划联合实施细则》,明确了8大任务共58项具体措施。

第三十一章　2022年重庆市金融业重要文件汇总

1.重庆市人民政府关于印发重庆市营商环境创新试点实施方案的通知

2.重庆市人民政府办公厅关于印发重庆市推进"专精特新"企业高质量发展专项行动计划(2022—2025年)的通知

3.中国银行保险监督管理委员会重庆监管局、中国银行保险监督管理委员会四川监管局关于进一步优化银行业金融机构分支机构变更营业场所事项的通知

4.中国银行保险监督管理委员会重庆监管局、中国人民银行重庆营业管理部、重庆市地方金融监督管理局关于印发《金融支持新市民安居乐业实施细则》的通知

5.中国银行保险监督管理委员会重庆监管局关于印发《重庆银保监局"稳企业 保就业"金融直达若干工作措施》的通知

6.中国人民银行重庆营业管理部、国家外汇管理局重庆外汇管理部关于印发《重庆市金融服务疫情防控和经济社会发展工作方案》的通知

7.重庆市知识产权局、重庆市财政局、中国人民银行重庆营业管理部、中国银行保险监督管理委员会重庆监管局印发关于金融支持知识产权质押融资若干措施的通知

8.重庆市地方金融监督管理局、重庆市财政局关于印发《重庆市政府性融资担保机构融资担保业务尽职免责工作指引》的通知

9.中国人民银行重庆营业管理部、中国银行保险监督管理委员会重庆监管局、中国证券监督管理委员会重庆监管局、重庆市地方金融监督管理局、重庆市财政局关于印发《重庆市金融支持稳住经济大盘若干措施》的通知

10.重庆市地方金融监督管理局关于进一步发挥小额贷款公司和典当行作用 支持实体经济稳定运行的通知

11.重庆市地方金融监督管理局关于印发重庆市拟上市企业后备库管理办法的通知

12.重庆市地方金融监督管理局、重庆市财政局、重庆市农业农村委员会、重庆市乡村振兴局、中国农业发展银行重庆市分行关于印发《重庆市政策性金融服务乡村振兴实验示范区建设工作方案》的通知

13.重庆市地方金融监督管理局、重庆市发展和改革委员会、重庆市财政局、重庆市高级人民法院、中国人民银行重庆营业管理部、中国银行保险监督管理委员会重庆监管局、中国证券监督管理委员会重庆监管局印发《关于加快优化金融信贷营商环境的意见》的通知

14.中国银行保险监督管理委员会重庆监管局关于做好银行业保险业支持复工复产工作的通知

15.重庆市地方金融监督管理局关于印发《重庆市商业保理公司监管评级暂行办法》的通知

附录

附录一　重庆市人民政府关于印发重庆市营商环境创新试点实施方案的通知

渝府发〔2022〕2号

各区县(自治县)人民政府,市政20府各部门,有关单位:

现将《重庆市营商环境创新试点实施方案》印发给你们,请认真贯彻执行。

重庆市人民政府

2022年1月1日

重庆市营商环境创新试点实施方案

为贯彻落实《国务院关于开展营商环境创新试点工作的意见》(国发〔2021〕24号),深入推进我市营商环境创新试点工作,制定本实施方案。

一、总体要求

(一)指导思想

以习近平新时代中国特色社会主义思想为指导,深入贯彻党的十九大和十九届历次全会精神,全面落实习近平总书记对重庆提出的营造良好政治生态,坚持"两点"定位、"两地""两高"目标,发挥"三个作用"和推动成渝地区双城经济圈建设等重要指示要求,立足新发展阶段,完整、准确、全面贯彻新发展理念,积极融入服务新发展格局,以推动高质量发展为主题,统筹发展和安全,以制度创新为核心,对标国际一流水平,聚焦市场主体关切,进一步转变政府职能,一体推进简政放权、放管结合、优化服务改革,推进全链条优化审批、全过程公正监管、全周期提升服务,推动有效市场和有为政府更好结合,促进营商环境迈向更高水平,更大激发市场活力和社会创造力。

(二)工作目标

经过三至五年的创新试点,重庆营商环境国际竞争力跃居全球前列,政府治理效能全面提升,在全球范围内集聚和配置各类资源要素能力明显增强,市场主体活跃度和发展质量显著提高,率先建成市场化、法治化、国际化的一流营商环境,形成一系列可复制、可推广的制度创新成果,为全国营商环境建设作出重要示范。

二、重点任务

(一)进一步破除区域分割和地方保护等不合理限制。深化土地、劳动力、资本、技术、数据等要素市场化配置改革,加快破除妨碍生产要素自由流动和商品服务流通的体制机制障碍。开展"一照多址""一证多址"改革,便利企业扩大经营规模。清理取消对企业注册及跨区域经营、迁移设置的不合理限制,企业跨区域迁移后免于再次办理相关许可证。探索企业生产经营高频办理的许可证件、资质资格等跨区域互认通用,推动客货运输电子证照和招投标领域CA数字证书与其他试点城市兼容互认。着力破除招投标、政府采购等领域对外地企业设置的隐性门槛和壁垒,依法保障外地企业平等参与市场竞争。

(二)健全更加开放透明、规范高效的市场主体准入和退出机制。组织开展市场准入效能评估,建立市场准入负面清单制度执行情况监测、归集、通报制度,畅通市场主体对隐性壁垒的投诉及处理机制。开展不含行政区划的企业名称自主申报,实现企业名称自查自择。探索企业账户预约账号在线推送模式,银行可根据企业注册登记等信息实时生成预约账号并在线反馈。增强开办企业"一网通"平台功能,优化"E企办"手机端掌上服务,实现企业登记信息变更、员工社保登记等全程在线办理。推行涉及市场监管、社保、税务、海关等事项企业年报"多报合一"改革。全面实施企业简易注销登记,建立强制退出制度。建立完善破产预重整制度,引导债务人通过预重整等方式化解债务危机。优化破产管理人选任机制,允许破产企业相关权利人推荐破产管理人,以市场化方式降低破产管理人相关费用。持续巩固府院协调机制,统筹推进企业破产过程中的信息共享、信用修复、财产处置等事项。

(三)持续提升投资和建设便利度。深化投资审批制度改革,优化投资项目在线审批服务平台,分类规范审批程序、压减审批要件、简化技术审查事项。市级政府投资项目实行"一本报告管前期",推行技术审查与行政审批适度分离,强化项目决策与建设条件的协同。深化"多规合一"业务协同,推进产业园区规划环评和项目环评联动,避免重复评价。推进社会投资项目"用地清单制"改革,在土地供应前开展相关评估工作和现状普查,形成评估结果和普查意见清单,在土地供应时一并交付用地单位。持续推进工程建设项目审批制度改革,清理审批中存在的"体外循环""隐性审批"等行为,将各阶段涉及的行政审批事项全部纳入审批管理系统。按照同一标的物只测一次的原则,整合工程建设项目审批全流程涉及的测绘事项,建立成果共享互认清单,统一测绘成果标准规范,实现"一次委托、联合测绘、成果共享"。优化工程建设项目联合验收实施方式,完善单位工程竣工验收标准,简化竣工验收备案手续。建立健全市政接入工程信息共享机制。推动建筑师个人执业有序发展,探索在民用建筑工程领域推进和完善建筑师负责制。

(四)更好支持市场主体创新发展。探索适应新业态新模式发展需要的准入准营标准,对食品自动制售设备等新业态发放经营许可,提升市场主体创新力。在确保安全的前提下,探索高精度地图面向智能网联汽车开放使用,推动自动驾驶技术研发和应用。制定服务生物医药产业高质量发展措施,建设国家重要的生物医学研发、制造基地。完善知识产权市场化定价和交易机制,健全知识产权质押融资风险分担机制和质物处置机制,推广知识产权证券化,推动各类知识产权金融产品和衍生品创新。优化"产学研用"合作机制,推进赋予科研人员职务科技成果所有权或长期使用权改革试点,探索形成赋权形式、成果评价、收益分配等方面制度。培育数据要素市场,开展数据确权探索,有序开放公共管理和服务机构产生的部分公共数据。推进区块链技术在政务服务、民生服务、信用金融、物流、会计、税务等领域的探索应用。

(五)持续提升跨境贸易便利化水平。深化重庆国际贸易"单一窗口"建设,推动"单一窗口"功能向国际贸易全链条延伸,打造一站式贸易服务平台,推进全流程作业无纸化。在确保数据安全的前提下,与新加坡探索更多国际贸易"单一窗口"合作事项。依托西部陆海新通道和中欧班列(成渝),强化多式联运衔接,加强与"一带一路"节点城市的联动合作,推进铁路、公路、水路、航空等运输环节信息对接共享,持续降低综合运价水平,提升物流服务效能。深化应用"提前申报""两步申报""两段准入"等便利措施,开展进口货物"船边直提"和出口货物"抵港直装"。探索开展科研设备、耗材跨境自由流动,简化研发用途设备和样本样品进出口手续。

（六）优化外商投资和国际人才服务管理。加快推进服务业扩大开放综合试点,围绕科技、商业、教育、金融、健康医疗、电力电信等重点领域,通过放宽市场准入、改革监管模式、优化市场环境,塑造国际合作和竞争新优势。健全外商投资促进和服务体系,深化落实外商投资准入前国民待遇加负面清单管理制度。加强涉外商事法律服务,依托两江新区(自贸区)法院建设国际商事争端一站式多元解纷中心,为市场主体提供高效、便捷的纠纷解决途径。深入实施重庆英才计划,整合推出重庆英才集聚工程,加大国际人才引进力度,做好精细化服务管理工作。依托"塔尖""塔基"政策,研究建立与国际接轨的人才评价体系,制定我市外籍"高精尖缺"人才认定标准,健全激励人才创新创业举措。优化重庆英才"渝快办"平台,一站式多语种展示投资、工作、生活等政策信息,将更多涉外审批服务事项纳入"一网通办"。探索建立国际职业资格证书认可清单制度。

（七）维护公平竞争秩序。坚持对各类市场主体一视同仁、同等对待,稳定市场主体预期。强化公平竞争审查刚性约束,健全第三方评估机制,探索建立市场竞争状况评估体系。加快废除妨碍公平竞争有关规定,重点清理取消企业在资质资格获取、招投标、政府采购、权益保护等方面存在的差别化待遇,防止通过划分企业等级、增加证明事项、设立项目库、注册、认证、认定等形式排除和限制竞争的行为。探索建立招标计划提前发布制度。推进招投标全流程电子化,加快实施合同签订和变更网上办理、工程款支付网上查询。清理规范涉企收费,推进网上中介服务超市规范运行,着力纠正各类中介垄断经营、强制服务等行为。加强和改进反垄断与反不正当竞争执法,依法保障各类市场主体特别是小微企业、个体工商户的发展空间。

（八）进一步创新和完善监管。坚持放管结合、并重,夯实监管责任,健全事前事中事后全链条全覆盖的监管机制。完善公开透明、简明易行的监管规则和标准,加强政策解读。深入推进"互联网＋监管"平台建设,运用大数据、物联网、人工智能等技术为监管赋能,强化对监管数据的归集整合和分析运用,探索形成市场主体全生命周期监管链。实行特种设备作业人员证书电子化管理。推动"双随机、一公开"监管和信用监管深度融合,扩大联合抽查检查覆盖面,制定深入推进信用分级分类监管工作方案,完善按风险分级分类管理模式。探索建立完善执业诚信体系,在医疗、教育、工程建设等领域加快构建信用记录形成机制。鼓励行业协会商会等建立健全会员信用档案,形成行业经营自律规范,更好发挥社会监督作用。对新技术、新产业、新业态、新模式等实行包容审慎监管,建立健全适应平台经济发展的治理体系,充分发挥平台监管和行业自律作用。完善"免罚清单"制度,逐步扩大轻微违法经营行为免罚清单范围。在直接涉及公共安全和人民群众生命财产安全的领域,探索实行惩罚性赔偿等制度。

（九）依法保护各类市场主体产权和合法权益。构建亲清政商关系,健全政府守信践诺机制。建立行政合同、行政协议、行政允诺等政府承诺合法性审查制度。建立政府失信补偿、赔偿制度,对确需改变政府承诺或者合同约定的,依法对市场主体的财产损失予以补偿、赔偿。施行政务诚信监督检查和考核评价制度,定期开展政务诚信监督检查,实施以政务履约和守诺情况为主要内容的诚信考核评价。清理涉政府机构拖欠市场主体账款、不兑现政策、未履行承诺等行为。完善知识产权保护制度,积极推进商标专利巡回评审和远程评审,快速联动处置商标恶意注册和非正常专利申请,强化海外知识产权维权协作。严格落实《重庆市重大行政决策程序规定》,依法履行公众参与程序,增强公众参与实效。完善重大行政决策事前评估和事后评价制度,充分论证立项必要性和方案可行性等内容,强化政策后评价规定执行力度和评价结果运用效果,推进评估评价标准化、制度化、规范化。严格执行《中华人民共和国行政处罚法》规定,依法规范地方性法规、政府规章罚款设定,严禁乱设罚款。

（十）优化经常性涉企服务。加快建立高效便捷、优质普惠的市场主体全生命周期服务体系,将"渝快办"平台作为全市政务服务的总门户、总平台、总枢纽,全面推行涉企事项"一网通办"、惠企政策"免申即享"。充分运用"12345"政务服务便民热线,对市场主体有关营商环境的咨询和投诉举报实行"一号应答"。探索推行"一业一证"改革,实现"一证准营"、跨地区互通互认。推行企业办事"一照通办",企业仅凭营业执照即可办理部分高频审批服务事项。推进水电气讯等全流程"一站式"集成服务和帮办服务,实现报装、查询、缴费等业务全程网办,对外线工程涉及的行政审批实行在线并联办理。提升不动产登记涉税、继承等业务办理便利度,深化不动产登记"一窗办理、即办即取"改革。完善动产和权利担保统一登记制度,探索建立以担保人名称为索引的电子数据库,提升企业动产和权利融资便利度。持续优化企业办税服务,深化"多税合一"申报改革,探索整合企业所得税和财产行为税综合申报表,试行代征税款电子缴税并开具电子完税证明。在货物报关、银行开户、贷款、项目申报、招投标、政府采购等领域,加强在线身份认证、电子证照、电子签章应用,逐步推广在政务服务中互通互认。推进公安服务"一窗通办",建设涉及治安、户政、交管等公安服务综合窗口。

三、工作举措

(一)细化改革措施。各改革事项牵头部门要积极争取国家有关部委指导支持,逐项细化改革事项工作方案,加快制定配套政策文件、操作规程、办事指南等。要建立改革事项任务台账,按照整体工作安排,倒排时间表和路线图,高质量高标准推进营商环境创新试点。

(二)强化分类推进。各改革事项牵头部门要坚持系统观念,分类施策、精准发力,对我市具有比较优势的改革事项,要率先形成试点成果;对各试点城市同步推进的改革事项,要进一步发掘特色亮点;对需要补短板强弱项的改革事项,要等高对接先进地区经验做法。

(三)抓好落地落实。各改革事项牵头部门要强化工作调度,定期组织相关配合部门召开工作推进会议,及时研究解决改革过程中的具体问题。要加强与其他试点城市的交流协作,并适时向对口国家部委报送有关事项进展情况。要强化市、区县(自治县)和两江新区、重庆高新区、万盛经开区(以下统称区县)协调联动,加强业务指导培训,进一步提高政策执行能力,确保各项改革举措落地见效。

(四)加强事项监管。各改革事项牵头部门要完善全链条监管措施,严格落实监管职责,健全风险评估、预警和防控机制,强化跨区域、跨部门信息共享、监管协作和风险处置合作,做到放管结合、风险可控。

(五)开展总结评估。各改革事项牵头部门要坚持以市场主体满意度为检验标准,常态化跟踪政策执行情况和实施效果,加快培育实践案例,注重总结改革经验。要按照国务院办公厅要求做好营商环境创新试点评估,争取更多改革成果、典型案例获得支持认可。根据评估意见,对实践证明行之有效、市场主体欢迎的改革措施进行复制推广,对出现问题和风险的及时调整优化。

(六)做好滚动试点。市级有关部门要建立改革事项研究储备机制,持续聚焦市场主体关切,全面梳理优化营商环境过程中的难点、堵点、痛点问题,滚动提出需国家层面授权或支持的改革事项,积极争取更大的地方改革自主权。

(七)积极自主探索。市级有关部门要结合我市实际,围绕创新试点重点领域和关键环节,在地方权限范围内开展原创性、差异化探索,推出更多利企便民的改革举措,培育一批具有地方特色的典型案例,形成可复制、可推广的经验做法。

四、组织保障

(一)加强组织领导。各区县、市级有关部门要进一步提高政治站位,充分认识营商环境创新试点工作的重要性。市优化营商环境工作领导小组统筹推进营商环境创新试点。各改革事项牵头部门要实行主要领导负责制,抽调业务骨干组成工作专班,系统研究、深入推进。各区县要主动与市级有关部门对接,参照市级模式落实相应责任单位,确保营商环境创新试点各项工作同频共振、同向发力、同步推进。鼓励具备较好改革基础的区县创建市级营商环境示范区,为创新试点工作探索更多有益经验。建立优化营商环境智库,加强理论研究、体系建设、政策咨询等智力支持。

(二)健全工作机制。建立日常调度机制,市优化营商环境工作领导小组办公室对工作推进情况实行"月调度",及时掌握各改革事项工作动态,协调解决推进过程中的具体问题。建立信息报送机制,对于改革有关重大情况、重大进展和存在的问题,各区县、市级有关部门要及时报送相关工作信息,动态反映有关经验做法和改革成效。建立督查考核机制,市委督查办、市政府督查办会同市发展改革委,围绕各项改革任务开展日常督查和专项督查,并将工作落实情况纳入市级党政机关目标管理绩效考核。

(三)强化法治保障。市司法局统筹做好营商环境创新试点法治保障工作。试点内容中,凡涉及调整现行地方性法规或地方政府规章的,经市人大常委会或市政府授权后实施。市级有关部门和各区县要根据法律法规的调整情况,及时对本部门和本地区制定的规范性文件、其他政策文件做出相应调整。

(四)加强数据共享和电子证照应用。用好国家授权使用的相关领域政务数据和电子证照,探索实施地域授权和场景授权,实现更多应用场景电子化。优化"渝快办"政务服务平台功能,加快打破市级部门和区县间"信息孤岛",推动更多数据资源依托平台实现安全高效优质的互通共享。

(五)注重宣传引导。通过新闻发布会、专题报道、人物访谈等多种形式,大力宣传党中央、国务院优化营商环境的决策部署,持续宣传我市优化营商环境的政策举措、改革成效、经验做法和典型案例。强化舆论引导,及时回应社会关切、解答公众疑问,正确引导社会预期,营造良好氛围。

附录二　重庆市人民政府办公厅关于印发重庆市推进"专精特新"企业高质量发展专项行动计划(2022—2025年)的通知

渝府办发〔2022〕23号

各区县(自治县)人民政府,市政府有关部门,有关单位:

《重庆市推进"专精特新"企业高质量发展专项行动计划(2022—2025年)》已经市政府同意,现印发给你们,请认真贯彻执行。

重庆市人民政府办公厅

2022年2月16日

重庆市推进"专精特新"企业高质量发展专项行动计划

(2022—2025年)

为培育壮大一批专注细分市场、创新能力强、质量效益高、产业支撑作用大的"专精特新"中小企业,引领带动全市中小企业高质量发展,根据中共中央办公厅、国务院办公厅《关于促进中小企业健康发展的指导意见》精神,结合重庆实际,制定本行动计划。

一、发展目标

聚焦创新型中小企业、"专精特新"中小企业、国家专精特新"小巨人"企业(以下统称"专精特新"企业)梯度培育发展,到2025年,全市创新型中小企业达到2.5万家,市级"专精特新"中小企业达到2500家,国家专精特新"小巨人"企业达到300家,新增上市企业25家。

二、重点任务

(一)加强孵化培育,构建"专精特新"企业生成体系

1.支持各类高新技术产业研究院发展,打通"项目遴选、小试中试、产品上

市、生成企业"通道;支持有条件的区县(自治县,以下简称区县)、园区面向全国和全球筛选市场前景广、成熟度好、附加值高的科技创新成果进行孵化。

2.组建10个技术创新战略联盟,推动高等院校、科研院所、科学家团队、科技型企业开展产学研协同创新,促进科技成果转化。

3.重点支持10家中小企业孵化器建设,围绕战略性新兴产业,建设一批集资源要素供给、教育培训服务、产供销运联动,融合技术交流交易、工作生活于一体的科技型初创企业园区。

4.重点培育10个市级重点关键产业园,围绕新一代信息技术、新能源及智能网联汽车、高端装备、新材料、生物技术、节能环保等关键领域,重点引进、培育、发展"专精特新"企业。

(责任单位:市经济信息委、市科技局、市规划自然资源局、市知识产权局,各区县政府;以下均需各区县政府负责,不再列出)

(二)夯实科技支撑,推动"专精特新"企业持续创新

5."专精特新"企业要建立研发准备金制度,推动研发机构全覆盖,培育一批市级、国家级企业研发机构。

6.支持"专精特新"企业牵头组建产业技术创新联盟,以"揭榜挂帅""赛马"等方式开展产业技术攻关,解决中小企业发展关键技术需求。

7.推动"专精特新"企业数字化、智能化、绿色化发展,新培育数字化车间400个、智能工厂50个、绿色工厂100个。

8.引导川渝两地各类重大科研仪器设备入驻川渝科技资源共享服务平台,鼓励研发机构、检验检测机构等组建技术设备联盟,促进交流对接、设备共享,提升科技研发资源使用效率。

9.推动"专精特新"企业提升产品质量,促进标准化建设,提高高价值专利创造能力,导入先进品牌培育管理体系,促进"老字号"品牌传承创新。

(责任单位:市经济信息委、市科技局、市生态环境局、市商务委、市市场监管局)

(三)加大金融支持力度,增强"专精特新"企业发展后劲

10.依托重庆科创投集团等,组建重庆市"专精特新"企业发展基金,引导政府产业基金和社会资本、投资机构重点支持"专精特新"企业。

11.在"渝企金服"平台搭建"专精特新"企业银企对接通道,引导融资服务机构做好需求对接、培训路演等线下服务活动。

12.鼓励银行业创新"央行再贷款+""央行再贴现+"专属产品,将央行低成本资金直达"专精特新"企业。

13.引导商业银行为"专精特新"企业量身定制金融服务方案,结合商业价值信用贷款体系,开发"专精特新贷"系列产品。对研发费用加计扣除备案达到一定额度的"专精特新"企业,适当上调知识价值信用贷款和商业价值信用贷款授信额度。

14.商业银行要积极落实延期还本付息和转贷应急政策,推广无还本续贷产品。"抵押增值贷"试点区县要将"专精特新"企业纳入风险分担机制,优先保障"专精特新"企业用款需求。

15.加大"专精特新"企业中长期融资支持力度,落实"白名单"制度,鼓励国家开发银行等金融机构为符合条件的"专精特新"企业技术改造和转型升级提供金融支持。

16.建立"专精特新"企业债券融资项目储备和推荐辅导机制。鼓励政策性担保机构针对"专精特新"企业开发专属信用担保类产品,适当降低担保费用。

17.优化重庆股份转让中心"专精特新板"服务功能,引导"专精特新"企业完善公司治理、规范运营管理,实现股改挂牌融资。

18.搭建"专精特新"企业上市培育服务平台,动态遴选100家"专精特新"企业纳入拟上市企业储备库,并开展"一对一"上市辅导服务,落实各项奖补政策。

(责任单位:市经济信息委、市财政局、市科技局、市金融监管局、人行重庆营管部、重庆银保监局、重庆证监局)

(四)优化公共服务,解决"专精特新"企业困难问题

19.建立并运营好市和区县(园区)中小企业公共服务平台体系,提升专项服务能力,在技术创新、智能化绿色化转型、知识产权、市场开拓、合规化建设等方面为"专精特新"企业提供精准高效服务。

20.建立"专精特新"企业高价值专利培育中心,筛选、培育高价值发明专利,指导专利布局和导航。

21.通过政府购买服务等方式,为"专精特新"企业提供法律援助、专业咨询等服务,组织各类平台、机构、专家为"专精特新"企业上门问诊,开展专属服务和定制服务。

22.建立"专精特新"中小企业服务联系机制。各区县要按照"一企一策一人"配备服务专员,为企业解决用地、用工、用能、配套等实际困难。

23.做好"专精特新"企业专业人才评定工作,做好落实政策待遇和服务工作。各区县、园区要建立"专精特新"企业用工统筹招聘机制,开展"直播带岗"等活动。

24.全面落实"专精特新"企业首台(套)装备、首批次材料、首版次软件应用政策。

25.积极组织和支持"专精特新"企业参加中国国际智能产业博览会、中国西部国际投资贸易洽谈会、中国中部投资贸易博览会、APEC中小企业技术交流暨展览会等各类展会,开展中小企业跨境合作服务,帮助"专精特新"企业开拓国际市场。

26.搭建大中小企业融通发展平台,鼓励"链主"企业发挥引领支撑作用,开放市场、创新、资金、数据等要素资源,促进更多"专精特新"企业融入产业链、价值链和创新链。积极发挥行业协会作用,组织开展大中小企业供需对接活动,促进大型企业扩大向"专精特新"企业采购规模。

(责任单位:市经济信息委、市科技局、市人力社保局、市教委、市知识产权局、市商务委)

(五)优化财政政策,增强"专精特新"企业发展动力

27.整合中央及市级财政资金,对国家专精特新"小巨人"企业给予资金奖励,每年遴选100家左右"专精特新"示范企业进行重点培育,给予重点资金支持。

28.对"专精特新"企业实施智能化、绿色化改造,建设数字化车间、智能工厂、绿色工厂的,给予重点资金支持。对"专精特新"企业运用新一代信息技术,发展数字化管理、个性化定制、服务化延伸(服务型制造)等新模式,打造可复制可推广典型模式和应用场景的,给予资金补助。

29.对重庆市高新技术产业研究院孵化的创新型企业,市、区县两级财政根据企业经营发展情况给予一定的资金奖励,用于支持企业研发投入。落实企业研发费用税前加计扣除、科技企业孵化器免征增值税等各项税收优惠政策。

30.对"专精特新"企业在股权交易中心、境内外主要证券交易场所挂牌、上市的,分阶段给予资金奖励。

(责任单位:市经济信息委、市财政局、市科技局、市金融监管局、重庆市税务局)

三、机制保障措施

(一)加强组织领导

充分发挥市促进中小企业发展工作领导小组作用,聚焦"专精特新"企业,加强统筹协调,形成工作合力。建立市、区县两级"专精特新"企业发展联席会议机制,定期听取"专精特新"企业意见建议,解决企业发展过程中的实际困难等问题。

(责任单位:市经济信息委,市级有关部门)

(二)强化责任落实

将培育发展"专精特新"企业工作纳入区县发展实绩考核的重要指标。建立"专精特新"企业监测评价及检查通报机制,定期通报各区县"专精特新"企业发展情况。市经济信息委牵头,定期将"专精特新"企业存在的困难问题分门别类分解到相关部门、单位解决落实。

(责任单位:市经济信息委,市级有关部门)

(三)开展监测评价

加强"专精特新"企业运行监测分析,将"专精特新"企业发展情况纳入中小企业发展环境第三方评估重要内容。适时开展各区县"专精特新"企业发展情况督查。

(责任单位:市经济信息委、市统计局)

(四)营造良好氛围

支持媒体、行业协会每年评选一批优秀"专精特新"企业和优秀企业家。加强舆论宣传、政策解读和舆论引导工作,形成全社会关心、关注、支持"专精特新"企业发展的良好氛围。

(责任单位:市经济信息委)

附录三 中国银行保险监督管理委员会重庆监管局、中国银行保险监督管理委员会四川监管局关于进一步优化银行业金融机构分支机构变更营业场所事项的通知

(渝银保监规〔2022〕3号)

各银保监局,各政策性银行、大型银行、股份制银行,外资银行,各金融资产管理公司:

为促进银行业金融机构改善金融服务结构、提升金融服务效率、扩大普惠金融覆盖面,现就优化银行业金融机构分支机构变更营业场所有关事项通知如下:

一、本通知所称银行业金融机构分支机构,包括:

(一)大型银行、股份制商业银行、城市商业银行、农村商业银行的分行、分行营业部、支行及以下机构,分行级专营机构及其分支机构;

(二)农村合作银行、村镇银行的支行、分理处,贷款公司分公司,农村信用合作联社的信用社,农村信用合作社、县(市、区)农村信用合作社联合社、农村信用合作联社的分社等;

(三)外资银行的分行、支行等营业性分支机构,分行级专营机构;

(四)金融资产管理公司分公司、企业集团财务公司分公司等非银行金融机构的营业性分支机构。

二、银行业金融机构分支机构可以在所在地的直辖市、计划单列市、省会城市以及地级市(州、盟)行政区域内变更营业场所,但不得从乡镇迁至市区或县城,也不得从县城迁至市区。

三、下列银行业金融机构分支机构变更营业场所按以下规定执行:

(一)自由贸易试验区内适用特殊政策设立的分支机构,原则上仅可以在该自由贸易试验区内的同一银保监局或银保监分局辖内变更营业场所;

(二)小微支行、社区支行应立足小微市场和社区,原则上不跨区域变更营业场所,该区域指不设区的市、设区的市所设的区以及县(市)范围;

(三)政策性银行分行原则上不跨所在地市变更营业场所,政策性银行支行

原则上不跨区域变更营业场所,该区域指不设区的市、设区的市所设的区以及县(市)范围;

(四)农村商业银行支行及以下分支机构,农村合作银行、农村信用社、村镇银行、贷款公司分支机构原则上不得突破注册地辖区变更营业场所,其中,乡镇(街道)地区分支机构可以在乡镇(街道)间变更营业场所。

四、银行业金融机构应加强对分支机构变更营业场所事项的管理,细化完善相关制度流程。在分支机构变更营业场所前,应对新址和原址所在地的金融市场结构、金融服务供求等情况进行充分调研,避免造成金融服务空白。

五、银行业金融机构分支机构应在变更营业场所30个工作日前,以有效方式向社会公布变更信息和确保业务连续性的具体方式,保障金融消费者权益和公共金融服务不受影响。变更营业场所后,应妥善清除原机构标识、标记及其他反映本机构特征的装潢装饰,避免不法分子利用上述条件从事违法活动。

六、银行业金融机构分支机构变更营业场所适用报告制,由其上级管理机构在分支机构变更营业场所30个工作日前向分支机构所在地银保监局或银保监分局报告,并在新址营业前及时更换金融许可证。报告应包含以下内容:

(一)变更营业场所涉及的新址和原址地点、服务范围、服务对象等基本情况,相关业务、人员等工作安排;

(二)市场评估情况,包括变更营业场所涉及的新址和原址所在地的金融市场竞争状况,变更营业场所对新址和原址所在地的金融服务可能造成的影响;

(三)内部审查决定意见,上级管理机构对分支机构变更营业场所是否符合监管政策要求的审查决定意见;

(四)新址营业场所所有权或使用权的证明文件;

(五)新址符合公安、消防部门对营业场所安全、消防设施要求的证明文件或情况说明;

(六)其他需要报告的事项。

银保监局可以结合辖内实际,就银行业金融机构分支机构变更营业场所的报告期限、报告内容等予以调整和细化,更好地为银行业金融机构提供便利。

七、银保监会及其派出机构支持和鼓励银行业金融机构持续优化分支机构网点布局,增加对金融服务薄弱地区的金融服务供给。对主动向金融服务薄弱地区迁址、弥补金融服务空白的银行业金融机构,在分支机构设立等事项上通过加快审批进度等方式优先予以支持。

八、银保监会及其派出机构应加强对银行业金融机构分支机构变更营业场所的动态管理,通过现场走访、实地核查或抽查等方式,对银行业金融机构分支机构变更营业场所的行为加强事中事后监管,并依法对银行业金融机构分支机构违法违规变更营业场所的行为进行处理。

九、邮政储蓄银行代理营业机构变更营业场所按照《中国银监会关于印发邮政储蓄银行代理营业机构管理办法(修订)的通知》(银监发〔2015〕49号)执行。

十、《中国银监会办公厅关于银行业金融机构分支机构变更营业场所问题的通知》(银监办发〔2012〕292号)自本通知印发之日起废止。

2020年3月10日

附录四　中国银行保险监督管理委员会重庆监管局、中国人民银行重庆营业管理部、重庆市地方金融监督管理局关于印发《金融支持新市民安居乐业实施细则》的通知

渝银保监发〔2022〕36号

各银保监分局,人民银行各中心支行、南川支行、各支行,各政策性银行重庆(市)分行、各大型银行重庆市分行、各股份制银行重庆分行、各地方法人银行、各城市商业银行重庆分行、各外资银行重庆分行、各其他非银行金融机构、各直管村镇银行,各在渝保险法人机构、各财产险保险公司重庆(市)分公司、各人身险保险公司重庆(市)分公司,各小额贷款公司、融资担保公司、典当行、商业保理公司等地方金融组织,重庆市银行业协会、重庆市保险行业协会、市小额贷款公司协会、市融资担保业协会、市典当行业协会、市商业保理行业协会:

现将《金融支持新市民安居乐业实施细则》印发你们,请遵照执行。

重庆银保监局　　市金融监管局　　人民银行重庆营管部
2022年4月7日

金融支持新市民安居乐业实施细则

第一章　总则

第一条　为深入贯彻落实党中央、国务院关于"推进金融供给侧结构性改革、满足人民对美好生活向往、促进全体人民共同富裕"的重要指示,立足重庆"两点"定位和"两地两高"发展目标,根据《中国银保监会中国人民银行加强新市民金融服务工作的通知》等相关规定,将新市民金融服务作为实现共同富裕和实现以人为核心的新型城镇化的重要内容,促进银行保险机构、地方金融组织提高新市民金融服务的可得性和便利性,切实增强新市民的获得感、幸福感、安全感,特制定本实施细则。

第二条　明确"新市民"范围。新市民是指因本人创业就业、子女上学、投

靠子女等原因来到重庆城镇常住,未获得重庆当地户籍或获得重庆当地户籍不满三年的各类群体,包括但不限于进城务工人员、新就业大中专毕业生、新引进专业人才、新退伍军人等。

第三条 坚持市场化运作。银行保险机构、地方金融组织要坚持以人民为中心的发展思想,针对新市民在创业、就业、住房、教育、医疗、养老等重点领域的金融需求,按照市场化法治化原则,加强产品和服务创新,高质量扩大金融供给,提升金融服务的均等性和便利度。

第四条 加强政府引导。重庆银保监局、人民银行重庆营管部、市金融监管局加强与政府相关部门协同联动,推进出台配套政策,营造良好环境,加快解决新市民服务"瓶颈"问题,促进银行保险机构不断提高新市民金融服务水平。

第二章 加强组织保障

第五条 完善协调机制。重庆银保监局、人民银行重庆营管部、市金融监管局依据职责负责牵头工作,政府相关部门依据职责负责配合落实。牵头部门定期或不定期召开联席会议,适时沟通会商,加强工作协调,组织政策宣传,开展经验交流。

第六条 压实主体责任。银行保险机构应由一把手挂帅、高级管理层统筹部署新市民金融服务工作,成立专项工作领导小组,明确牵头及责任部门,细化工作方案,落实各级责任,完善激励约束机制,严守合规经营底线,确保各项工作高质量完成。

第七条 推进风险分担。政府相关部门引导建立风险补偿基金,用于新市民创业以及吸纳新市民就业的企业融资风险补偿。健全面向小微企业、覆盖所有区县的政府性融资担保体系,加大政府性融资担保对新市民创业就业的增信力度,更好发挥保证保险等险种的融资增信作用,切实解决吸纳新市民就业的小微企业融资难问题。

第八条 推动信息共享。重庆银保监局加强银政大数据互联互通平台"金渝网"建设和运用,依托"信易贷·渝惠融"等平台,推动建立公共信用信息共享整合机制。人民银行重庆营管部发挥好"1+5+N"普惠小微线上融资服务平台和"长江渝融通"货币信贷大数据系统的支持作用,精准对接新市民的金融需求,持续加大支持力度。政府相关部门在符合规定条件下,及时共享新市民聚集的区域和行业信息,以及新市民社保、税务、住房公积金、水电气、民政及农民工工资等数据,减少信息不对称,降低数据成本,提高金融服务效率。

第九条　加强银保政合作。银行保险机构应与政府相关部门建立新市民社保缴存和发放、住房公积金缴存和使用、农民工工资发放、医疗保险缴存和结算等方面合作机制,用好普惠小微贷款支持工具以及支农、支小再贷款、再贴现、财政补贴等政策,有效满足新市民金融需求。

第十条　加强数字化转型。银行保险机构应运用科技手段提升新市民金融服务的可得性、便利性、多样性。商业银行支持建设新市民信用信息数据平台,为金融科技和数字化技术应用提供支撑。探索建设新市民信用评价体系,全面分析新市民创业形态、收入特点、资金需求等,精准评估新市民信用状况。

第十一条　实施差异化考核。银行保险机构应在人力、资金、内部转移定价、绩效评价等方面实施差异化考核,有效激发基层服务主动性。组建业务条线共创团队,加强新产品、新业务、新模式研发,增强新市民金融产品服务开发能力。

第十二条　加强跟踪监测。重庆银保监局、人民银行重庆营管部、市金融监管局应加强跟踪监测,深入分析研究新市民不同群体金融服务满足度,适时开展工作评估和监管评价,及时总结和推广经验,指导银行保险机构、地方金融组织持续完善服务举措。

第三章　促进创业就业

第十三条　提高下沉服务力度。银行保险机构应设立专营分支机构或成立专业团队,依托"1+5+N"民营小微企业和个体工商户首贷续贷中心和金融服务港湾,积极对接新市民较为集中的区县、城镇、创新创业基地、产业工业园区等重点区域,为新市民提供专业化、多元化的金融服务,支持新市民创业就业,帮助其真正融入城市生活。

第十四条　加大重点行业支持。银行保险机构和地方金融组织应突出先进制造业、战略性新兴产业、基础设施领域,培育发展"专精特新"优质中小企业,助力聚集专业人才。聚焦制造业,建筑业,批发和零售业,交通运输、仓储和邮政业,居民服务、修理和其他服务业,信息传输、软件和信息技术服务业等行业,更好满足吸纳新市民较多行业的金融需求。

第十五条　落实创业担保贷款。政府相关部门优化创业担保贷款政策,将符合条件的新市民纳入创业担保贷款扶持范围,明确担保、贴息等政策,简化创业担保贷款办理流程,按规定免除反担保相关要求。

第十六条　加强创业信贷支持。商业银行应完善新市民信用评估体系,优化新市民创业信贷产品,按市场化原则支持新市民创设小微企业,加大对返乡入乡创业企业、工商户的信贷支持,鼓励商业银行通过降低贷款利率、减免服务收费、灵活设置还款期限等方式,降低新市民创业融资成本。

第十七条　加强就业信贷支持。商业银行应加强小微企业"首贷户"拓展和信用贷款投放,支持吸纳较多新市民就业的小微企业和个体工商户获得信贷资金,增加普惠型小微贷款投放。开发银行、政策性银行应健全完善与商业银行合作的转贷款业务模式,立足职能定位,加大对相关小微企业的支持力度。

第十八条　提高创业就业保障。保险公司应聚焦新市民较为集中的行业,加强与工伤保险政策衔接,发展适合新市民职业特点的雇主责任险、意外险等业务,给予小微企业投保支持,分担创业风险,提高新市民创业就业保险保障水平。聚焦建筑工人、快递骑手、网约车司机等职业风险较为突出的新市民群体,扩大保险保障覆盖面。

第十九条　鼓励探索银保担合作"一揽子"服务模式,银行、保险、融资担保机构共同推动新市民金融服务的让利惠企。

第四章　满足安居需求

第二十条　积极推进保障性租赁住房市场建设。银行保险机构应支持高品质生活宜居地建设,提升人居吸引力,在依法合规、风险可控的前提下,加大对公租房、保障性租赁住房、共有产权住房等保障性住房和城镇老旧小区改造工程的支持力度,助力增加保障性住房供给。

第二十一条　依法合规提供专业化、多元化金融服务。商业银行应在保障性住房开发建设、购买、存量盘活、装修改造、运营管理、配套市政基础设施建设等环节,提供专属金融产品。信托公司应积极对接国家政策,发挥自身优势,依法合规支持保障性住房建设运营。保险公司应积极发展工程质量保证保险。

第二十二条　助力完善住房租赁市场供应体系。支持政府部门搭建住房租赁综合服务平台,促进增加长租房源供给。完善住房租赁市场信用体系,助力政府部门提高住房租赁市场信息共享,提升租金公允性,降低租房成本。

第二十三条　加大住房租赁企业信贷支持。商业银行应向专业化、规模化的住房租赁企业提供专属信贷投放,在授信额度、贷款条件、审批流程及信贷规模等方面给予适当倾斜,降低住房租赁企业资金成本。

第二十四条　加大住房租赁保险市场供给。保险公司应加强保险产品创新,开展出租人责任险、承租人责任险等保险业务,支持长租市场发展。

第二十五条　满足合理购房信贷需求。商业银行应切实贯彻差别化住房信贷政策,合理确定符合购房条件的新市民首套住房按揭贷款标准,建立科学审慎的信用评估体系,对符合购房政策要求且具备购房能力、收入相对稳定的新市民,提升借款和还款便利度。住房公积金管理机构应为符合条件的新市民提供长期低息的住房公积金贷款。住房公积金贷款受托银行应积极满足符合条件的新市民住房公积金组合贷款的需求。

第二十六条　发挥住房储蓄业务优势。相关银行应大力发展住房储蓄业务,以"先存后贷""恒定低息"的特点降低购房信贷成本,精准满足新市民中远期购房的融资需求。

第二十七条　加强住房公积金服务渠道建设。商业银行应助力政府相关部门丰富住房公积金手机客户端(App)、小程序个人自愿缴存功能,畅通新市民住房公积金缴存、使用渠道。

第二十八条　提供综合化安居金融服务。银行机构、消费金融公司和地方金融组织应针对新市民在进城、落户过渡阶段的差异化金融需求,合理提供消费信贷产品,提高本地服务比重。保险公司应宣传推广家庭财产保险,提升新市民家庭抵御财产损失风险能力。

第五章　助力培训及子女教育

第二十九条　提供职教培训金融支持。商业银行应加强政府、企业、院校合作,支持打造"政校企联动,产教科一体"的职业教育新模式,优化产品和服务,探索通过地方政府补贴贷款利息等方式,依法合规地促进新市民提高技术技能,增强创业就业能力。

第三十条　落实国家助学贷款政策。相关银行机构应加强国家助学贷款发放,切实帮扶家庭经济困难的新市民子女就学。保险公司应积极发展学幼险、子女升学补助金保险、实习责任保险、教育机构责任险等保险业务。

第三十一条　优化托育和学前教育金融服务。银行保险机构应按照政策要求大力支持托育和学前教育,加强新市民聚集区域托育机构金融服务。积极发展普惠性学前教育责任险和意外险业务,助力解决新市民家庭学龄前儿童教育抚养的后顾之忧。

第六章　提高健康保险水平

第三十二条　推出不与户籍挂钩的普惠型商业健康保险产品。保险公司应加强与医保部门合作,推动商业健康保险与基本医疗保险有效衔接,满足新市民多层次、多样化的健康保障需求。

第三十三条　提升商业健康保险产品的灵活性和接受度。保险公司应针对新市民群体中短期工、临时工较多的情况,将单日用工、当日结算与保险办理相结合,为新市民提供更加灵活、实惠、便利的团体健康保险产品。加强品牌建设,提高新市民对商业健康保险的接受度。

第三十四条　支持异地就医直接结算。银行保险机构应发挥渠道和科技优势,助力医保部门深入推进异地就医直接结算,进一步便利新市民就近就地就医。

第七章　加大养老保障力度

第三十五条　加强养老家政行业信贷支持。银行机构应合理满足可持续发展、运营规范、市场口碑良好的养老、家政等相关服务机构的融资需求,推动增加养老服务供给,支持新市民在常住地就地养老。

第三十六条　推出商业养老保险产品。保险公司应积极参加专属商业养老保险试点,针对新市民养老需求和特点,推出安全性高、保障性强、投保简便、交费灵活、收益稳健的商业养老保险产品。积极推广新市民长期护理保险,探索异地赔付和快速理赔,满足新市民差异化养老需求。

第三十七条　推出养老理财产品和养老储蓄产品。地方法人银行、理财公司应积极研发符合长期养老需求和生命周期特点的养老理财产品及养老储蓄产品,引导资金优先投向本地养老、健康产业。商业银行应积极推动养老理财产品、养老储蓄产品销售试点落地,提升新市民认知度和接受度,拓宽新市民养老资金来源。

第八章 优化基础金融服务

第三十八条 着力便民惠民服务。商业银行应针对新市民特点设计人性化服务流程,加大配套设施投入,优化账户开立、工资发放等基础服务,提供更多样、更便捷的征信查询服务。合理减免个人借记卡工本费、年费、小额账户管理费、短信服务费等费用,确保降费政策应享尽享。保险公司应衔接线上线下,提供全流程、移动化、一站式服务。

第三十九条 助力民生资金监管。商业银行应配合政府部门开展民办教育机构、养老机构和住房租赁企业等的资金监管业务,配合行业主管部门落实农民工工资专户管理及银行代发制度,支持完善农民工工资支付监控预警平台,探索开发农民工工资银行保函等金融产品,确保农民工工资及时足额发放。

第四十条 维护新市民合法权益。重庆银保监局、人民银行重庆营管部及政府相关部门推进金融消费纠纷多元化解机制建设,探索建立纠纷在线调解平台。重拳打击侵害金融消费者权益行为,为新市民营造良好金融环境。银行保险机构、地方金融组织应落实主体责任,畅通投诉渠道,加强投诉处理,提升消费者权益保护工作水平。

第四十一条 加强金融知识普及和宣传。银行保险机构、地方金融组织应针对新市民的金融知识需求,深入新市民聚集区域,线上线下相结合,常态化开展理性投资借贷、防范非法集资等宣传教育活动,提高新市民群体金融素养,提升风险防范意识和防骗反诈能力。

附录五　中国银行保险监督管理委员会重庆监管局关于印发《重庆银保监局"稳企业 保就业"金融直达若干工作措施》的通知

渝银保监发〔2022〕43号

各银保监分局,各政策性银行重庆(市)分行、各大型银行重庆市分行、各股份制银行重庆分行、各地方法人银行、各城市商业银行重庆分行、各外资银行重庆分行、各其他非银行金融机构、各直管村镇银行、各在渝保险法人机构、各财产保险公司重庆(市)分公司、各人身保险公司重庆(市)分公司,重庆市银行业协会、重庆市保险行业协会:

为贯彻党中央、国务院六稳"六保"总体决策部署,进一步发挥金融畅通经济、纾困企业、托底民生的重要作用,推动金融政策直达、资金直达、优惠直达实体经济,特制定《重庆银保监局"稳企业保就业"金融直达若干工作措施》。现印发给你们,请认真贯彻落实。

附件:重庆银保监局"稳企业 保就业"若干工作措施

重庆银保监局
2022年4月27日

重庆银保监局"稳企业 保就业"金融直达若干工作措施

为应对当前疫情等因素影响下经济发展"需求收缩、供给冲击、预期转弱"三重压力持续加大形势,全面准确贯彻落实党中央、国务院"六稳""六保"总体决策部署,发挥好金融畅通经济、纾困企业、托底民生的重要作用,推动金融政策直达、资金直达、优惠直达,为全市"稳企业 保就业"提供更有力、更高效、更精准的金融服务,支持重庆经济社会高质量发展转型,特制定以下工作措施。

一、扩宽金融资源直达通道

(一)加大资源投放力度。加大银行业保险业资源调度和供给力度,积极落地多种货币政策工具、积极争取总部(集团)资源、积极运用本部(本地)资金,保持全市流动性合理充裕,保持信贷和社会融资适度增长,确保全年"小微"和涉农信贷投放增长考核目标,提高重点领域、重点行业、重点产业、重点企业、重点项目资金保障水平。

(二)加力信用贷款投放。加强"金渝网"监管数据平台运用,加快"渝惠融"数字普惠金融平台建设,统筹推进各类政务信用信息共享共建,推动线上信贷直达"扩面、增量、降价"。会同相关部门持续推广知识价值贷款、商业价值贷款应用,启动科创价值贷款、文旅价值贷款试点。总体实现2022年信用贷款占比高于2021年,力争2022年末全市信用融资规模达到9000亿元。

(三)拓宽抵质押物范围。强化轻资产行业金融服务,积极推广动产、应收账款、知识产权、股权等新型抵质押融资业务,强化对企业商誉、人才等信息挖掘运用,降低对不动产等传统抵押物依赖度,提升融资可获得性。

(四)提高首次贷款投放。加强与各行业主管部门联系,梳理各类企业名单,依托监管科技手段,建立识别金融服务"白户"名单机制,线上线下推动建立"政、银、保、企"批量对接平台。银行保险机构继续下沉服务重心,大型银行、股份制银行、法人银行实现全年新增小型微型企业法人首贷户数量高于上年。

(五)强化续贷资金投放。建立续贷专项工作机制,梳理贷款期限临近的企业名单,协商安排合理融资方案,对存在临时性经营困难并确有还款意愿和吸纳就业能力的企业,积极按照市场化原则统筹使用展期、借新还旧、调整还款方式等手段予以支持,并积极运用无还本续贷、年审制中期流贷和随借随还等方式加大资金保障力度。

(六)夯实保险兜底保障。持续推进城乡居民大病保险、城市定制型商业医疗保险、专属商业养老保险、长期护理保险,探索开展新业态职业伤害保险试点。不断优化综合防贫保、惠民济困保等保险方案,综合提供医疗补助、意外伤残、灾害损失等一揽子保障,降低低收入人群致贫返贫风险。

二、加强重点领域直达精度

（七）强化制造业长期支持。积极支持制造企业设备更新、技术改造、绿色转型等中长期资金需求，强化全市"1250个制造业智能化改造项目"和"专精特新"企业融资对接力度，大力发展供应链金融，强化企业财产、产品责任等领域的保障保障，扩大制造企业就业吸纳能力，助力工业经济平稳增长。

（八）强化服务业稳贷续贷。切实帮助服务领域困难行业稳岗保薪、渡过难关。支持银行机构与符合条件的服务业市场主体按照市场化原则自主协商贷款还本付息，对有续贷需求的，按正常续贷业务办理，不得盲目惜贷、抽贷、断贷、压贷。保险机构扩大营业中断损失保险覆盖面，提升理赔效率和综合保障程度。

（九）强化交通运输金融供给。加大对民航、铁路公路水路运输业的纾困帮扶，积极开发运用运输工具动产抵押产品，对存在收支缺口的收费公路合理安排债务还款宽限期，鼓励保险资金参与交通基础设施建设，推广交通项目灾毁保险产品，积极服务成渝双城经济圈、西部陆海新通道建设。

（十）强化外贸行业金融服务。优化结售汇服务和相关授信管理，为外贸企业提供适合的外汇避险产品。进出口银行加快开展外贸企业政策性贷款业务，出口信保公司进一步优化出口信用保险承保和理赔条件，扩大承保覆盖面。鼓励银行保险机构合作，持续培育发展短期出口信用保险项下的保单融资业务。

（十一）强化科技创新资源投入。聚焦关键核心技术攻关、科技成果转化、高新技术企业、科技型中小企业等领域，推进科技信贷服务能力建设，加强开发性、政策性金融机构资源投入，积极开发专利、发明、设计、版权等新型融资产品，强化首台套、新材料、首版次等科技保险保障。

（十二）强化新市民创业扶持。加大对新市民创业就业的信贷支持，降低创业担保贷款申请门槛，将网络商户、专职网约车司机、货车司机、高校毕业生、复员转业退役军人等纳入支持范围。加大对个体工商户信贷投放，确保2022年个体工商户贷款余额、户数持续增长，对依法无需申领营业执照的个体经营者比照个体工商户给予金融支持。

（十三）强化农业稳定安全。优先保障粮食安全和重要农产品供给，加强农民合作社、家庭农场、规模养殖场等新型农业经营主体金融服务，2022年继续保持涉农贷款余额持续增长。提升农业保险保障能力和服务质效，稳定农业人口安居增收。

三、提升金融资源直达效率

（十四）畅通供需对接渠道。畅通利用政务数据实施线上对接、与主管部门合作实施产业对接、与政府部门合作实施园区对接等多种对接方式,协同相关部门加快梳理重点产业链企业全名单,开展产业链、供应链、创新链、金融链"四链融合"专项行动,继续深化"百行进万企"行动。

（十五）压降办贷环节与时长。优化受理流程,推广申请贷款"跑一次"服务方式,推广无纸化审批,积极接入"渝快码"获取电子证照信息,提升审批资料传递效率,鼓励将小微企业、个体工商户信贷审批权限下放至支行,鼓励制作审贷参考材料标准模板,鼓励开展授信时限公开承诺。

（十六）提升保险理赔时效。加强大数据、云计算、无人机、卫星遥感等科技手段应用,积极改进保险理赔服务,简化理赔流程,统一定损标准,推广线上信息采集、标的查验、勘察定损等服务,压缩赔案审核、支付打款的时限,做到应赔尽赔,早赔快赔。

（十七）降低融资终端成本。合理制定贷款定价机制,将货币投放、税收减免、财政奖补等政策红利向融资成本有效传导,实现2022年新发放普惠小微贷款利率较2021年有所下降。银行业金融机构与开发性、政策性银行合作以转贷款资金发放的贷款,终端平均利率不得高于同类机构同类贷款平均水平。

四、强化金融直达机制保障

（十八）建设金融直达数字平台。持续丰富"金渝网"应用场景,强化政务数据、金融数据的整合能力,推动政务部门按照银行保险机构需求加强数据治理,进一步提升信息价值。支持银行保险机构强化自身数据能力建设,提高大数据、云计算金融科技手段,依托数字平台拓宽融资服务场景。

（十九）倾斜银保内部资源配置。加大对实体经济稳岗扩岗的金融资源倾斜,银行机构单列小微企业、制造业、涉农等专项信贷计划,强化内部转移定价优惠,合理弱化利润考核指标,将普惠金融在分支行综合绩效考核中的权重提升至10%以上,保险机构对普惠保险产品扩充保险责任,降低保险费率。

（二十）完善"敢贷愿贷"机制。认真执行"普惠型小微企业贷款不良率不高于各项贷款不良率3个百分点以内"的差异化不良容忍度标准,全面准确向基层传达政策导向,将授信尽职免责与差异化不良容忍度有机结合,对银行从业人员无违法违规行为的予以免责,为基层松绑。

(二十一)开展不良中介专项治理。强化银行保险机构对合作中介的"名单制"管理,守好准入关,设立中介"负面清单",建立动态退出机制。积极向公安、市场等有关部门反映"黑中介"的"假资料""乱收费"行为,严肃处理与"黑中介"内外勾结的相关人员,并列入行业"黑灰名单"。

(二十二)实施纾困专项督导检查。加强对银行保险机构落实金融直达的督导检查,重点关注各项要求纸面落实、口头落实、数字落实等问题,重点关注对符合支持条件市场主体盲目"抽贷、断贷、压贷"等问题,重点关注借落实政策之机出现的道德风险、案件风险以及重大信用风险问题。

附录六　中国人民银行重庆营业管理部、国家外汇管理局重庆外汇管理部关于印发《重庆市金融服务疫情防控和经济社会发展工作方案》的通知

渝银发〔2022〕44号

人民银行各中心支行、南川支行,各支行;国家外汇管理局各中心支局、南川支局;国家开发银行重庆市分行,各政策性银行重庆(市)分行,各国有商业银行重庆市分行,各股份制商业银行重庆(市)分行,中国邮政储蓄银行重庆分行,重庆农村商业银行,重庆银行,重庆三峡银行,各城市商业银行重庆分行,主城区各村镇银行:

现将《重庆市金融服务疫情防控和经济社会发展工作方案》印发给你们,请结合实际认真贯彻落实。

中国人民银行重庆营业管理部　国家外汇管理局重庆外汇管理部
2022年5月5日

重庆市金融服务疫情防控和经济社会发展工作方案

为贯彻落实党中央、国务院关于做好疫情防控和经济社会发展的相关工作部署,按照中国人民银行、国家外汇管理局《关于做好疫情防控和经济社会发展金融服务的通知》(银发〔2022〕92号)有关工作要求,进一步做好重庆市金融支持疫情防控,助力实体经济纾困发展工作,制定本工作方案。

一、加大货币信贷政策支持力度

(一)增强信贷增长的稳定性。用好降准释放的长期资金,发挥好再贷款再贴现等结构性货币政策工具作用,提供充足流动性,引导辖区金融机构扩大贷款投放,增强信贷总量增长的稳定性。

(二)发挥好结构性货币政策工具的定向支持作用。发挥好普惠小微贷款支持工具作用,2022年1月1日至2023年6月末,按照地方法人金融机构普惠小

微贷款余额增量的1%提供激励资金,鼓励金融机构稳定普惠小微贷款存量、扩大增量。用好支农支小再贷款、再贴现政策,积极向人民银行总行争取更多支农支小再贷款额度,推出支农再贷款乡村振兴贷、支小再贷款帮扶贷产品,引导地方法人金融机构加大对受疫情影响较大的住宿餐饮、批发零售、文化旅游等接触型服务业及其他有前景但受疫情影响暂遇困难行业的支持力度。

(三)引导贷款利率稳中有降。优化存款管理,强化自律约束,维护好存款市场竞争秩序,降低银行负债成本。督促地方法人银行将贷款市场报价利率内嵌到内部定价和传导相关环节,推动小微企业综合融资成本稳中有降。对受疫情影响严重的行业,鼓励金融机构实行更优惠的利率定价和服务收费。

二、加大重点领域和薄弱环节金融支持力度

(四)加大对小微企业等受困市场主体的金融支持力度。金融机构要持续加大金融产品和服务创新,大幅增加小微企业信用贷款、首贷、无还本续贷,推广主动授信、随借随还贷款模式,通过提供中长期贷款、降低利率、展期或续贷支持等方式,积极支持受困企业抵御疫情影响,不得盲目限贷、抽贷、断贷,更好满足小微企业用款需求。要细化实化内部资金转移定价、不良容忍度、尽职免责、绩效考核等要求,优化信贷资源配置,强化金融科技赋能,加快提升小微企业金融服务能力。

(五)加大乡村振兴重点领域融资支持力度。用好支农支小再贷款、再贴现工具,支持地方法人银行创建支农再贷款示范基地。围绕高标准农田建设、春耕备耕、粮食流通收储加工等全产业链,主动对接融资需求。规范发展供应链金融服务,加大对重要农产品生产加工、购销、加工等环节的信贷投放力度,加强对种源等农业关键核心技术攻关的金融保障,鼓励金融机构参与粮食市场化收购。积极做好重点农业产业链金融链长制试点工作。探索打造金融支持乡村振兴示范基地和"1+5+N"乡村振兴金融服务港湾。继续加大对国家乡村振兴重点帮扶县、市级乡村振兴重点帮扶区县等脱贫地区的政策倾斜,保持脱贫地区信贷投放力度不减。

(六)聚焦受疫情影响较大的行业提供差异化金融服务。针对受疫情影响较大的服务业领域困难行业及其他有前景但受疫情影响暂遇困难行业,人民银行重庆营管部与商务、文化旅游、交通运输等行业主管部门加强信息共享,建立市场主体融资需求清单。各金融机构要积极根据融资需求清单,按照市场化原

则,通过创新信用类、动产质押类信贷产品,持续加大支持力度。依托"长江渝融通"普惠小微线上融资服务平台和金融服务港湾推广支小再贷款帮扶贷、支农再贷款乡村振兴贷专属产品,全力助企纾困发展。

(七)用好"长江渝融通"货币信贷大数据系统精准支持国民经济循环重点领域。人民银行重庆营管部会同市发展改革委、市经济信息委、市农业农村委、市交通局、市科技局、市商务委、市文化旅游委、市政府口岸物流办等部门共同建立政银企对接机制。围绕粮食安全和重要农产品供给、煤炭等能源供应、绿色发展、物流航运、服务业、重大项目建设等重点领域建立融资对接清单,实施名单制融资需求对接,依托"长江渝融通"货币信贷大数据系统督促金融机构做好融资对接,并定期监测、反馈和通报。各金融机构要加大对名单内企业的支持力度,安排专人高效落实,开辟"绿色通道",优化信贷审批流程,提供灵活便捷金融服务,根据企业生产经营特点和融资需求提供适合的金融政策和产品。要用好支持煤炭清洁高效利用专项再贷款政策,合理满足煤炭安全生产建设、发电企业购买煤炭、煤炭储备等领域需求,保障电力煤炭等能源稳定供应。

(八)强化科技创新、制造业金融服务。按照人民银行总行统一部署,落实好科技创新再贷款政策,梳理高新技术企业、专精特新中小企业、国家技术创新示范企业、制造业单项冠军企业等企业名单,组织金融机构全面对接,对符合条件的科技创新贷款提供再贷款支持,引导金融机构加大对企业科技开发和技术改造的支持力度。持续优化制造业中长期贷款白名单机制,各金融机构要围绕战略性新兴产业集群、强链固链补链工程、工业互联网、先进制造业和现代服务业融合发展等制造业高质量发展的重点领域需求,加强融资支持。

(九)加大抓项目稳投资金融支持。金融机构要主动对接市级重大项目、共建成渝地区双城经济圈重大项目以及专项债项目等重点投资项目,加大对水利、交通、管网、市政基础设施等领域惠民生、补短板项目和第五代移动通信(5G)、工业互联网、数据中心等新型基础设施建设的支持,推动新开工项目尽快开工,实现实物工作量。要合理购买地方政府债券,支持地方政府适度超前开展基础设施投资。要在风险可控、依法合规的前提下,按市场化原则保障融资平台公司合理融资需求,不得盲目抽贷、压贷或停贷,保障在建项目顺利实施。

(十)建立重点地区和受困人群的金融服务应急机制。各金融机构要建立受困人群的金融服务应急机制,通过内部资金转移定价、实施差异化的绩效考核办法等措施,提升受疫情影响居民、市场主体的金融供给水平。对因感染新冠肺炎住院治疗或隔离人员、疫情防控需要隔离观察人员以及受疫情影响暂时失去收入来源的人群,金融机构要及时优化信贷政策,区分还款能力和还款意愿,区分受疫情影响的短期还款能力和中长期还款能力,对其存续个人住房等贷款,灵活采取合理延后还款时间、延长贷款期限、延迟还本等方式调整还款计划予以支持。对出租车司机、网店店主、货车司机等灵活就业主体,金融机构可比照个体工商户和小微企业主,加大对其经营性贷款支持力度。对于因疫情影响偿还贷款暂时困难的运输物流企业和货车司机,支持金融机构合理给予贷款展期和续贷安排。

(十一)优化住房领域金融服务。各金融机构要坚持"房子是用来住的、不是用来炒的"定位,围绕"稳地价、稳房价、稳预期"目标,落实好差别化住房信贷政策,更好满足购房者合理住房需求,促进房地产市场平稳健康发展。各金融机构要区分项目风险与企业集团风险,加大对优质项目的支持力度,不盲目抽贷、断贷、压贷,不搞"一刀切",保持房地产开发贷款平稳有序投放。商业银行、金融资产管理公司等要做好重点房地产企业风险处置项目并购金融服务,稳妥有序开展并购贷款业务,加大并购债券融资支持力度,积极提供兼并收购财务顾问服务。要在风险可控基础上,适度加大流动性贷款等支持力度,满足建筑企业合理融资需求,不盲目抽贷、断贷、压贷,保持建筑企业融资连续稳定。

(十二)加强对重点消费领域和新市民群体的金融服务。引导金融机构规范发展消费信贷产品和服务,加大对医疗健康、养老托育、文化旅游、新型消费、绿色消费、县域农村消费等领域的支持力度。鼓励金融机构丰富汽车等大宗消费金融产品,满足合理消费资金需求。金融机构要围绕新市民创业形态、收入特点、资金需求,丰富信贷产品供给,降低新市民融资成本,激发新市民创业就业活力。积极创新针对新市民消费、职业技能培训、子女教育、健康保险、养老保障、住房等领域的金融产品和服务,提升基础金融服务的均等性和便利性。

三、提升金融服务供给水平

(十三)全面推进"1+5+N民营小微企业和个体工商户金融服务港湾"建设。在各区县的街道(商会)、社区、园区、商圈、市场等市场主体集中区域,持续开展首贷续贷中心和金融服务港湾标准化建设,延伸首贷续贷中心触角,完善基层金融治理、政策宣传直达、信贷培育对接、综合金融服务和问题反馈解决等5大功能,与园区基层政府组织设立双向联络员,重点聚焦受疫情影响暂时困难的市场主体,开展首贷户培植行动,主动进园入企宣传政策、融资对接、培育辅导,实现政策、资金、服务高效精准直达,将金融服务港湾打造为小微企业、个体工商户等市场主体就近、就便获得金融服务的"便利店"。

(十四)发挥债券市场支持作用。大力推进银行间市场债券融资创新发展,搭建民营、制造业、科技创新等企业发债对接机制,加强与银行间市场交易商协会的工作沟通,全力支持重点企业发债融资。用好信用风险缓释工具、担保增信机制等,稳步扩大绿色债务融资工具、碳中和债、双创专项债务融资工具、乡村振兴票据等创新产品发行规模。

(十五)优化产业链融资环境。开展供应链金融服务主办行制度,按照《重庆市供应链金融创新规范发展工作方案》(渝银发〔2021〕105号文印发)有关要求,引导金融机构综合运用债券、信贷等措施,为产业链核心企业及上下游企业量身打造金融服务方案。鼓励核心企业接入应收账款融资服务平台,提高应收账款确权和融资效率;加大供应链票据运用力度,为供应链企业融资提供便利。

(十六)深化财政金融互动。加快推进政府性融资担保与"长江渝融通"普惠小微线上融资服务平台的互联互通,进一步提升银担合作深度。各金融机构要积极与政府性融资担保机构有序开展"见贷即担""见担即贷"批量担保业务合作,减少重复尽职调查,简化担保流程,提高担保效率。各金融机构要发挥好创业担保贷款的支持作用,聚焦创业就业市场主体融资需求,强化产品和服务创新,进一步简化贷款审批流程,提高贷款审批效率,适当降低融资成本。

四、保障基础金融服务通畅

(十七)优化征信服务。金融机构要积极主动对接征信平台有关的金融、政务、公用事业、商务等不同领域的涉企信用信息,缓解银企信息不对称,提高融资效率。要切实保障公众征信相关权益,继续落实好受疫情影响相关逾期贷款可以不做逾期记录报送的有关规定。畅通金融消费者线上咨询、投诉处理通道。

(十八)完善国库综合服务机制。建立财政—税务—国库—银行协同工作机制,畅通国库资金汇划渠道,保障疫情防控资金及时拨付到位,预算收支安全稳定运行。完善国库业务应急处置机制,根据疫情风险状况,积极探索无接触式业务办理和国库业务异地办理模式,确保国库服务不间断。落实新的组合式减税降费支持政策,做好助企纾困的大规模增值税留抵退税,打通政策落地"最后一公里",有效保障退税资金及时、准确、安全直达市场主体,促进提振市场信心。

(十九)提升支付服务实体经济能力。督促银行、支付机构优化小微企业、流动就业群体银行账户服务。指导辖区各银行机构对用于突发公共卫生事件防控、捐赠救助等类型账户的开立和使用给予支持。督导银行、支付机构落实落细支付服务降费政策措施。严格支付清算纪律,保障辖区大、小额支付系统等支付清算基础设施稳健运行。加强中央银行会计核算数据集中系统(ACS)业务管理和风险监测,畅通资金汇划渠道。大力推广电子支付方式,提升社会公众线上支付服务可获得性。强化应急演练,切实锻炼和提高全辖支付清算突发事件处置能力,确保辖区支付服务不中断。

五、优化外汇和跨境人民币服务

(二十)提升贸易便利化水平。在风险可控基础上,支持银行将"材料多、环节多"的业务和"笔数多、信用好"的企业纳入贸易外汇收支便利化试点范围,破除规模导向,挖掘市场需求,吸纳优质中小银企参与试点,提升外汇服务中小市场主体水平。配合推进市场采购贸易试点相关工作,畅通银行结算渠道,完善市场采购贸易管理。支持银行开展跨境电商外汇业务,为贸易新业态市场主体提供更加安全、高效、低成本的金融服务。支持新型离岸国际贸易规范有序开展。推动银行提高办理经常项目"不常见、不好办"等复杂业务能力,提升银行真实性审核效率。

(二十一)便利企业开展跨境融资。支持符合条件的高新技术和专精特新中小企业开展外债便利化额度试点。支持符合条件的非金融企业开展一次性外债登记管理改革试点,不再办理外债逐笔签约登记。进一步便利企业借用外债,支持非金融企业的多笔外债共用一个外债账户。支持企业按规定直接到银行办理外债注销、内保外贷注销、境外放款注销等资本项目外汇登记业务。优化境外机构境内发行债券(熊猫债)资金管理,熊猫债发行主体境内关联企业可按实需原则借用相关熊猫债资金。允许具有贸易出口背景的国内外汇贷款结汇使用,企业原则上应以贸易出口收汇资金偿还。企业因特殊情况无法按期收汇且无外汇资金用于偿还具有贸易出口背景的国内外汇贷款的,贷款银行可按规定为企业办理购汇偿还手续。积极推广运用跨境金融服务平台,创新线上融资结算产品,提高企业融资可获得性和结算便捷性。加大对重庆出口信用保险外汇支撑作用,引导在渝保险机构发挥出口信用保险增信保障作用,做好对中小微外贸企业的金融服务。

(二十二)推动跨境人民币结算便利化。深入开展更高水平贸易投资人民币结算便利化试点,支持将更多企业纳入便利化试点范围,进一步扩大便利化试点企业覆盖面。支持银行和符合条件的支付机构,按相关规定凭交易电子信息为跨境电子商务、外贸综合服务等贸易新业态相关市场主体提供高效、便捷的跨境人民币结算服务。支持单证电子化审核,鼓励银行提升电子化水平,通过审核企业提交的电子化单证等在线化、无纸化方式,为企业提供跨境人民币结算服务。

(二十三)优化企业汇率风险管理服务。各金融机构要及时响应外贸企业等市场主体的汇率避险需求,进一步丰富外汇衍生品种类和服务,降低企业避险保值成本,推动更多企业"首办"突破。探索财政支持企业汇率风险管理的创新措施,完善汇率避险成本分摊机制,通过引入资金池、政策性担保等方式扩大政府性融资担保体系作用,为企业提供低成本汇率避险服务。加强汇率避险服务宣介,做好对国有企业、中小微企业等重点主体的引导,加快树立风险中性意识。引导、推介企业参与中国外汇交易中心银企外汇服务平台,帮助企业获取更加优惠的价格、更加便捷的服务。

六、加强组织保障、政策宣传和监测通报

(二十四)压实主体责任。各金融机构要研究制定本行落实举措,明确责任部门,制定工作清单,确保各项政策高效、精准落地实施。要积极参与市、区(县)两级线上、线下各类政银企对接活动,加大金融支持实体经济发展力度。

(二十五)强化政策宣传。各金融机构要通过多种形式开展金融支持政策、成效宣传。要持续进企业、入园区开展政策宣传,主动呼应市场主体合理诉求,介绍最新金融支持工具,做好政策普及,通过新闻媒体、政务微信公众号、制作生动活泼宣传资料等方式加强向社会公众宣传,扩大政策知晓面。人民银行重庆营管部积极梳理、总结辖区金融服务的典型经验和做法,及时宣传上报,营造良好舆论环境。

(二十六)强化督导通报。建立重点领域信贷支持的监测通报机制,各金融机构要按月反馈政策落实情况。人民银行重庆营管部定期通报督导各金融机构对重点领域和受困市场主体的金融支持情况。

附录七　重庆市知识产权局、重庆市财政局、中国人民银行重庆营业管理部、中国银行保险监督管理委员会重庆监管局印发关于金融支持知识产权质押融资若干措施的通知

渝知发〔2022〕28号

各区县知识产权局(知识产权管理部门),各银保监分局,各银行业金融机构,各有关单位:

　　为贯彻落实党中央、国务院关于知识产权工作的部署要求,务实推进营商环境创新试点工作,切实发挥知识产权质押融资引水赋能作用,有效扩大融资规模和惠益面,重庆市知识产权局、重庆市财政局、中国人民银行重庆营业管理部、重庆银保监局研究制定了《关于金融支持知识产权质押融资的若干措施》,现印发给你们,请遵照执行。

重庆市知识产权局
重庆市财政局
中国人民银行重庆营业管理部
重庆银保监局
2022年5月6日

关于金融支持知识产权质押融资的若干措施

　　为贯彻落实党中央、国务院关于知识产权工作的部署要求,务实推进营商环境创新试点工作,切实发挥知识产权质押融资引水赋能作用,有效扩大融资规模和惠益面,特制定如下措施。

　　(一)建立知识产权质押融资风险分担机制,鼓励金融机构开发金融产品,支持企业运用知识产权质押融资。积极构建融资担保机构、再担保机构、国家融资担保基金、银行4:2:2:2的风险分担机制,对融资担保机构符合条件的单户1000万元以内、担保费率1.5%以下的知识产权质押贷款担保损失,按规定给予风险代偿补偿。(责任部门:市财政局)

(二)健全知识产权质押融资担保降费奖补机制,支持银行机构与融资担保机构开展合作,提高企业知识产权质押授信额度,对融资担保机构符合条件的单户1000万元以内、费率1.5%以下的知识产权质押贷款担保业务,市级财政按规定给予1%~1.3%担保费补贴。(责任部门:市财政局)

(三)运用央行再贷款等货币政策工具,引导相关金融机构运用科技创新专项再贷款加大对科技创新企业的支持力度,支持地方法人金融机构开发"再贷款+知识产权质押融资"专属信贷产品,助推知识产权质押融资增量扩面。(责任部门:人民银行重庆营管部)

(四)人行重庆营管部建立授权、授信、尽职免责"三张清单"金融服务机制,指导金融机构按照"减环节、减材料、减时间"总体要求,改进知识产权质押贷款尽职免责内部认定标准和业务办理流程,以知识产权为核心指标评价企业创新能力和发展潜力,优化审贷流程,提高审批效率。(责任部门:人民银行重庆营管部、重庆银保监局)

(五)建设科技创新金融服务港湾,鼓励银行机构在科技资源聚集的国家和市级高新区选取部分基层银行网点,打造成为针对科技创新企业的"1+5+N"民营小微企业和个体工商户金融服务港湾,延伸首贷续贷中心触角,完善基层金融治理、政策宣传直达、信贷培育对接、综合金融服务和问题反馈解决等5大功能,聚焦科技型企业知识产权优势,主动进园入企宣传政策、融资对接、培育辅导,实现政策、资金、服务高效精准直达科创企业,为知识产权质押融资持续扩面增量提供有力支撑。(责任部门:人民银行重庆营管部、重庆银保监局)

(六)支持商业银行建立符合科技创新型中小企业知识产权质押融资特点的信贷审批制度和利率定价机制,充分用好单列信贷计划和不良率考核等支持政策,对开展知识产权质押融资不良率高出自身各项贷款不良率3个百分点(含)以内的基层机构,可不作为内部考核评价的扣分因素,对经办人员在业务办理过程中已经尽职履责的,实行免责。(责任部门:重庆银保监局)

(七)搭建银行金融机构与知识产权密集型园区的对接平台,建立知识产权质押融资"企业白名单"双向推送机制,鼓励金融机构积极参与知识产权金融服务"入园惠企"、"银企对接"等系列活动。依托长江'渝融通'平台建立知识产权质押融资专属模块,及时向金融机构推送知识产权质押融资"企业白名单",督促银行建立融资对接台账,持续加大金融支持力度。(责任部门:人民银行重庆营管部、市知识产权局)

（八）鼓励保险机构在风险可控前提下，开展与知识产权质押融资相关的保证保险业务，推动海外侵权责任保险、知识产权交易保险等新型险种服务常态化，市知识产权局对企业购买知识产权保险产生的保费按照50%比例（单笔不超过2万元）给予补贴。（责任部门：重庆银保监局、市知识产权局）

（九）积极探索知识产权证券化，为科技型企业将高新技术转化为现实生产力提供有力的金融支持手段，为知识产权权利人提供以知识产权为依托的新型融资途径。（责任部门：市知识产权局）

（十）鼓励金融机构加强对知识产权评估机构的合作准入与持续管理。支持评估机构综合运用大数据、人工智能等新技术，研发适用于知识产权质押融资等业务场景的评估工具，提高评估效率，降低评估费用。市知识产权局对企业开展知识产权转化运营产生的评估费按照50%比例（单笔不超过2万元）给予补贴。（责任部门：重庆银保监局、市知识产权局）

（十一）市级有关部门对开展知识产权质押融资业务的金融机构，明确倡导性考核指标，适时开展重庆市知识产权金融特色银行试点、重庆市知识产权质押融资工作典型案例征集评选等工作。（责任部门：市知识产权局、人民银行重庆营管部、重庆银保监局）

市知识产权局、市财政局、人行重庆营管部、重庆银保监局等部门建立知识产权质押融资协同工作机制，加强信息数据共享，实现知识产权质押融资普及度和惠及面稳步协调增长。积极争取开展质押登记线上办理试点，推动质押登记数据与人民银行征信中心动产融资统一登记公司系统共享互通。鼓励各区县完善知识产权金融扶持政策，对开展知识产权质押融资、保险、证券化和其他金融创新模式的科技创新型中小企业给予贴息、贴费、奖励等支持。

附录八　重庆市地方金融监督管理局、重庆市财政局关于印发《重庆市政府性融资担保机构融资担保业务尽职免责工作指引》的通知

渝金发〔2022〕1号

各区县(自治县)、两江新区、西部科学城重庆高新区、万盛经开区、保税港区财政局,金融工作管理部门,各融资担保机构,市融资担保行业协会:

为贯彻落实《国务院办公厅关于有效发挥政府性融资担保基金作用切实支持小微企业和"三农"发展的指导意见》(国办发〔2019〕6号),《银保监会等七部门关于做好政府性融资担保机构监管工作的通知》(银保监发〔2020〕39号)等文件精神,进一步完善政府性融资担保体系,建立"敢担、愿担、能担"的长效机制,我们制定了《重庆市政府性融资担保机构融资担保业务尽职免责工作指引》,现印发你们,请认真贯彻执行。

附件:重庆市政府性融资担保机构融资担保业务尽职免责工作指引

重庆市地方金融监督管理局
重庆市财政局
2022年5月18日

重庆市政府性融资担保机构
融资担保业务尽职免责工作指引

第一章　总则

第一条　为建立健全我市政府性融资担保体系,引导政府性融资担保机构加大小微企业、"三农"等普惠金融服务力度,建立"敢担、愿担、能担"的长效机制,根据《融资担保公司监督管理条例》(国务院令第683号)及四项配套制度、《国务院办公厅关于有效发挥政府性融资担保基金作用切实支持小微企业和"三农"发展的指导意见》(国办发〔2019〕6号)、《银保监会等七部门关于做好政府性融资担保机构监管工作的通知》(银保监发〔2020〕39号)、《关于完善政府性融资担保体系切实支持小微企业和"三农"发展的实施意见》(渝财规〔2021〕4号)

等有关法律法规和文件要求,结合本市实际,制定本指引。

第二条　政府性融资担保机构是指依法设立,由政府及其授权机构出资并实际控股,以服务小微企业和"三农"主体为主要经营目标的融资担保、再担保机构。我市政府性融资担保机构名单由市财政局会同市金融监管局确定,实行名单制动态管理。

本指引适用的业务为小微企业、个体工商户(包括个体工商户、小微企业主)、农户、新型农业经营主体,以及符合条件的"双创"企业及战略性新兴产业企业,提供的单户1000万元(含)以下、担保费率不高于1.5%的融资担保和再担保业务。

第三条　本指引适用对象为政府性融资担保机构工作人员,包括在办理融资担保业务过程中承担管理职责的机构负责人、相关业务部门管理人员和直接经办人员。

第四条　政府性融资担保机构开展融资担保业务,在不违反有关法律、法规、规章、规范性文件以及政府性融资担保机构内部管理制度的前提下,年度融资担保代偿率未超过5%的,该年度发生的代偿,原则上不追究担保机构负责人的管理责任。

第五条　政府性融资担保机构应当根据相关法律、法规、规章、规范性文件及行业监管要求,建立健全业务操作规程、项目评审、档案管理、财务管理、内部审计、风险管理和重大风险事件应急管理等内部管理制度,明确尽职要求,做到履职尽责有章可依。

第六条　政府性融资担保机构工作人员应当秉承审慎经营、诚实守信原则,依法依规履行职责。当发生代偿损失后,经尽职免责调查认定,按照有关法律、法规、规章、规范性文件以及融资担保机构内部管理制度规定的程序和内容实施规范履职的,应免除其全部或部分责任,包括内外部考核扣分、评优评先、激励性薪酬扣减、行政处分等责任。

第二章　免责情形与问责要求

第七条　政府性融资担保机构工作人员在不违反有关法律、法规、规章、规范性文件以及政府性融资担保机构内部管理制度的前提下,经认定符合下列情形之一的,可免除全部或者部分责任:

（一）为维护社会稳定和防范化解风险，按照本级政府要求，对特定对象进行政府扶持的政策性融资担保业务（需提供能体现该项目的政府文件、会议纪要等正式文件及名录），出现风险或者造成损失的。

（二）新冠肺炎疫情防控期间，按照本级政府要求，为服务疫情防控相关企业或为支持小微企业和"三农"复工复产提供政策性融资担保发生代偿的。

（三）为开展支小支农、科创业务，政府性融资担保机构经内部决策程序减少或取消反担保要求，同意债务人提供的反担保物不足值或降低债务人反担保要求的。

（四）由于国家法律法规规定或重大政策调整、自然灾害、动植物疫病等不可抗力因素导致不良资产形成，导致政策性融资担保业务发生代偿的。

（五）债务人因遭受重大灾难或突发变故（如火灾、重大交通事故、重病）导致意外死亡、伤残或完全丧失劳动能力导致政策性融资担保业务发生代偿，或债务人出现风险隐患后难以及时化解风险，政府性融资担保机构通过减额度或强化反担保等措施续保缓释风险，最终将代偿额度减到最小的。

（六）因工作调整等移交的担保业务，移交前已暴露风险的，后续接管的工作人员在风险化解及业务管理过程中无违规失职行为；移交前未暴露风险的，后续接管的工作人员及时发现风险并采取措施减少了损失的。

（七）担保贷款本金已还清或大部分还清（原则上不低于原始担保本金的70%），仅因少量欠款欠息造成政策性担保业务发生代偿，并已按有关管理制度积极采取追索措施的。

（八）参与集体决策的工作人员明确提出不同意见（有合法依据），经事实证明该意见正确，且该项决策与授信业务风险存在直接关系的。

（九）在档案或流程中有书面记录，或有其他可采信的证据表明工作人员对不符合当时有关法律法规、规章、规范性文件和融资担保监督管理制度的业务曾明确提出反对意见，或对担保项目资产风险有明确警示意见，但经上级决策后业务仍予办理且形成不良的。

（十）无确切证据证明工作人员未按照标准化操作流程完成相关操作或未勤勉尽职的。

（十一）有关法律法规、规章、规范性文件规定的其他从轻处理情形。

第八条　政府性融资担保机构工作人员在办理业务时，有以下情形之一的，不得免责，应当依法依规追究相关责任：

（一）违反有关法律、法规、规章、规范性文件和内部管理制度，且造成担保业务发生代偿或损失的。

（二）发现债务人信贷资金用于国家产业政策禁止和限制的项目及其他违法违规项目，或发现债务人发生重大变化和突发事件，未及时报告、进行实地调查和采取必要措施致使发生代偿的。

（三）弄虚作假，与债务人、合作机构恶意串通或故意隐瞒真实风险情况骗取担保的。

（四）在业务办理过程中向债务人索取或接受经济利益的，或向债务人乱收费，变相增加债务人融资成本的。

（五）因主观原因违反内部管理制度，未按照规定流程完成相关操作或未勤勉尽职，在担保业务中存在重大失误的。

（六）在抵（质）押担保业务中，存在未按规定依法办理抵（质）押登记手续或未按照规定对抵（质）押物进行实地核查和权利凭证核查，或恶意造成抵（质）押物评估严重失实的。

（七）担保业务出现风险后，未及时研判、制定和实施风险化解方案，致使发生代偿的。

（八）发生代偿后，存在未按时履行催收义务等不作为情形，导致债权追偿超过诉讼时效、丧失全部或部分债权或损失扩大的。

（九）其他违反有关法律法规和内部规章的行为。

第九条　特殊情形下的问责要求。

（一）执行尽职免责后，若有证据证明担保业务相关工作人员存在主观、故意隐瞒行为的，应当对其追加责任认定。

（二）同一业务工作人员应对多户不良担保业务承担责任的，应当统一考虑、合并问责。

（三）政府性融资担保机构工作人员违反规定，未履行或者未正确履行职责，造成国有资产损失或者其他严重不良后果的，经调查核实和责任认定，不论是否已辞职、调离、提拔或者退休，仍应当按照本指引依法依规追责问责。

第三章　尽职免责工作流程

第十条　政府性融资担保机构应当成立尽职免责调查认定工作小组（以

下简称"工作小组"),负责尽职免责的调查和认定建议工作。原则上工作小组一般由公司董事会确定,包括纪检监察、审计、财务、业务等相关部门负责人(应当回避的除外),也可邀请董事、监事代表参加。

第十一条　政府性融资担保机构实施尽职免责工作应当包括尽职调查、尽职评议、责任认定等环节。

第十二条　担保业务发生代偿损失后,原则上应在六个月内开展尽职免责调查。对相关工作人员的责任处理,必须以开展尽职免责调查与评议并进行责任认定为前提,不得以合规检查、专项检查等检查结论替代尽职评议。尽职免责调查可采取调阅、审核相关业务资料等非现场方式,以及必要的谈话、调查、核实等现场方式。调查情况应作为尽职评议的重要依据。

第十三条　尽职免责调查结束后,工作小组应当在审核评议结论的基础上形成相应的尽职评议报告。报告主要内容应包括具体业务办理情况、业务各环节工作人员履行职责情况和被调查人日常经办业务整体风险情况,并依据相关规定对被评议人是否尽职给出明确的评议结论。

形成评议结论前,工作小组应制作事实认证材料,送被评议人签字;被评议人拒不签字,且未在规定期限内提出书面异议的,应注明原因和送达时间,并做出书面说明。被评议人在规定期限内提出书面异议的,工作小组应对其意见及证明材料进行审核;经审核,若有证据证明存在责任认定错误的,应重新认定责任;若不予采纳的,应做出书面说明。

第十四条　评议结论可分为尽职、基本尽职、不尽职三类:

(一)尽职是指按照有关法律、法规、规章、规范性文件以及融资担保机构内部管理制度认真履行职责的;对责任认定为尽职的,可以免除责任。

(二)基本尽职是基本履行工作职责,但在办理程序、风险防控措施等方面存在瑕疵,发现的问题不是导致业务出现风险的直接原因;对责任认定为基本尽职的,可酌情减轻或免除责任追究。

(三)不尽职是指未按照有关法律、法规、规章、规范性文件以及担保机构内部管理制度履行职责的;对责任认定为不尽职的,应启动责任追究程序。

第十五条　对经办人员尽职免责工作,由工作小组将评议意见提交董事会或经董事会授权的总经理办公会进行责任认定;对相关业务部门管理人员尽职免责工作,由工作小组将评议意见提交董事会或经董事会授权的总经理办公会进行责任认定,并报履行出资人职责的主管部门及同级监管部门备案;对机构负责人尽职免责工作,由工作小组将评议意见提交董事会或经董事会授权的总经理办公会进行初步认定并报履行出资人职责的部门审定,报同级监管部门备案。必要情况下,同级监管部门可参与调查、评议。

第十六条 对涉及本人及其近亲属等具有利害关系的人员、机构,及其申请的业务,应遵循回避原则。参与尽职免责工作的人员应主动声明并回避,事后发现关系人未主动声明和回避的,尽职免责认定结果无效。

第十七条 政府性融资担保机构应建立健全尽职免责工作档案管理制度,指定具体部门负责尽职免责工作档案的管理,客观、全面地记录调查、评议、认定过程和结果,并将相关材料存档。

第四章　落实和督导

第十八条 政府性融资担保公司应按照国家和行业监管相关规定,根据本指引要求,完善本机构融资担保业务尽职免责实施细则,明确代偿容忍度、尽职免责与问责情形、责任认定程序、处罚措施等,并报履行出资人职责的部门和业务监管部门备案。实施细则应遵循应免尽免,原则上不应提高免责标准,并根据有关法律法规和业务发展的实际需要,及时进行修订。

第十九条 涉及政府性融资担保机构负责人的尽职免责工作,按照属地原则由履行出资人职责的部门和同级业务监管部门进行监督检查。市级主管部门和监管部门可根据工作职责,对政府性融资担保机构的尽职免责工作进行指导监督,对应启动未启动以及尽职免责启动不符合规定的由市级主管部门和监管部门予以纠正,适时对本指引实施效果进行评估。

第五章　附则

第二十条 本指引由市金融监管局、市财政局负责解释、修订。各区县金融工作部门和财政部门可进一步细化本地区政府性融资担保机构尽职免责办法。

第二十一条 政府性融资担保机构的其他担保业务、非政府性融资担保机构的尽职免责工作,可参照本指引执行。

第二十二条 本指引自颁布之日起30日后实行。

附录九　中国人民银行重庆营业管理部、中国银行保险监督管理委员会重庆监管局、中国证券监督管理委员会重庆监管局、重庆市地方金融监督管理局、重庆市财政局关于印发《重庆市金融支持稳住经济大盘若干措施》的通知

(渝银发〔2022〕51号)

人民银行各中心支行、南川支行、各支行,各银保监分局,各区县(自治县)金融工作部门,各区县(自治县)财政局,重庆市各银行业金融机构,各保险机构,各地方金融组织:

现将《重庆市金融支持稳住经济大盘若干措施》(见附件)印发给你们,请遵照执行。

附件:重庆市金融支持稳住经济大盘若干措施

中国人民银行重庆营业管理部
中国银行保险监督管理委员会重庆监管局
中国证券监督管理委员会重庆监管局
重庆市地方金融监督管理局
重庆市财政局
2022年6月8日

重庆市金融支持稳住经济大盘若干措施

一、加大对基础设施建设和重大项目的支持力度

发挥好货币政策工具总量和结构双重功能,用好降准释放的长期资金,再贷款再贴现等政策,引导金融机构加大对基础设施建设、重大项目、重点行业、

重点领域的贷款投放。政策性开发性银行要优化贷款结构，投放更多更长期限贷款。各商业银行要进一步增加贷款投放、延长贷款期限，对新开工水利、交通、老旧小区改造、农村公路建设和改造等项目提供规模性长期贷款支持。在依法合规、风险可控的前提下，对符合条件的专项债项目建设主体提供配套融资支持，做好信贷资金和专项债资金的有效衔接，保持信贷融资稳定增长。保险公司等要发挥长期资金优势，加大对水利、水运、公路、物流等基础设施建设和重大项目的支持力度。

二、提高资本市场融资效率

搭建民营、制造业、科技创新等企业发债对接机制，强化项目筛选、储备、辅导、推荐全流程管理与服务，加强与银行间市场交易商协会、上海证券交易所、深圳证券交易所沟通联系，积极扩大绿色、科创、乡村振兴等领域债券创新产品发行规模，力争2022年重庆企业在境内公开市场债券发行规模不低于2500亿元。充分发挥拟上市企业后备库和"科创资本通"平台功能，精准向金融机构推送企业名单。引导和支持辖区法人金融机构发行"三农"、小微企业、绿色、双创金融债券，为重点领域企业提供融资支持。引导重庆股份转让中心优化挂牌企业股权质押、定向增资和发行可转债等融资办理流程，提升工作效率。优化基金管理公司设立、变更基金产品等备案流程，开展知名基金重庆行活动，助力加快投资进度。推动法人金融机构发行永续债、二级资本债等方式补充资本，发挥各类基金作用，提升助企纾困能力。

三、加大减费让利力度

在用好前期降准资金、扩大信贷投放的基础上，充分发挥重庆市场利率定价自律机制作用，持续释放贷款市场报价利率（LPR）形成机制改革效能，发挥存款利率市场化调整机制作用，引导金融机构将存款利率下降、货币政策工具使用等效果传导至贷款端，继续推动实际贷款利率稳中有降。鼓励金融机构对住宿、餐饮、零售、文化、旅游、交通运输等行业受困市场主体下调存量贷款利率。

各金融机构要严格落实各项金融服务收费政策，鼓励加大对因疫情暂时遇困行业企业金融服务收费的优惠减免力度。优化小微企业和个体工商户基础支付服务,引导银行机构和支付机构加大银行账户服务、人民币结算、电子银行、支付账户服务等减费让利力度。抓紧办理小微企业、个体工商户留抵退税,积极落实存量留抵退税在2022年6月30日前集中退还的退税政策。对2022年减免3~6个月服务业小微企业和个体工商户承租人房屋租金的国有房屋出租人,鼓励国有银行按照其资质和风险水平给予优惠利率质押贷款等支持。国有银行在满足贷款条件的前提下,根据贷款申请人资质情况和证明性材料,进一步优化相关机制和业务流程。对非国有房屋减免租金的出租人,国有银行可同等给予上述优惠。保险机构要做好因疫情暂时遇困行业企业保险服务,主动了解投保企业和客户损失情况,开辟绿色通道,提升理赔效率,做到应赔尽赔快赔。

四、加大普惠小微和涉农贷款支持力度

2022年继续实现全市普惠型小微企业贷款增速不低于各项贷款增速、有贷款余额的户数不低于年初水平,确保个体工商户贷款增量扩面。落实普惠小微贷款支持工具,按相关地方法人银行普惠小微贷款余额增量的2%提供资金支持,引导和支持地方法人银行加大普惠小微贷款投放力度,进一步稳定普惠小微贷款存量,扩大增量。优化创业担保贷款服务,积极为符合条件纳入创业担保贷款扶持范围的新市民提供服务,优化创业担保贷款办理流程,提高创业主体融资效率。

聚焦住宿、餐饮、零售、文化、旅游、交通运输等受疫情影响较大行业和市场主体,大幅增加普惠小微信用贷款、首贷、无还本续贷,推广主动授信、随借随还贷款模式,不得盲目限贷、抽贷、断贷。在"三张清单"公示机制基础上,公示"降低利率和减免收费资料清单"。督促金融机构在内部资金转移定价、绩效考核等方面实施倾斜支持,落实落细尽职免责制度,探索敢贷能贷愿贷会贷长效机制。持续开展"贷动小生意、服务大民生"金融支持个体工商户专项行动,对依法无需申领营业执照的个体经营者,比照个体工商户给予金融支持。鼓励保险机构丰富保险产品供给,为企业因疫情原因停工停产造成的损失提供保险保障。

对生产经营和资金周转连续性强、有经常性短期循环用信需求的企业和农业生产经营主体,鼓励银行机构推广"随借随还"的贷款模式。强化农业生产金融支持,继续实现涉农贷款持续增长、普惠型涉农贷款差异化增速目标。引导

小额贷款公司和典当行加大小微、"三农"支持力度,提升小额贷款公司经营性贷款和本地贷款的比重。

五、做好对暂时受困行业企业群体等的接续融资服务

金融机构要努力实现住宿、餐饮、零售、文化、旅游、交通运输等受疫情影响严重行业信贷余额持续稳步增长。要主动做好受困行业企业的接续融资服务,积极帮扶前期信用记录良好、因疫情暂时遇困行业企业,能帮尽帮,避免出现行业性限贷、抽贷、断贷。要加强因疫情暂时遇困行业企业融资需求的跟踪分析,主动提前开展接续融资信贷评审,按照市场化原则,对符合条件的积极给予续贷支持。要继续按照市场化原则与中小微企业(含中小微企业主)和个体工商户、货车司机等自主协商,对其贷款实施延期还本付息,努力做到应延尽延,本轮延期还本付息日期原则上不超过2022年底。对于受疫情影响严重的餐饮、零售、文化、旅游、交通运输等困难行业2022年底前到期的普惠型小微企业贷款,应根据实际情况给予倾斜,并适当放宽延期期限。办理延期时不得"一刀切"地强制要求增加增信分险措施。中央汽车企业所属汽车金融公司发挥示范引领作用,对2022年6月30日前发放的商用货车消费贷款延期半年还本付息。

对因感染新冠肺炎住院治疗或隔离、受疫情影响隔离观察或失去收入来源的人群,金融机构对其存续个人住房、消费等贷款,灵活采取合理延后还款时间、延长贷款期限、延期还本等方式调整还款计划。鼓励金融机构对受疫情影响的中小微企业、个体工商户实行更加积极、全面、充分的征信保护,对延期贷款坚持实质性风险判断,不单独因疫情因素下调贷款风险分类,不影响征信记录、免收罚息。对受疫情影响不能正常偿还住房公积金贷款的缴存人,不作逾期处理,不纳入征信记录。

六、发挥政府性融资担保等地方金融组织的支持作用

各政府性融资担保机构、再担保机构应主动对接住宿、餐饮、零售、文化、旅游、交通运输等困难行业的中小微企业、个体工商户,提高业务办理效率,降低或取消反担保要求,对符合条件的客户应担尽担,配合银行做好同步续保工作,对存量在保企业应续尽续。及时履行代偿义务,视疫情影响情况适当延长追偿时限,符合核销条件的,按规定核销代偿损失,金融机构尽快放贷,不盲目压缩

授信或收回贷款。对单户担保金额500万元及以下的,担保费率原则上不超过1%;对单户担保金额500万元以上的,担保费率原则上不超过1.5%。融资租赁公司要主动了解承租人的困难及诉求,合理采取展期续租、降租让利等帮扶措施。小额贷款公司要按照市场化原则与受疫情影响严重的客户自主协商,灵活采取减缓催收、贷款展期、续贷等支持措施。对受疫情影响未能及时办理赎当、续当的客户,典当行要适当减缓催收,减收或免收罚息,不盲目做逾期绝当处理。引导商业保理公司加大中小微企业保理融资支持力度,推动融资利率下降。支持融资租赁公司发展汽车融资租赁业务,助推汽车消费行业回暖。

七、加大创新链、供应链、产业链金融服务

组织金融机构全面对接高新技术企业、"专精特新"中小企业、国家技术创新示范企业、制造业单项冠军企业等科技型企业和传统企业技术改造融资需求,推进科技信贷服务能力建设,加大知识产权质押融资推进力度,推动科技创新再贷款在渝快速落地并持续扩面增量,强化首台套、新材料、首版次等科技保险保障。引导金融机构为产业链核心企业及上下游企业量身打造金融服务方案。用好用活各类基金,发挥基金的引导撬动作用,带动金融机构"跟投跟贷",强化困难核心企业融资服务。依托动产融资统一登记公示系统继续强化动产融资支持。各金融机构要积极开展中小微企业应收账款质押融资等业务,鼓励核心企业接入应收账款融资服务平台,提高应收账款确权和融资效率,以供应链融资和银企合作支持大中小企业融通发展。按照国家政策要求,将商业汇票承兑期限由1年缩短至6个月,并加大再贴现支持力度。积极推动交通物流再贷款落地,督促金融机构加大对货运物流企业的金融支持。用好用足民航应急贷款等工具,多措并举加大对航空公司的信贷支持。

八、支持产业绿色转型和能源保供

全面梳理绿色发展和能源保供重点企业、项目清单,运用好碳减排支持工具、支持煤炭清洁高效利用专项再贷款政策,统筹产业低碳转型和能源保供,支持金融机构在风险可控、商业可持续的前提下,向碳减排、煤炭储备等领域提供优惠贷款支持。引导金融机构做好煤电等重点企业融资对接,强化合规企业和项目的金融支持,防范银行信贷政策"一刀切"。

九、完善住房和消费领域金融服务

坚持"房子是用来住的、不是用来炒的"定位,围绕"稳地价、稳房价、稳预期"目标,督促金融机构落实好差别化住房信贷政策,支持刚性和改善性住房需求,促进房地产市场平稳健康发展。区分项目风险与企业集团风险,引导金融机构加大对优质项目的支持力度,不盲目抽贷、断贷、压贷,不搞"一刀切",保持房地产开发贷款平稳有序投放。支持商业银行、金融资产管理公司等做好重点房地产企业风险处置项目并购金融服务,积极提供兼并收购财务顾问服务。在风险可控基础上,引导金融机构适度加大流动性贷款等支持力度,满足建筑企业合理融资需求,保持建筑企业融资连续稳定。引导金融机构提升金融服务能力,更好满足居民消费升级需求。

十、优化外汇、外贸及跨境人民币等金融服务

将更多符合条件的企业纳入贸易外汇收支便利化试点范围。深入开展更高水平贸易投资人民币结算便利化试点,支持将更多企业纳入便利化试点范围,开展跨境人民币"首办户"扩展行动,进一步扩大跨境人民币使用范围。支持符合条件的高新技术和"专精特新"中小企业开展外债便利化额度试点,在等值1000万美元额度内自主借用外债,支持符合条件的非金融企业开展一次性外债登记管理改革试点,支持非金融企业的多笔外债共用一个外债账户。允许具有贸易出口背景的国内外汇贷款结汇使用,因特殊情况无法按期收汇且无外汇资金用于偿还具有贸易出口背景的国内外汇贷款的,贷款银行可按规定为企业办理购汇偿还手续。积极推广运用跨境金融服务平台,创新线上融资结算产品,提高企业融资可获得性和结算便捷性。加大汇率避险服务,推动更多企业"首办"突破,引导、推介企业参与中国外汇交易中心银企外汇服务平台,帮助企业获取更加优惠的价格、更加便捷的服务。要扩大出口信用保险覆盖范围,优化承保理赔条件、简化理赔手续,合理降低保险费率。鼓励银行机构同保险机构深化合作,有效发挥保单增信作用,发展保单融资业务,更好满足外贸企业融资需求。配合税务、公安等部门严厉打击偷税、骗税等行为。

十一、引导平台企业依法合规开展普惠金融业务

支持平台企业运用互联网技术,与金融机构规范开展业务合作,赋能金融机构加快数字化转型,优化场景化线上融资产品,向平台商户和消费者提供非接触式金融服务。发挥好平台企业在获客、数据、风控和技术方面的优势,赋能金融机构提升金融服务效率和覆盖面。引导平台企业及其下属消费金融公司等机构提升普惠金融服务能力,降低利息和收费水平,为受疫情影响的贷款客户提供延期还本付息服务。

十二、维护区域良好金融生态

加强市金融工作领导小组(市金融风险化解委员会)与金融委办公室地方协调机制(重庆市)的协调配合,增强金融风险监测评估、化解处置等工作合力。加快推进大型问题企业风险处置,实质性压降存量风险,严格防范打击"逃废债"。进一步发挥好债委会、应急转贷、联合授信等机制作用,通过稳定融资、出售资产、债务重组、成立纾困基金、引入战略投资者等方式,化解风险,防范风险跨领域、跨行业传染。

鼓励银行机构在受疫情影响的特定时间内适当提高住宿、餐饮、零售、文化、旅游、交通运输等行业的不良贷款容忍度,幅度不超过3个百分点。切实做好上市公司股权质押风险防控。加强对法人金融机构风险评估,形成针对性处置措施,重点防范"中风险"金融机构风险劣变。要密切关注因疫情暂时遇困行业企业的生产经营情况,加强资产质量监测,足额计提拨备,加快不良处置,提高处置效率,前瞻性做好风险预警及化解处置预案。

十三、深化政银企融资对接机制

依托"长江渝融通"系统和"信易贷·渝惠融"平台,搭建重点产业、重点企业、重点项目融资对接机制,持续开展金融支持疫情防控和经济社会发展融资对接区县行及信用融资"进区县、进村居、进银行"专项行动,开展行业性、区域性、常态化、多样化银企对接,并加强对各区县、各金融机构融资对接情况的统计分析和通报督导,充分调动地方政府、产业园区和金融机构等各方面积极性,形成"几家抬"工作格局。

在各区县的街道(商会)、社区、园区、商圈、市场等普惠小微企业集中区域，持续开展"1+5+N"民营小微企业和个体工商户首贷续贷中心和金融服务港湾标准化建设，延伸金融服务触角，细化受困普惠小微市场主体金融服务举措，开展受疫情影响小微企业和个体工商户专项对接走访、首贷户培植、跨境人民币"首办户"扩展等专项行动，全面推广"长江渝融通"普惠小微线上融资服务平台"扫码申贷"。丰富"金渝网"应用场景，搭建线上化、常态化保险资金投资对接平台。持续优化"信易贷·渝惠融"特色产业专区设置，协调加大特色产业大数据归集和治理力度，推进金融服务平台化、线上化、智能化发展，利用科技赋能提升金融助企纾困质效。

十四、压实主体责任

各金融机构要将支持稳住经济大盘作为当前工作的重中之重，主要负责人推动，成立工作专班，制定工作清单，量化目标任务，落实责任到人，扎实传导金融政策、精准对接企业需求、高效提供融资服务。健全细化因疫情暂时遇困行业企业等金融服务专项制度或措施，明确延期还本付息等扶持政策办理流程和渠道，确保相关纾困政策落地见效。要结合实际情况阶段性调整内部绩效考核机制，在不良贷款容忍度范围内对相关信贷业务条线和分支机构考核不予扣分或适当减轻扣分。

全面梳理支持因疫情暂时遇困行业企业等的金融产品和服务，通过营业网点、门户网站、手机App、微信公众号等多种渠道主动加大宣介力度，有效提升产品服务知晓度。人行重庆营管部将会同相关部门建立监测通报机制，各级监管机构加强工作督导，及时开展政策落实情况的评估检查，通过通报、约谈等方式，对相关机构落实政策不到位、执行走偏等问题予以纠正，确保金融支持稳住经济大盘工作落到实处、取得实效。

附录十　重庆市地方金融监督管理局关于进一步发挥小额贷款公司和典当行作用 支持实体经济稳定运行的通知

渝金〔2022〕166号

各区县(自治县)、两江新区、西部科学城重庆高新区、万盛经开区金融工作管理部门,各小额贷款公司,各典当行,市小额贷款公司协会,市典当行业协会:

为深入贯彻党中央、国务院决策部署,全面落实市委、市政府工作安排,按照"疫情要防住、经济要稳住、发展要安全"的要求,进一步发挥我市小额贷款公司和典当行作用,加大对暂时遇困群体的金融支持力度,积极助力疫情防控和地方经济社会发展。现将有关事项通知如下。

一、发挥信贷支持作用

(一)切实增强大局意识。小额贷款公司和典当行要坚持金融服务的普惠性、人民性,切实增强社会责任感,聚焦解决经营性信贷服务中的痛点堵点难点,着力帮助稳定生产经营、促进合理消费恢复中的新增信贷需求,努力提升经营性贷款和本地贷款的比重。要将前期信用记录良好、因疫情暂时遇困行业企业(含个体工商户,下同)作为主要帮扶对象,采取针对性的有效纾困措施,支持暂时遇困行业企业渡过难关、恢复发展,不断提升金融服务实体经济质效。

(二)持续稳定信贷投放。小额贷款公司和典当行要充分发挥错位经营和"小额分散"特点优势,提高新市民金融服务可得性和便利性,按照市场化原则做好暂时遇困行业企业的接续融资服务,鼓励向疫情影响严重地区的"三农"、中小微企业、个体工商户和物流货车司机等实施延期还本付息。对符合条件的住宿、餐饮、零售、文化、旅游、交通运输等困难行业企业,根据实际情况力争做到应延尽延,能帮尽帮,不得盲目限贷、抽贷、断贷。网络小贷公司应坚持依法合规开展普惠金融业务,充分发挥互联网平台和控股股东优势,与本地金融机构规范开展业务合作,赋能金融机构提升服务效率和覆盖面,优化场景化线上金融产品,提升对平台商户和消费者的金融服务能力。

(三)着力创新信贷服务。小额贷款公司和典当行要加大对创新链、供应链、产业链的信贷服务,支持为产业链核心企业及上下游企业量身打造金融服务方案,依法合规开展订单、存货、应收账款等抵质押融资业务。鼓励对受疫情影响的特定区域、特定客户,在风险可控的前提下创新专项纾困信贷产品,帮助企业解决流动资金紧张问题。要依法合规及时办理抵质押登记和解除抵质押登记手续,提供便利还款措施和绿色通道,提高审批、放款、还款服务效率。

(四)减缓客户还款压力。小额贷款公司和典当行应在商业可持续原则下逐步加大减费让利支持力度,鼓励国有典当行适度下调综合息费率,力争年度综合息费率下降0.5个百分点;引导小额贷款公司降低利率水平,加大对暂时遇困行业企业的优惠减免力度。小额贷款公司要按照市场化原则与受疫情影响严重的客户自主协商,灵活采取减缓催收、贷款展期、续贷等支持措施。对受疫情影响未能及时办理赎当、续当的客户,典当行要适当减缓催收,减收或免收罚息,不盲目做逾期绝当处理。鼓励对暂时遇困行业企业实行征信保护,对因疫情影响未能及时还款的,经协商一致后可按照调整后的还款计划合理调整信用记录报送。

二、加大监管支撑力度

(五)支持拓宽低成本资金来源。支持小额贷款公司和典当行优化股权结构,引入符合监管条件的优质股东,提升资本实力,增强可持续发展后劲。鼓励小额贷款公司通过银行借款、股东借款、资产证券化等多元有效渠道融入资金,降低融资成本;在合规融资杠杆内,优先支持经营性贷款作为基础资产的资产证券化产品。鼓励和支持小额贷款公司、典当行与商业银行按照平等、自愿、公平、诚实信用原则开展合作,积极协调本地商业银行提高对两类机构的融资授信额度。

(六)适度给予监管宽容。支持小额贷款公司和典当行愿贷敢贷能贷,对于服务"三农"、中小微企业、个体工商户等群体的贷款增幅明显的公司,在2022年内,申请融资、委托贷款等业务和创新业务的备案时,不良贷款率上限标准可放宽,幅度不超过3个百分点。优先支持专项纾困等新产品备案,已备案的经营性贷款产品,在2023年1月1日前,可临时调整授信额度和期限,产品调整上线前须报市金融监管局备案,之后新发放贷款需执行原备案的额度和期限。积极对接协调有关部门,对符合条件的小额贷款公司和典当行,推荐加入"重庆市不动产抵押登记远程申报系统"。

(七)优化考核激励机制运用。持续优化小额贷款公司和典当行行业评级规则,适度调整对不良贷款率、盈利性指标的要求,对因合理减费让利导致利润、税收等下降的,原则上不影响相关指标的等级评定。对服务实体经济确有重大贡献或积极履行社会责任的公司,可视情形在后续有关支持政策中优先考虑。对在服务实体经济中涌现的经济社会效益好、创新性强、风控稳健、示范性突出的案例,加强宣传,促进良好经验和创新成果复制推广。国有机构应结合实际情况阶段性调整内部绩效考核机制,在不良贷款容忍度范围内对相关信贷业务条线和分支机构考核不予扣分或适当减轻扣分。对在有关工作中涌现的先进团队和个人,指导行业协会予以通报,并鼓励公司内部嘉奖。

三、筑牢风险防控底线

(八)切实加强风险防控。小额贷款公司和典当行在加大金融服务力度的同时,要切实提升合规和风控能力,加强资产质量监测,加快不良资产处置,前瞻性做好风险预警及化解处置预案。要做好客户风险识别,区分实质风险和疫情冲击所带来的短期流动性风险,并采取差异化措施,防止"逃废债"或利用疫情政策搭便车等行为。要妥善处理重点企业和个人的债权债务纠纷等单体风险,维持公司经营稳定,确保行业风险总体可控。

(九)强化消费者权益保护。小额贷款公司和典当行要持续加强业务规范,依法依规开展营销宣传、贷款审查、贷后催收等经营行为,要配齐配强专职部门和人员,畅通消费者咨询、投诉、处理渠道。主动通过多种方式宣传金融知识,提高公众金融风险防范意识;并通过经营场所、官方网站或经市金融监管局核准备案的互联网平台推广专项纾困产品,有效提升产品服务知晓度。市金融监管局和区县金融工作管理部门将协同相关部门严厉打击侵犯消费者和机构合法权益的"黑产中介""反催收联盟"等,及时向公安部门移送恶意造假、金融诈骗等违法犯罪线索。

(十)促进政策合力落地见效。市金融监管局和区县金融工作管理部门将持续加强与当地财政、发展改革委、税务、司法等多部门的沟通协调,支持两类机构通过多种方式处置不良资产,提高司法案件处理效率,积极协调解决税前扣除、优惠政策申请、借贷诉讼纠纷等实际困难,推动相关政策落地见效。

重庆市地方金融监督管理局
2022年7月9日

附录十一　重庆市地方金融监督管理局关于印发重庆市拟上市企业后备库管理办法的通知

渝金发〔2022〕2号

各区县(自治县)人民政府,两江新区、西部科学城重庆高新区、万盛经开区管委会,市级有关部门:

《重庆市拟上市企业后备库管理办法》已经市政府领导同意,现印发给你们,请认真组织实施。

附件:重庆市拟上市企业后备库管理办法

重庆市地方金融监督管理局
2022年7月20日

重庆市拟上市企业后备库管理办法

第一章　总则

第一条　为加快推进企业上市工作,优化企业入库流程,筛选出更多符合上市条件的入库企业,并对其进行重点服务和管理,特制定本办法。

第二条　重庆市地方金融监督管理局(以下简称市金融监管局)会同各市级部门(单位),各区县(自治县)政府和两江新区、西部科学城重庆高新区、万盛经开区管委会(以下统称各区县政府),共同建立市级统一的拟上市企业后备库。有关行业主管部门根据"管行业也要管上市"原则,按行业设立子库,分行业分板块进行分类培育、信息共享。

第二章　申请

第三条　企业申请进入市级拟上市企业后备库的,应当具备以下条件:

(一)注册在重庆市境内,且经市场监管部门登记注册满两年以上的股份有限公司或有限责任公司。

(二)符合国家产业政策且上市意愿明确。

(三)最近一年扣非净利润不低于300万元,或者最近两年营业收入平均不低于3000万元。满足科创板和创业板属性定位的企业,可适当降低标准。

(四)生产经营依法合规,近一年未被列入经营异常名录,近三年未被列入严重违法失信企业名单(黑名单),无未了结的重大被诉案件和被执行案件。

(五)国家级"专精特新"企业、有效期内高新技术企业,或者已改制为股份公司的企业,或者有私募股权基金投资的、符合券商立项标准的企业,同等条件下优先入库。

第四条 由企业自愿登录"科创资本通平台"(网址:https://www.tech-capital.cn),提供相关佐证材料,区县金融工作管理部门初审后出具推荐意见。市级部门(单位)、相关金融机构推荐的企业,也可通过系统在线提交申请材料。

第五条 建立专家评审机制,成立专家评审委员会,每年组织专家对申请入库的企业进行评审并出具入库意见。市金融监管局参考专家意见面向社会公示后,确定当年度市级拟上市企业后备库入库企业名单。

第三章 服务

第六条 入库企业可根据上市进度,提供相关佐证材料,向财政部门申请上市奖补。

第七条 市金融监管局将入库企业推送至相关金融机构,鼓励金融机构为入库企业提供个性化综合融资服务。支持"上市贷""知识价值贷""信用价值贷"等金融产品向符合条件的入库企业倾斜,降低融资成本。

第八条 各行业主管部门要按照市政府工作部署制定出台支持入库企业的具体政策,在土地、专利申请、水电油气、劳动力等生产要素保障,优先推荐评选"专精特新"企业、推荐评选科学技术奖项、推荐认定高新技术企业,以及科研项目资助等方面给予倾斜。依法依规支持入库企业申报各级政府重点项目和参与政府采购。

第九条 市、区县政府上市牵头部门将按照市政府工作部署组织入库企业进行常态化路演,邀请银行、券商、私募股权基金等参与,拓宽资本与项目对接渠道。组织入库企业高管参加"走进交易所""董秘沙龙"等资本市场培训活动。

第十条　根据入库企业申请,市金融监管局邀请市级媒体对企业进行宣传报道,在各类项目对接会、产品推介会中宣传展示企业及产品,提高企业知名度和美誉度。

第四章　管理

第十一条　已入库企业要积极加快推进上市进程,每半年更新1次主要财务指标,在股份制改造、签订保荐服务协议、通过券商内核、辅导备案、申报材料等环节取得实质性进展的,应当及时报告市、区县政府上市牵头部门。

第十二条　市金融监管局负责全市拟上市企业后备库的日常管理和运维,对入库企业实施动态管理,每年增补和退出名单向社会公告。对有下列情况之一的企业,退出后备库管理:

(一)企业已完成上市的;

(二)企业主动申请退出的;

(三)企业发生较大负面影响的事件;

(四)企业财务情况连续两个年度不符合入库条件的;

(五)不按时更新信息或报告上市进展或者不接受管理,且拒绝不整改的。

第十三条　各级上市工作牵头部门要利用好"科创资本通"平台,开展企业上市培育工作,并对相关工作信息、数据等负有保密义务,采取有效措施防止数据泄露,按规定做好信息安全工作。

第五章　附则

第十四条　各市级行业主管部门、各区县政府应结合实际,建立本区域、本行业企业上市子库,并加强管理和服务。

第十五条　本办法由市金融监管局负责解释。

第十六条　本办法自8月20日起执行。凡以前规定与本办法不一致的,按本办法执行。

附录十二　重庆市地方金融监督管理局、重庆市财政局、重庆市农业农村委员会、重庆市乡村振兴局、中国农业发展银行重庆市分行关于印发《重庆市政策性金融服务乡村振兴实验示范区建设工作方案》的通知

渝金发〔2022〕5号

各区县(自治县)、两江新区、西部科学城重庆高新区、万盛经开区金融工作管理部门、财政局、农业农村委、乡村振兴局,中国农业发展银行相关分支行:

为加快推动成渝地区双城经济圈建设战略部署落地,进一步发挥农业政策性金融在重点领域、薄弱环节、关键时期的重要作用,助力我市经济高质量发展和全面推进乡村振兴,我们制定了《重庆市政策性金融服务乡村振兴实验示范区建设工作方案》,现印发给你们,请认真贯彻执行。

重庆市地方金融监督管理局
重庆市财政局
重庆市农业农村委员会
重庆市乡村振兴局
中国农业发展银行重庆市分行
2022年9月6日

重庆市政策性金融服务乡村振兴实验示范区建设工作方案

为深入贯彻落实党中央、国务院和重庆市委、市政府关于巩固拓展脱贫攻坚成果、全面推进乡村振兴的决策部署,充分发挥农业政策性金融"当先导、补短板、逆周期"作用,根据市人民政府《关于印发重庆市深入推进金融支持乡村振兴政策措施的通知》(渝府办发〔2021〕151号)和中国农业发展银行《关于同意与重庆市政府共建政策性金融服务乡村振兴实验示范区的批复》(农发银复〔2021〕105号)精神,结合实际,特制定本方案。

一、总体要求

(一)指导思想。坚持以习近平新时代中国特色社会主义思想为指导,准确把握新发展阶段,深入贯彻新发展理念,全力服务新发展格局,围绕重庆市"十四五"期间实施乡村振兴战略的主要目标、重大任务,按照产业兴旺、生态宜居、乡风文明、治理有效、生活富裕总要求,坚持创新推动,坚持问题导向,着眼长效发展,深化政策举措,强化支撑保障,充分发挥政策性金融特殊融资机制优势和政府组织优势,积极探索区域性服务巩固拓展脱贫攻坚成果、全面推进乡村振兴的有效模式,为重庆建成西部金融中心提供重要的政策性金融支撑。

(二)目标任务。在"十四五"期间,按照"立足现状、着眼长远、优化结构、量力而行"的原则,以重庆市全域为范围创建政策性金融服务乡村振兴实验田、示范区,农发行在信贷政策、信贷规模、金融产品创新、资源配置上给予倾斜,建立3000亿元规模项目储备库,意向提供各类融资2000亿元,全力助推重庆市巩固拓展脱贫攻坚成果、全面推进乡村振兴。创新探索出支持乡村振兴的有效路径,在政银企合作、政策体系、服务创新、信贷模式和增信机制等方面形成一批可复制可推广的经验和模式,为全市乃至全国金融服务乡村振兴提供示范案例,全面彰显农发行服务乡村振兴的先锋主力模范作用。

二、重点措施

(一)实行差异化信贷政策

1.足额保障信贷计划。支持保障实验示范区建设信贷资金需求,在政策性贷款规模方面给予优先配置、专项安排、充分保障。建立灵活调整机制,加大信贷计划资源倾斜力度,在年度信贷计划基础上,视实验示范区建设进展情况动态调整,全额满足后续信贷规模需求。

2.开辟办贷"绿色通道"。对实验示范区经重庆市分行认定的重点项目,贷款办理实行优先受理、优先调查、优先审查、优先审议、优先审批、优先发放等,畅通办贷通道,提高工作质效。

3.给予差异化审批权限。对实验示范区的客户和项目,区分客户所在地域、贷款品种等,其客户授信和固定资产贷款审批权限,可按当年授权上限执行。对在当年实施的重点项目优先办理授信额度,当年开工建设的项目资金需求予以重点保证。按照"对标同业、保本微利"的原则,给予实验示范区项目优惠贷款利率,对国家乡村振兴重点帮扶县、市级乡村振兴重点帮扶县等重点区域和102项重大工程、长江大保护、农村土地流转和土地规模经营等重点项目,贷款执行利率最低可下浮50BP。

4.设置差异化办贷条件。对"十四五"规划的重大项目和资产规模大、盈利能力强的重点客户、央企及其控股子公司、市属国企、上市公司等优质客户,在符合农发行制度办法准入要求、落实充足可靠的还款来源、严控实质风险的前提下,可实行信用贷款。

5.合理设置贷款期限。可根据实验示范区固定资产贷款项目实际,对标同业合理确定贷款期限,贷款期限一般为10~15年,最长不超过45年。

6.执行最低资本金比例。对实验示范区固定资产项目,在投资回报机制明确、收益可靠、风险可控且符合国家关于投资项目资本金管理要求的前提下,项目资本金可执行国家规定的行业最低比例要求。

7.适度放宽抵押担保条件。对纳入重庆市"十四五"规划或地方政府确定的重大项目,在项目还款来源落实、满足其他评审要求的情况下,可采用在建工程及未来项目形成固定资产抵押等担保方式。可采用抵押、质押、保证组合担保方式,按客户提供的担保额同比例发放贷款,担保额必须与贷款余额相匹配。

8.放宽融资性担保公司核准权限。对拟为实验示范区项目贷款提供担保的政府性融资担保公司,在符合融资性担保公司管理办法规定准入条件,或虽个别准入指标未达到规定标准,但对担保不构成实质影响的,可核准入围。

9.适度放宽贷款评审条件。对由重庆市分行确定的重点支持企业或地方政府确定的重点项目,在符合有关法律法规和监管规定的前提下,可视实际情况不再将借款企业的借款决议、担保企业的担保决议文件作为贷款调查审查要件,在贷款审批前取得即可。

10.减免结算收费。在农业发展银行减费让利普惠政策基础上,进一步让利让惠于乡村振兴实验示范区。对国家乡村振兴重点帮扶县客户一律减免人民币结算、国际结算、银团贷款、委托贷款、企业债券承销、资产证券化、企业理财等5大类46项服务收费,最大程度降低客户融资成本。

(二)创新金融服务措施。

1.探索核心企业整体授信。结合客户融资需求、还款资金来源与可担保资源等因素,探索并推动核心企业+紧密企业的整体综合授信。

2. 推动金融政策和产品创新。全面对接国家、地方相关支持政策,针对重点领域和行业出台支持措施和指导意见,加大金融支持力度;针对乡村振兴重点帮扶县、革命老区等区域,加大资源倾斜和保障,优先落实差异化政策,以点带面推进乡村振兴。加强调研,收集掌握关于乡村振兴创新信贷产品、政策、模式的意见建议,在符合业务经营需要和风控要求的前提下,形成创新与优化方案,按照"一事一议"原则,向农业发展银行总行申报。强化科技赋能,依托"长江渝融通""长江绿融通"系统精准对接涉农信息和项目,推广使用农发行小微智贷产品。

3. 推动投融资市场主体体系培育。发挥政府主导作用,推动乡村振兴资源整合,培育乡村振兴相关项目建设主体。探索打造市场化运作的政府投融资主体,注入有效资源资产,提升自身造血能力,专门承接乡村振兴重大项目建设和管理。利用财政奖补措施,积极引进或者鼓励本地上市公司、大型民营企业参与支持乡村振兴项目建设。强化小微企业和新型农村经营主体培育,推动完善法人治理结构、延伸产业链、提升市场竞争力。

4. 探索各类资金协同投入机制。对接中央、市级财政下拨的乡村振兴领域各项资金及地方统筹整合涉农财政资金,积极探索财政对"三农"的扶持政策与政策性金融政策的协同配合机制,共同支持地方实施乡村振兴战略。引导社会资本参与乡村振兴,激发社会资本投资活力,更好满足全面推进乡村振兴多样化投融资需要,探索建立财政资金、社会资本和信贷资金联合投入机制。探索政策性银行与商业银行、农村合作银行、农村信用社以及保险、证券、基金等机构金融服务乡村振兴合作机制,扩大项目资金来源。

5. 建立多元化风险分担机制。推动建立健全政府性融资担保和风险分担机制,推动与市级融资担保公司的合作,加大对农业发展银行"三农"领域信贷业务的担保范围和数量,发挥农业信贷担保体系作用。

6. 探索新型资产权益担保方式。盘活乡村闲置资源,深入推进农村土地流转经营权、农村承包土地经营权、集体经营性建设用地使用权、林权、自然资源产权等抵押担保。积极探索排污权、用能权、用水权、碳排放权等绿色权益担保方式。探索开展大型农机具、温室大棚、养殖圈舍等抵押贷款试点。探索农机补贴贷等农业补贴确权贷。

7. 加强投贷联动支持涉农企业。通过投资入股、投贷联动等方式支持农村地区发展。加强与中国农发重点建设基金、现代种业发展基金、北京先农投资管理有限公司、中国农业产业发展基金等参控股公司的业务协同,甄选优质客户、优质项目,加大投贷联动力度。支持在种业振兴领域优先开展投贷联动。

(三)探索有效的金融支持模式和途径。

1.创新贷款模式。一是市级投融资主体统贷统还模式。建立和完善市级乡村振兴投融资主体和投融资机制。由实验示范区内相关区县负责确定承担乡村振兴任务的投融资主体,用于承接贷款资金。对纳入重庆市"十四五"规划或地方政府确定的重大项目,由市政府确定的市级投融资主体统一承贷转借给区县级乡村振兴投融资主体和项目使用,由市级投融资公司统一还贷,破解地方投融资主体融资难问题。二是风险补偿金模式。按照"政府引导"原则,以地方政府单独或与客户共同出资建立产业振兴风险补偿金,农业发展银行向纳入风险补偿金项目储备库的贷款客户给予信贷支持,支持乡村特色产业发展壮大。三是产业联合体和利益联结体模式。推广"政府引导+核心企业+其他经营主体""涉农项目+地方国有企业承建运营+其他企业租赁"的信贷支持模式,积极支持地方涉农企业作为核心企业的利益联结体或产业联合体。围绕园区和特色小镇产业,大力推广"工业园区+'三生融合'+田园综合体""农业园区+高标准农田+产业基地""园区+涉农企业+基地""特色小镇+特色产业""土地流转+高标准农田+专业合作社"等利益联结体支持模式。围绕特色产业,在地方政府主导下,企业自愿参与,制订产业联合体章程,建立相应风险担保机制,农业发展银行对联合体成员企业提供信贷资金支持。四是供应链模式。围绕核心企业供应链支持产业实体经济,通过"核心企业+基地+上下游企业"供应链模式,将信贷支持向集团上下游客户有效延伸,延伸支持新型经营主体。

2.创新还款来源。一是围绕农村地区水污染治理、水生态修复、水资源保护等长江大保护重点领域,推广"河道清淤+废弃物综合利用"模式,将河道清淤所产生的废弃物利用料及河道周边地块存留废片石的处置收入作为项目还款来源,拓宽市场化支持路径。二是探索将乡村振兴相关项目的农村土地经营承包权、城乡建设用地增减挂钩节余指标、耕地占补平衡节余指标等进行流转交易,把农村土地增值收益作为项目自身现金流,推动金融支持政策全面对接。三是探索排污权、用能权、用水权、碳排放权等绿色权益担保与指标交易收益支持农业农村绿色发展信贷模式。

3.推动西部(重庆)金融中心建设。做大做强农业发展银行(重庆)交易平台,充分发挥农发行区域性资金交易中心的作用。同业存出交易范围覆盖成渝双城,全国性票据交易业务实现核算落地重庆、数据回迁重庆。

4.聚集各方智慧助力乡村振兴。联合农业发展银行四川省分行开展双城论坛,推动成渝地区双城经济圈建设项目加快落地。举办"农业政策性金融助力美丽两江宜居四岸建设"论坛,抓好长江大保护政策优势和工作成效的宣传推广,加强与两江四岸区域内各有关单位的交流与合作。举办"农业政策性金融服务绿水青山建设"论坛,分析实现"碳达峰""碳中和"目标面临的机遇、挑战,汇聚推广各地的先进经验,搭建有效的交流平台和合作机制。

三、实施步骤

(一)示范探索阶段。2021年10月—2022年9月,在国家乡村振兴重点帮扶县和革命老区开展试点,出台具体支持政策和措施,推动政策落地实施。

(二)推广实施阶段。2022年10月—2024年12月,在全市开展实验示范创建工作。

(三)"回头看"阶段。2025年1月—2025年6月,对创建实验示范区工作进行"回头看"、查漏补缺、巩固成果,发现并解决存在问题。

(四)评估总结阶段。2025年7月—2025年12月,对实验示范工作开展效果评估,全面梳理总结金融产品、支持政策和服务模式创新成果,及时总结经验、提炼模式。

四、保障措施

(一)加强组织领导。建立重庆市创建政策性金融服务乡村振兴实验示范区工作协调联席会议制度,由市财政局、市农业农村委、市乡村振兴局、市金融监管局、农业发展银行重庆市分行等单位组成,负责统筹协调实验示范区创建各项工作,定期向市委农村工作暨实施乡村振兴战略领导小组报告工作推进情况;根据需要,可邀请实验示范区有关区县(自治县)政府、市政府有关部门和金融机构参加会议。联席会议下设综合联络协调组(办公室设在农业发展银行重庆市分行),由市财政局、市农业农村委、市乡村振兴局、市金融监管局、农业发展银行重庆市分行、市级投融资主体等负责日常沟通、联系和协调,定期向市政府和农业发展银行总行报告工作开展情况。实验示范区有关区县政府应成立相应的联席协调机制及工作组,统筹协调推进相关工作。

(二)加强协作推进。一是会议机制。联席会议原则上每年召开一次,就示范区工作进行研究,解决推进过程中的困难和问题;综合联络协调组原则上每季度召开一次,就示范区项目清单、政策落实等日常工作进行沟通协调。二是协调联动机制。联席会议成员单位加强沟通协调,按照职能职责,及时协调解决工作推进中的困难和问题,稳步推进实验示范区各项建设工作。主动加强与上级部门对接,就实验示范区建设中存在的问题,积极争取更多的政策支持。三是宣传引导机制。充分利用新闻媒体,加强宣传报道,讲好政策性金融支持巩固衔接与乡村振兴故事,形成良好的舆论氛围,动员社会和广大群众积极参与实验示范区建设。四是人才交流培训机制。农业发展银行重庆市分行选优取尖推荐至市级有关部门、区县政府挂职锻炼。农业发展银行重庆市分行向区县党政部门及重点国有企业有关负责人提供金融政策培训。五是党建共建机制。农业发展银行分支机构与本地村组织开展支部共建和经验交流,建立健全党组织领导的乡村治理体系,联合开展结对支农活动。

(三)加强政策支持。一是优化金融生态环境。完善融资担保和风险补偿机制。严厉打击逃废债行为,保护债权人合法权益。二是加快各类乡村振兴项目的规划、设计和相关行政审批手续的推进,为农发行加快审批进度、加大信贷投入提供支持。三是进一步完善创新试错容错机制。支持改革,鼓励创新,对改革创新给予必要的容忍度。

(四)加强检查督导。对实验示范区推进工作建立定期检查督导、跟踪报告和成效评估制度,按年开展评估工作,提出推广、续作、终止意见,及时掌握工作开展及相关措施落实情况,按年进行通报。

附录十三　重庆市地方金融监督管理局、重庆市发展和改革委员会、重庆市财政局、重庆市高级人民法院、中国人民银行重庆营业管理部、中国银行保险监督管理委员会重庆监管局、中国证券监督管理委员会重庆监管局印发《关于加快优化金融信贷营商环境的意见》的通知

渝金发〔2022〕6号

市级有关部门、有关单位、各在渝金融机构：

为进一步优化我市金融信贷营商环境，提升金融信贷服务的质量和水平，我们研究制定了《关于加快优化金融信贷营商环境的意见》。现印发给你们，请结合实际执行。

重庆市地方金融监督管理局
重庆市发展和改革委员会
重庆市财政局
重庆市高级人民法院
中国人民银行重庆营业管理部
中国银行保险监督管理委员会重庆监管局
中国证券监督管理委员会重庆监管局
2022年9月13日

关于加快优化金融信贷营商环境的意见

为加快优化我市金融信贷营商环境，提升获取金融服务质量和效率，增强获取金融服务的便利度，促进内外资、大中小民营企业可持续健康发展，现提出以下意见：

一、指导思想

以习近平新时代中国特色社会主义思想为指导,深入贯彻党的十九大和十九届二中、三中、四中、五中、六中全会精神,全面落实习近平总书记对重庆提出的营造良好政治生态,坚持"两点"定位、"两地""两高"目标,发挥"三个作用"和推动成渝地区双城经济圈建设等重要指示要求,立足新发展阶段,完整、准确、全面贯彻新发展理念,服务和融入新发展格局,紧扣获取金融服务评价标准,聚焦企业融资需求,把优化金融信贷营商环境作为促进经济高质量发展、提升城市核心竞争力的重要举措。

二、主要目标

对照国际一流标准,聚焦企业获取金融服务需求,以有效缓解企业融资难、融资贵为工作目标,提高获取金融服务可获得性,加强金融信贷资金供给;完善金融信贷服务体系,推动绿色金融服务提质增效,支持普惠金融示范发展;创新金融产品与服务模式;合理控制金融信贷成本,推动金融机构减费让利,有效传导货币政策工具使用、税收减免、财政奖补等政策红利;提升获取金融服务便捷性,提高金融信贷审批效率;营造公平公正的金融法治环境,为我市建设国际一流营商环境提供有力法治保障。

三、提高获取金融服务可获得性

(一)加强金融信贷资金供给。加强货币信贷政策引导,落实存款准备金、再贷款再贴现等货币政策工具,为金融机构投放小微企业贷款提供资金支持。引导金融机构持续加大信用贷款、无还本续贷产品的投放。(责任单位:人民银行重庆营管部、重庆银保监局)

(二)提高企业融资便利度。全面推进"1+5+N"民营小微企业和个体工商户首贷续贷中心和金融服务港湾建设,打造为小微企业、个体工商户等市场主体就近、就便获得金融服务的"便利店"。持续开展银企对接专项活动,完善融资信息供需发布平台。进一步完善机动车、船舶、知识产权等动产和权利担保统一登记查询。深化普惠金融服务,进一步发挥"信易贷·渝惠融""长江渝融通""重庆市征信平台"等平台作用,持续丰富企业融资专题数据库,完善综合金融信息服务功能,提升大数据融资产品服务能力,促成银企高效对接。(责任单位:市发展改革委、人民银行重庆营管部、重庆银保监局)

四、完善金融信贷服务体系

(三)建立完善绿色金融服务体系。创新发展绿色金融工具,积极引进绿色投资机构,鼓励金融机构更多投向绿色产业,带动社会资本投资绿色企业。支持金融机构设立绿色金融专营部门,出台重庆银行业保险业绿色金融组织体系建设指引,推动绿色金融服务提质增效。用好"长江绿融通"绿色金融大数据综合服务系统,开展绿色金融服务数字化探索。建立绿色项目(企业)库,鼓励市场主体发行符合国家战略的绿色、碳中和主题的公司信用类债券。(责任单位:人民银行重庆营管部、重庆银保监局、重庆证监局、市发展改革委)

(四)进一步完善融资担保体系。积极构建国家融资担保基金、市级再担保、区县融资担保合作分险架构,持续完善政府性融资担保体系。实施融资担保降费奖补政策,引导融资担保机构不断扩大支小支农业务规模,加大小微企业"首贷户"贷款担保支持力度。支持普惠金融示范发展,开展普惠金融发展示范区评选,鼓励示范区在做好金融风险防范的基础上先行先试,探索财政支持普惠金融发展的有效模式。(责任单位:市财政局、市金融监管局、重庆银保监局)

五、创新金融信贷产品和服务模式

(五)创新金融信贷产品。深入推进知识价值信用贷款改革试点,完善知识价值信用评价体系,支持科技型企业融资。创新"商业价值+"系列金融产品,推动中小企业商业价值信用贷款提质。开发线上特色金融产品,推广"信易贷"模式,加快信用信息共享应用促进中小企业融资,持续扩大"信易贷"规模。鼓励融资担保机构开展产品业务创新,支持民营企业、小微企业运用生产设备、原材料、半成品、产品、机动车等动产以及应收账款、知识产权等权利进行融资担保。(责任单位:市发展改革委、市金融监管局、人民银行重庆营管部、重庆银保监局)

(六)优化支付结算相关服务。探索数字人民币创新应用与服务,持续增强电子支付在公共服务、便民利民场景的通用性、便利性和广泛适用性。指导辖区银行机构不断优化银行账户服务,推进小微企业简易开户服务,推动企业开办与预约开户"一站式"办理及电子营业执照应用。指导辖区各银行机构、相关支付机构法人落实落细小微企业和个体工商户支付手续费降费政策。(责任单位:人民银行重庆营管部)

(七)提升信用贷款和征信服务能力。持续推动"银税互动",提升守信激励的示范效应。鼓励税务、电力等公共服务机构通过多种方式向金融机构开放数据信息,帮助金融机构加大信用贷款规模。提升辖区征信机构服务能力,为金融机构提供信息支持,推动信用产品和服务创新,逐步提高小微企业信用贷款余额。(责任单位:人民银行重庆营管部、重庆银保监局)

六、合理控制金融信贷成本

(八)推动金融机构减费让利。将货币政策工具使用、财政奖补等政策红利向融资成本有效传导。引导银行建立差异化小微企业贷款利率定价机制,持续完善内部成本分摊和收益共享机制。(责任单位:市财政局、人民银行重庆营管部、重庆银保监局)

(九)降低企业融资成本。在风险可控的前提下,进一步缩短融资链条,降低民营企业、小微企业综合融资成本。引导小额贷款公司规范贷款行为,推动小额贷款公司降低贷款利率。推动应急转贷扩面,鼓励更多银行开展转贷合作,探索开展跨行转贷。修订出台应急转贷周转金政策,对"专精特新"企业免收资金使用费,降低企业"过桥"融资成本。(责任单位:市金融监管局、市财政局、重庆银保监局)

七、提升获取金融服务便捷性

(十)加强各平台信息共享。积极推动重庆市内金融机构与"信易贷·渝惠融""长江渝融通""重庆市征信平台"等平台的对接与合作,加强各平台信息共享,促进各平台的功能互补与业务协同,为企业提供多层次、广覆盖、便捷化的融资服务。(责任单位:市发展改革委、人民银行重庆营管部、重庆银保监局)

(十一)提升金融信贷审批效率。引导金融机构优化贷款审批流程,提高贷款审批效率。优化客户信息收集、公共数据采集、影像资料保存、内部签字流转等工作程序,严格授信业务办理时限,大力推广线上贷款、无还本续贷等高时效贷款产品。(责任单位:重庆银保监局)

(十二)建立金融服务快速响应机制。建立金融服务快速响应公共服务平台,持续完善和推广应用"信易贷·渝惠融"平台"续贷和延期还本付息申报"功能专区,全面推广"长江渝融通"普惠小微线上融资服务平台,充分发挥金融科技作用,进一步加强智能金融、移动金融等服务方式,针对民营、小微、科创、文创等企业不同阶段多样化、多品种金融服务需求,补足政策短板,加强各种金融资源聚合,提供金融综合服务,实现政府引导、直接对接、精准服务、及时反馈。(责任单位:市金融监管局、人民银行重庆营管部、重庆银保监局、重庆证监局)

八、营造公平公正的金融法治环境

(十三)妥善审理金融类纠纷案件。推进金融审判改革,加快成渝金融法院建设,加强金融审判专业化建设。加强审判指导,统一裁判尺度,依法妥善审理各类金融纠纷案件,引导金融服务实体经济。持续加强全市各级人民法院与金融管理部门之间的联系,完善金融审判和金融监管联席制度。总结推广数字金融纠纷一体化解决经验,通过搭建相关平台,采取数据共享、批量处理、在线办理等方式,快速高效地解决数字金融纠纷。(责任单位:市高法院)

(十四)加强金融监管执法。在依法行政、依法监管的同时,探索实施"双随机一公开"监督检查和综合执法机制,减低对金融机构正常经营活动的影响。依法依规建立信用联合惩戒机制,建立跨部门联动响应和失信约束机制,对违法失信主体依法予以限制或禁入。全面落实金融监管责任制,严格执法责任追究,维护公平竞争的金融信贷营商环境。(责任单位:市发展改革委、市金融监管局、人民银行重庆营管部、重庆银保监局、重庆证监局)

九、保障机制

(十五)加强统筹协调。充分发挥市优化营商环境获得信贷专项小组办公室作用,强化统筹协调和督促指导。市级有关部门和单位要加强协同配合、横向纵向衔接,形成工作合力。

(十六)抓好贯彻落实。市级有关部门和单位要按照职责分工,对照我市重点任务分工,主动加强与国家相关部委的汇报衔接,及时跟踪国家相关法规、标准、政策的制定进展情况,立足市场主体市级需求,细化落实改革措施,加强指导服务,推进政策落地实施。

(十七)强化宣传培训。通过社会媒介和官方平台等多种渠道和方式,加强宣传引导和培训指导,加强政策解读宣传和培训,提高政策知晓度,宣传先进典型和改革成效,凝聚社会共识,营造良好氛围。

本意见自印发之日起施行,有效期2年。

附录十四　中国银行保险监督管理委员会重庆监管局关于做好银行业保险业支持复工复产工作的通知

渝银保监发〔2022〕96号

各银保监分局，各政策性银行重庆(市)分行、各大型银行重庆市分行、各股份制银行重庆分行、各地方法人银行、各城市商业银行重庆分行、各外资银行重庆分行、各其他非银行金融机构、各直管村镇银行、各信用卡中心重庆分中心，各在渝保险法人机构、各财产险保险公司重庆(市)分公司、各人身险保险公司重庆(市)分公司、各在渝保险专业中介机构，重庆市银行业协会、重庆市保险行业协会：

　　为全面贯彻党中央、国务院关于统筹疫情防控和经济社会发展的重要指示精神，认真落实中国银保监会做好受疫情影响困难行业企业金融服务和重庆市委、市政府有序恢复生产生活秩序的部署，坚持人民至上全力做好支持复工复产金融服务工作，现将有关要求通知如下：

一、全面支持复工复产

　　(一)支持制造业复工复产。持续细化全市重点产业链图谱，创新产业链和供应链金融产品，推广银保综合服务试点，沿链增加融资服务和保险服务供给，支持上下游协同复工、尽快满产增产。完善链主企业、领军企业、专精特新"小巨人"企业白名单，加大中长期贷款投放力度。用好设备更新改造贷款、科技创新再贷款等政策，推广知识价值、科创价值贷款和科技保险，提高上下游小微企业融资服务和保险保障水平。

　　(二)支持交通运输业保通保畅。为承担疫情防控和应急运输任务的交通运输企业提供灵活便捷的金融服务，对于符合续贷、追加贷款条件的持续予以支持，保障物流畅通供应安全。发展货物运输保险、道路货物运输承运人责任保险以及雇主责任险、意外伤害保险等产品，为物流业及从业人员提供风险保障。

　　(三)支持外资外贸企业稳单拓市。通过打包贷款、出口押汇、订单融资等方式,加大对外资外贸企业的信贷支持。加快推进铁路运输单证金融服务试点,发挥运输单证对中小外贸企业的融资增信作用。加大对小微企业出口风险保障力度,扩大出口信用保险保单融资规模,简化报损和索赔程序,用好小微企业投保出口信用保险保费支持政策。

(四)支持生活服务业复商复市。对受疫情影响较大的文化旅游、住宿餐饮、批发零售等行业,不得盲目抽贷、断贷、压贷;对于有发展前景、信誉良好但暂时遭遇流动性困境的企业要继续给予支持,帮助开门营业、走出困境。用好创业担保贷款,推广商业价值、文旅价值贷款,帮助市场主体增强发展信心,助力新市民稳岗就业。

(五)支持房地产建筑业复工交楼。稳定房地产开发贷款和建筑企业贷款投放。支持优质房地产企业发行债券融资。推进以保函置换部分预售监管资金。支持政策性开发性银行提供"保交楼"专项借款,鼓励银行保险机构提供配套融资支持。从2022年11月11日起,未来半年内到期的存量融资,可在原规定基础上多展期1年,可不调整贷款分类。用好政策性、开发性金融工具持续服务全市重点基建项目。在工程建设、招投标等领域为符合条件的中小微企业提供保函和保证保险产品,减轻企业保证金占款压力。

(六)支持保障常态化疫情防控。支持防疫药物研发、疫苗研发生产、重症病房(床位)扩建、医疗设备升级改造等信贷需求。提升"渝快保"等普惠保险产品对"老、弱、病、幼"等疫情高危易感人群的兜底保障能力。鼓励对驾驶员、快递员、医护人员、社区工作者、公益志愿者等定制专属保险方案。开发设计责任更广、价格更低、覆盖更全的责任保险、营业中断险、复工复产复市疫情防护综合保险,将新冠病毒感染纳入责任范围。

二、全面支持提振消费

(七)提升消费信贷获得便利性。研发投放差异化消费金融产品,在客户授权下通过银行流水等数据为客户精准画像,提供灵活便捷的金融服务。通过产品管理主动倡导健康消费文化和习惯,引导合理借贷、理性消费。鼓励按照能减则减能让则让原则,最大限度降低贷款综合融资成本,支持消费复苏。

(八)推动消费需求有效释放。做亮"金渝惠"金融支持消费特色品牌,主动参与政府部门、购物中心、特色商业街组织的餐饮、休闲、文旅等消费促进活动,为各类主题活动提供便利的金融服务。与生产厂家、商贸企业、电商平台等开展合作,以联合促销、联合贴息、发放消费券等方式,促进汽车、家电及电子产品等消费。满足新市民在教育、租房、置业、装修、医疗、养老等领域的合理消费需求。支持消费金融服务向农村延伸,推动品牌消费、品质消费进乡村。

三、全面落实纾困要求

(九)推进续贷和延期还本付息。开展"结算户"转"有贷户"的首贷户培育行动,推广"自动续贷""随借随还"等模式,加大对流动性困难企业的支持。对于2022年第四季度到期的、受疫情影响暂时遇困的小微企业贷款(含个体工商户和小微企业主经营性贷款),还本付息日期原则上可延至2023年6月30日。不单独因疫情因素下调贷款风险分类,不影响征信记录。对于因疫情感染住院治疗或隔离人员、参加疫情防控工作人员、保供保通保畅人员以及受疫情影响暂时失去收入来源的人群,按市场化原则协商个人贷款延期还本付息安排。

(十)加大减费让利降成本力度。持续压缩融资链条和中间环节降低融资成本,用好用足再贷款、再贴现工具和各项贴息政策合理让利。按市场化原则对受疫情影响较大的个体工商户和小微企业在原有贷款利率水平基础上实施阶段性减息,鼓励根据实际情况对按要求停驶营运车辆开通报停顺延保险服务。

(十一)做好金融消费者权益保护。畅通消费者诉求反映渠道,优化客户咨询、投诉处理流程,完善复工复产金融服务政策答疑、需求响应和投诉处理的协调处理机制。及时受理延期还本付息等业务申请,积极回应政策落实过程中的客户投诉,解决问题、消除误解、争取理解,提高人民群众的满意度。

四、全面强化机制保障

(十二)发挥党建引领作用。深入学习宣传贯彻党的二十大精神,深刻认识金融工作的政治性、人民性,持续深化"红金渝"金融党建品牌建设,充分发挥金融系统各级党组织的战斗堡垒作用和党员先锋模范作用,对受疫情影响困难行业企业和个人的合理需求,坚持特事特办、急事急办,做好支持复工复产金融服务。

(十三)落实尽职免责要求。积极向总行(公司)争取有利政策支持,向受疫情影响严重地区倾斜资源。研究制定特殊时期的考核激励政策和尽职免责制度,提高不良容忍度,加大对基层网点机构的业务指导,明确免责行为清单。充分激发支行(公司)负责人、一线业务人员和授信审查审批人员、保险定损理赔人员的工作主动性,为支持复工复产松绑。

(十四)加强科技创新应用。推广线上业务,优化丰富"非接触式服务"渠道和可办理业务种类,提高线上服务替代率,注重线上服务的适老化设计。大力推广"信易贷·渝惠融"微信小程序及App线上申贷和申请延期还本付息。充分利用"信易贷·渝惠融"普惠金融服务平台推送的产业链信息、复工复产名单和企业信用数据,主动对接做好金融服务。

(十五)建立应急救灾机制。完善应急预案、加强应急演练,不断增强对疫情等公共卫生事件及重大自然灾害的应急响应能力,提升应急金融服务供给能力,为企业和群众生产自救、防灾减灾、生活保障提供服务支持、产品支持、信息支持。

(十六)安全有序恢复营业。非高风险区的银行保险机构网点要有序复工,尽快恢复正常营业。加强网点管理和资源调配,有效引导客流错峰,避免人员过度聚集和长时间排队。切实做好安全防护、设施清洁消毒、防疫物品配备。加强对员工的关心关爱,做好员工个人防护和健康监测。

重庆银保监局
2022年12月6日

附录十五　重庆市地方金融监督管理局关于印发《重庆市商业保理公司监管评级暂行办法》的通知

渝金发〔2022〕7号

各区县(自治县)、两江新区、西部科学城重庆高新区、万盛经开区、保税港区金融工作管理部门,市商业保理行业协会,各商业保理公司:

　　为全面评估商业保理公司的经营管理与依法合规情况,加强商业保理公司分类监管和同质同类比较,合理配置监管资源,促进行业持续健康规范发展,根据《中国银保监会办公厅关于加强商业保理企业监督管理的通知》(银保监办〔2019〕205号)等监管制度要求,我局制定了《重庆市商业保理公司监管评级暂行办法》,现印发给你们,请认真贯彻执行。

　　附件:重庆市商业保理公司监管评级暂行办法

重庆市地方金融监督管理局
2022年12月13日

重庆市商业保理公司监管评级暂行办法

第一章　总则

　　第一条　为全面评估商业保理公司的经营管理与风险状况,加强商业保理公司分类监管和同质同类比较,合理配置监管资源,突出供应链产业链金融服务特色,促进商业保理公司持续健康规范发展,根据《中国银保监会办公厅关于加强商业保理企业监督管理的通知》(银保监办发〔2019〕205号)等监管制度,制定本办法。

　　第二条　本办法适用于在重庆市辖区内依法设立且开业时间已满一个完整会计年度以上的商业保理法人机构。

　　第三条　重庆市地方金融监督管理局(以下简称市金融监管局)负责组织

实施、督导、确定全市商业保理公司的监管评级工作,各区县(自治县)金融工作管理部门配合市金融监管局对辖区商业保理公司开展监管评级。本办法所称监管部门,是指市金融监管局及各区县(自治县)金融工作管理部门。

第四条　商业保理公司监管评级是指监管部门根据日常监管掌握情况以及其他相关信息,按照本办法对商业保理公司的整体状况做出评价判断的监管过程,是实施分类监管的基础。

第五条　监管评级是商业保理公司非现场监管的重要内容,在整个监管流程中处于核心环节和基础性地位。商业保理公司监管评级应当在全面、客观、公平、公正、审慎的前提下进行:

(一)定量与定性相结合。监管评级要素中包括定量和定性两大类指标。

(二)总量与结构相结合。监管评级要素中体现整体规模和业务结构,注重横向、纵向对比,体现差异化评价。

(三)创新与规范相结合。支持行业开展产品业务创新,利用金融科技赋能商业保理,与分类监管政策、现场检查、政策试点、监管激励等工作有效联动,提升行业服务能力。

第二章　评级要素和评级方法

第六条　商业保理公司监管评级要素包括公司治理及内部控制、风险管理、合规情况、业务发展及经营成果、信息科技管理五方面内容,以及加分项目。商业保理公司监管评级要素由定量和定性两类评级指标组成。

第七条　商业保理公司监管评级方法主要包含以下内容:

(一)评级要素权重。各监管评级要素的标准权重分配如下:公司治理及内部控制(20%)、风险管理(25%)、合规情况(25%)、业务发展及经营成果(20%)、信息科技管理(10%)。

(二)评级综合得分。评级指标得分由监管部门按照各评分标准评估后结合专业判断确定。评级要素得分由各评级指标得分加总。评级综合得分由各评级要素得分汇总后获得。

(三)评级结果确定。根据分级标准,以评级得分确定监管评级初步级别和档次,在此基础上,结合监管评级调整因素形成监管评级结果。

第八条　商业保理公司监管评级结果根据得分划分为五个等级。监管评级得分在90分(含)以上为A级;得分在80分(含)至90分为B级;得分在70分(含)至80分为C级;得分在60分(含)至70分为D级;得分在60分以下为E级。

第九条　监管评级从A到E表示机构风险或问题越大,需要监管关注度越高。评级等级对应的含义如下:

(一)评级结果为A级,公司经营较为稳健,法人治理结构和内部控制完善,能够遵守法律法规和监管规定,风险防控能力较强,经营业绩优良,经营服务行为较为规范。

(二)评级结果为B级,公司经营基本稳健,法人治理结构和内部控制逐步完善,基本遵守法律法规和监管规定,经营业绩良好,具备一定的风险防控能力。

(三)评级结果为C级,公司经营存在隐患,治理结构和内部控制存在薄弱环节,经营业绩一般,风险管控能力一般,需要监管予以关注,采取有针对性的改进措施。

(四)评级结果为D级,公司经营不稳定,治理结构和内部控制存在较大问题,风险管控能力较差,需要监管重点关注,亟待采取审慎的监管措施。

(五)评级结果为E级,公司治理结构和内部控制存在严重问题,可能存在重大风险隐患,需要监管高度关注,亟待采取严厉的监管措施。

第十条　对于存在以下情形的商业保理公司,监管部门可视情况动态下调商业保理公司监管评级等级,情节严重的可直接归入E级:

(一)吸收或变相吸收公众存款;

(二)通过网络借贷信息中介机构、地方各类交易场所、资产管理机构以及私募投资基金等机构融入资金;

(三)与其他商业保理公司拆借或变相拆借资金;

(四)发放或受托发放贷款;

(五)专门从事或受托开展与商业保理无关的催收业务、讨债业务;

(六)基于不合法基础交易合同、寄售合同、权属不清的应收账款、因票据或其他有价证券而产生的付款请求权等开展保理融资业务;

(七)实施"高利贷""套路贷"和暴力收贷;

(八)违规变更名称、股东、注册资本、董事、监事、高管等有关事项;

(九)提供虚假报表及资料;

(十)"失联""空壳"等经营异常机构;

(十一)国家规定不得从事的其他活动。

第三章 评级程序

第十一条 商业保理公司的监管评级周期为一年,评价期间为上一年1月1日至12月31日。年度评级工作原则上应于每年6月底前完成。

第十二条 监管评级流程分为以下5个环节:机构自评、监管信息收集、监管初评、监管复审、档案归集。

第十三条 参评机构对照监管评级指标自评打分。

第十四条 监管部门应当全面收集商业保理公司相关信息,为监管评级做好准备。信息收集渠道及内容包括:

(一)商业保理非现场监管信息系统中获取的数据;

(二)监管部门开展市场准入、现场检查、非现场监管等掌握的情况;

(三)监管文书、信访投诉核实的情况;

(四)其他部门开展的有关外部审计、巡视、检查、处罚等情况;

(五)商业保理公司内部制度文件、会议纪要、年报等;

(六)其他监管途径掌握的情况。

第十五条 监管部门可委托第三方机构协助开展监管初评工作,综合前期信息采集和日常工作中掌握的有关情况,开展年度监管初评。

第十六条 市金融监管局对初评等级进行监管复审,确定监管评级最终结果。监管复审可视实际情况,要求商业保理公司补充提交证明材料,或请初评单位对打分依据进行补充说明,也可视复评信息对监管初评等级进行动态调整。

第十七条 年度监管评级工作结束后,监管部门应做好相关文件及证明材料的归档工作。

第四章 评级结果运用

第十八条 市金融监管局建立监管评级公布和共享机制。年度监管评级结果形成后,应及时向商业保理公司、有关区县金融工作管理部门公布,可视情况向相关金融机构、主要股东等单位公布评级结果,并可以适当的方式和渠道向社会公布。

第十九条 监管评级结果应当作为衡量商业保理公司经营状况、风险程度和风险管理能力,分类制定监管规划、配置监管资源、采取监管措施和行动的重要依据。

（一）对监管评级为A级的商业保理公司，以非现场监管为主，定期监测各项监管指标、业务数据，视情况进行现场检查，在创新业务试点等方面给予适当支持。

（二）对监管评级为B级的商业保理公司，加强日常非现场监管分析，通过走访、会谈和调研等方式掌握最新经营状况，并保持一定的现场检查频率，及时发现公司经营管理中存在的风险和问题，督促其持续改善风险管理和内部控制。

（三）对监管评级为C级的商业保理公司，适当提高非现场监管和现场检查频率、深度，密切关注公司存在的薄弱环节，必要时约谈"三会一层"有关人员，督促公司采取措施改善经营管理、积极化解风险，依法对业务活动等采取监管措施。

（四）对监管评级为D级的商业保理公司，给予高度、持续监管关注，全面、及时掌握公司风险、问题情况和变化趋势，列为现场检查重点对象，制定有针对性的现场检查计划，增加与"三会一层"有关人员的监管会谈频次，建议其立即采取措施改善经营状况、降低风险水平，可根据违规情况调整部分业务。

（五）对监管评级为E级的商业保理公司，加大监管力度，可实施更加严格审慎的监管措施，视情节严重程度采取风险提示、督促整改、约谈高管或建议调整高管、列为现场检查重点、调整业务范围等监管手段，情节严重的依法依规采取风险处置措施。

第二十条　监管部门按机构建立监管评级台账，对监管评级中发现的问题，可通过风险提示、约见会谈、督促整改等监管措施，推动问题整改落实。加大监管评级结果运用，将整改落实情况纳入下一年度现场检查和非现场监管的重要参考。

第五章　附则

第二十一条　本办法自2023年1月30日起施行。

第二十二条　本办法由市金融监管局负责解释。

第二十三条　市金融监管局可根据有关政策法规及监管规定，结合实际适时修订完善本办法，推进年度监管评级和分类监管制度化、规范化、长效化。

后记

《重庆金融2023》由中共重庆市委金融委员会办公室牵头,会同人民银行重庆市分行、国家金融监督管理总局重庆监管局、重庆证监局共同编写,由重庆市金融发展服务中心统筹编撰。本书主要围绕重庆金融业的重点工作,全面反映了2022年重庆市金融行业运行、金融服务实体经济、防控金融风险以及深化金融改革开放情况,是记录重庆金融业发展和西部金融中心建设的重要载体。

本书得以付梓,得到了社会各界的支持和帮助,有关金融监管部门、金融机构、研究机构的专家学者在内容完善和数据整理等过程中付出了辛勤的劳动。对此,我们谨向所有支持本书出版的部门和工作人员表示诚挚的感谢和深深的敬意。

本书编写时间紧、任务重,难免还存在疏漏和不妥之处,恳请广大读者批评指正,提出宝贵意见和建议。

《重庆金融2023》编辑部

2023年11月14日